Adolfo Marsillach

Se vende ático

Escenas conyugales para leer a ratos

Esta novela obtuvo el Premio Espasa Humor 1995, concedido por el siguiente jurado: José Luis Alonso de Santos, Fernando Fernán-Gómez, Víctor García de la Concha, Javier de Juan y Alfonso Ussía.

Adolfo Marsillach

Se vende ático

Escenas conyugales para leer a ratos

PREMIO ESPASA HUMOR 1995

ESPASA CALPE

ESPASA HUMOR

Director Editorial: Javier de Juan y Peñalosa
Editora: Constanza Aguilera
Diseño e ilustración de cubierta: Paniagua & Calleja
Foto del autor: Ros Ribas

Primera edición: septiembre de 1995
Segunda edición: octubre de 1995

Depósito legal: M. 35.612-1995
ISBN 84-239-8622-5

Impreso en España / Printed in Spain
Impresión: UNIGRAF, S. L.

Editorial Espasa Calpe, S. A.
Carretera de Irún, km 12,200. 28049 Madrid

A todas las mujeres con las
que he convivido y a todos los
hombres que ahora conviven con ellas

Se quedó mirando a su ex mujer con esa curiosidad morbosa con la que algunos entomólogos observan a los insectos. Le costaba aceptar que aquella chica —¿chica?— que se había sentado delante de él en una de esas cafeterías que siempre huelen a calamares fritos aunque nunca fríen calamares, y que ahora estaba bebiendo su café con leche a pequeños sorbos, fuese exactamente la misma persona con la que se casó hacía doce años. Y a la que, además, casi no había vuelto a ver desde que decidieron separarse amistosamente. La comprobación científica de este recuerdo no conseguía, en absoluto, emocionarle. Era una imagen confusa en la que se mezclaban sentimientos contradictorios. Algo parecido a lo que sucede cuando soñamos que estamos haciendo el amor con Ariadna Gil y de pronto descubrimos —también en sueños, afortunadamente— que quien comparte nuestra cama es Juan Hormaechea, ex presidente de la Comunidad Autónoma de Cantabria. La naturaleza en esto, como en otras cosas, no tiene entrañas.

El local estaba lleno porque era esa hora fantástica en la que todos los españoles y españolas —sobre todo si son funcionarios administrativos, empleados de banco o trabajan para cualquier tipo de institución pública o privada— deciden que, para soportar el peso de su atribulada existencia, deben conseguir urgentemente un pincho de tortilla y una caña de cerveza. Es una forma, tan admirable como cualquier otra, de lograr que el país —a pesar de todo— funcione. Porque no es verdad que los planteamientos económicos del Estado se basen en lo que los ciudadanos producen, sino más bien en lo que dejan de producir. Cualquier ministro de Economía sabe, aunque lo disimule, que el producto interior bruto es el resultado del número de puentes que se hayan establecido en el ejercicio anterior, del mucho o poco sol que haya hecho durante las vacaciones de Semana Santa, de las cenas profesionales que se hayan celebrado en Navidad y de los montaditos —de jamón, lomo y atún— que se consuman en todo el territorio nacional entre once y doce de la mañana.

De modo que, de no haber sido por una camarera que había abierto una ventana de la cafetería que daba a un patio interior en el que se amontonaban los cubos de basura, la atmósfera hubiera resultado irrespirable. Con la ventana abierta también, pero, al menos, se producía un cierto alivio psicológico. Aprovechando esta feliz circunstancia, se atrevió a comentar:

—Bueno, ya está.

No podía considerarse una frase especialmente afortunada, pero, de momento, no se le ocurrió algo mejor. Tampoco la respuesta fue un milagro de elocuencia, así que la cosa quedó en empate:

—Sí. Lo han simplificado mucho.

Acababan de obtener el divorcio y habían coincidido en los pasillos del juzgado municipal en donde se cerraron los últimos trámites. Luego, a la salida, él, incomprensiblemente, la había invitado a tomar un café y ella, inexplicablemente, había aceptado. Por lo demás —y en un alarde de precisión que nadie me ha pedido— se podría añadir que esta historia empieza en un día de invierno y que sus protagonistas se llaman Germán y Julia.

—Tienes muy buen aspecto.

—Gracias, tú también.

Era mentira. O, en cualquier caso, lo era desde sus referencias personales. Es posible, sin duda, que para muchos hombres Julia fuera aún una mujer deseable y atractiva, y que Germán, para algunas mujeres, resultase simpático y seductor. Seguramente. Pero cuando dos individuos han compartido sus primeras ilusiones con las primeras letras del coche y los primeros plazos de la lavadora, la estimación sexual que se tienen mutuamente viene regida por baremos casi siempre insospechados. Germán veía en Julia unas arrugas que los demás no apreciaban y Julia observaba en Germán unas ojeras que los otros no advertían. Todos envejecemos impúdicamente para quienes nos hemos desnudado con frecuencia. Lo cual no nos impide continuar disimulando.

—¿Cómo sigue la casa?

A Julia, la pregunta de Germán le pilló de sorpresa porque no tenía el menor sentido. Preguntar a la mujer de uno, cuando ya ha dejado de ser la mujer de uno, por la casa de los dos, cuando ya no es la casa de los dos, parece más bien chocante. Le contestó, sin embargo, porque no en balde se consideraba una hija de buena familia educada en sólidos principios de urbanidad:

—Pues... como siempre: limpia.

—Me figuro.

—Nieves continúa viniendo a limpiar cada dos días.

—¿Y las plantas? ¿Han crecido?

—El filodendro está muy bien, pero a la benjamina le pasa algo: se le secan las hojas.

—¿La riegas con frecuencia?

—Sí, claro.

—No la riegues mucho: no es bueno.

—Ya lo sé.

Ella —Julia— lo sabía perfectamente entre otras razones porque él —Germán— se lo repetía a todas horas cuando estaban casados. Era uno de los motivos por los que había empezado a detestarlo. Bueno, quizás exagero. Tal vez no lo detestase. Es muy posible que tan sólo estuviera harta de él. Basta con eso. No es absolutamente necesario odiar al marido para pedir el divorcio. Ni desear su muerte. Ni planear un crimen en interesada complicidad con el dependiente de la tienda de la esquina que te trae las frutas y las verduras. No. Las mujeres acostumbran a separarse de sus cónyuges simplemente porque estos terminan poniéndose pesadísimos. Por ejemplo:

—¿Y *Brandy?*

—Mejor.

—¿Cómo mejor? ¿Le pasa algo?

—Nada importante. Le salieron unas manchas en la piel. Está tomando unas pastillas.

—¿Lo sacas a pasear?

—Cuando puedo.

—Debes hacerlo. Ese perro necesita correr. Está acostumbrado.

—Sí, pero yo trabajo.

—Todos trabajamos.

—Oye, ¡ya te he dicho que hago lo que puedo!

—Perdona.

Julia —no acostumbraba a hacerlo— había levantado un poco la voz, lo cual fue misteriosamente interpretado por la camarera como un signo razonable de que debía depositar la nota de los cafés sobre la mesa. Mientras Germán cumplía con el engorroso deber de sacar los billetes del bolsillo del pantalón, buscar algunas monedas y calcular, al mismo tiempo, la propina apropiada para parecer más rumboso de lo que realmente era, Julia le dijo de pronto, como quien no quiere la cosa:

—¿Has encontrado apartamento?

—No, todavía no.

—¿Sigues viviendo en un hotel?

—Sí. Todo lo que veo por ahí, o es muy caro o no me gusta.

—Pero ¿Marisa no tiene un piso?

Hay golpes al hígado que hacen daño y de los que no es fácil reponerse. Justo cuando la camarera se iba con el dinero, la cuenta y el platito, Germán contestó como pudo:

—Sí, claro; pero vive con su madre y yo no quiero vivir con su madre.

—¿Vais a casaros? Bueno, si no te apetece, no me contestes.

—No, no; no me importa. No sé... A ella le gustaría..., supongo.

—Ahora ya podéis.

—Sí, pero... Ya veremos. ¿Y tú?

—No, yo no. Definitivamente, no.

—¿Tan mal recuerdo tienes?

—¿Tú qué crees?

—Sí, qué pregunta tan tonta, ¿verdad?

La camarera trajo el cambio, Julia se levantó, a Germán estuvieron a punto de meterle una gamba en un ojo al pasar cerca de la barra y, para colmo de circunstancias adversas, cuando abrieron la puerta de la calle descubrieron que en el paseo de la Castellana, antes avenida del Generalísimo, estaba lloviendo.

—¿Dónde has aparcado el coche?

—He venido en taxi.

—Si quieres te acerco.

—No te molestes. No vale la pena.

—¿Vas muy lejos?

—A Argüelles.

—Me pilla bien. Te llevo.

—Vaya, muchas gracias.

Cuando Germán aceptó la invitación de Julia, no podía sospechar que su vida iba a cambiar tan lastimosamente.

* * *

Siempre he creído —o puede que lo leyera en algún libro y se me haya olvidado en cuál— que los coches son uno de los raros sitios en los que todavía es posible preservar nuestra intimidad. O por lo menos lo eran hasta hace muy poco, hasta que a alguien se le ocurrió inventar la horterada de los teléfonos portátiles, o móviles, o como narices se llamen esos aparatos siniestros que se sienten en la obligación de informarnos rápidamente de todas las desgracias que, de otro modo, tardaríamos media hora en conocer. Gracias a este desagradable sistema, nos enteramos treinta minutos antes de lo que quisiéramos de la inspección de Hacienda que nos amenaza, del informe médico que nos asusta y de la visita familiar que nos aterra. Nadie en su sano juicio debería utilizar un artilugio que produce tan incómodas consecuencias, pero ya se sabe que los seres humanos llevan haciendo tonterías desde que empezaron a pintar en las paredes. De no ser —insisto— por esos teléfonos, la vida en los coches podría resultar incluso reconfortante: habría un tiempo para pensar en uno mismo, para no discutir con tu queridísima esposa —o esposo—, para no reñirles a los niños, para no ver —¡por fin!— la televisión y para soñar que algún día podremos tumbarnos al sol de Jamaica sabo-reando una interminable copa de piña colada. En este sentido, los largos viajes por carretera y los frecuentes atascos en las ciudades se convertirían en una especie de bendición pagana, en un placer sabroso y sensual. ¿Por qué tanta prisa por llegar adonde casi nunca nos espera algo bueno a la llegada?

La lluvia se deslizaba por el cristal con ese sonido bastante cursi que puso de moda Claude Lelouch en *Un hombre y una mujer,* aquella empalagosa película que se empeñaba en hacer poesía de lo obvio ignorando que la obviedad es ya poética por sí misma. Sería por esta reflexión, por cualquier otra o por nada, el caso es que Germán comentó repentinamente:

—Es una sensación un poco extraña.
—¿Cuál?
—Hacía tanto tiempo que no subía a este coche...
—Sí, claro.
—No lo has tapizado todavía.
Julia tuvo que realizar un meritorio esfuerzo para comprender el auténtico significado de las palabras de Germán.
—¿Cómo?
—Que no lo has tapizado. Te dije que lo tapizaras.
—No tengo tiempo para llevarlo a tapizar. Además, es carísimo.
—No creas. Yo conozco un taller que te lo haría por muy buen precio.
—Gracias, pero a mí me parece bien como está. O sea, que no pienso tapizarlo.
—Pues es una lástima. Es un coche muy cómodo y los coches hay que cuidarlos, ¿sabes?
Lo sabía. Sabía que los coches tienen que cuidarse, de la misma manera que no ignoraba que las benjaminas conviene no regarlas demasiado. En contra de lo que algunos espíritus escépticos y malintencionados puedan sospechar, el matrimonio es muy útil para entender de automóviles y de jardinería. Por eso le aclaró a su ex marido con una sonrisa un tanto forzada:
—Si mal no recuerdo, esta mañana acabamos de divorciarnos legalmente. ¿Me vas a continuar dando instrucciones sobre todo lo que tengo que hacer?
—Está bien, está bien, no te enfades. Sólo intentaba ayudarte.
Pero Julia había decidido cortar la conversación.
—Argüelles... ¿Qué calle?
—Quintana... número veinticuatro. Es una agencia inmobiliaria.
—De acuerdo.
Giró a la derecha, un par de manzanas más arriba a la izquierda y, después de saltarse un semáforo en ámbar, detuvo el coche sin llegar a utilizar el freno de mano.
—El veinticuatro.
—Sí, aquí es. Te agradezco que me hayas traído.
—De nada.

Hubo una pausa. Una de esas pausas que en las novelas se resuelven con una descripción ambiental, en el teatro con una larga e inútil acotación del autor y en el cine con el primer plano de un florero. En cualquier caso, una pausa. Y, naturalmente, Julia se alarmó:

—¿Pasa algo?

—No, ¿qué va a pasar? Cuídate.

—Tú también.

—Y...

—También cuidaré las plantas y el perro. Descuida.

—No iba a decir eso.

—Entonces...

—Siento no volver a verte.

Si algún tipo estrafalario —pongamos Rappel, verbigracia— le hubiese pronosticado a Julia que su ex cónyuge Germán le iba a largar esta frase metido en su coche y a la puerta del número 24 de la calle Quintana —barrio de Argüelles— en Madrid, lo más probable es que le hubiera dado un ataque de risa por el que tuviera que ser ingresada en la sala de urgencias del «Ramón y Cajal». Pero no. De nuevo la realidad era más estúpida que la ficción. Se sobrepuso con dificultad, al tiempo que levantaba el freno de mano.

—¿Por qué no nos vamos a poder ver alguna vez? Somos amigos.

—Sí, pero ya nada será igual.

Aquí sí. Aquí sí que no pudo contenerse:

—Mira, Germán, justamente nos hemos divorciado para que nada vuelva a ser igual. ¿O no?

—Sí.

—Suerte.

—También para ti.

—Adiós.

—Adiós.

Cuando Germán bajó del coche, Julia arrancó deprisa y el freno se chamuscó un poquito. Inesperadamente, había dejado de llover.

* * *

Juan Antonio ejercía como médico, lo cual no puede considerarse como muy aclaratorio aunque se añada que su especialidad era la cirugía del aparato digestivo. Lo único que tiene una decisiva significación es que Juan Antonio era y es un hombre casado. No me importa aceptar que el mundo está lleno —o casi— de médicos casados sean o no cirujanos y especialistas en resolver —o no— problemas de estómago. Lo que distingue a este Juan Antonio de otros juanantonios posibles es que, desde hace algún tiempo, se acuesta frecuentemente con Julia, a la que no está ligado con vínculo alguno jurídico o sacramental. Dicho de otro modo más claro, puede asegurarse, sin el menor error, que Juan Antonio es amante de Julia y viceversa. Y que, encima, la señora del cirujano está ya enterada o va a enterarse el día menos pensado.

—¿Qué tal fue?

—Bien. En realidad, el divorcio ya estaba concedido. Pura fórmula.

—¿Y Germán?

—Como siempre. Un poco más gordo. Parece que Marisa le da de comer mejor que yo.

—¿Viven juntos?

—No, todavía no. Están buscando piso..., creo.

—Eso deberíamos hacer nosotros.

—¿Por qué? Esta casa me gusta.

—A mí no.

Es difícil resultar convincente cuando se tienen las gafas puestas y se está leyendo el periódico. Quiero decir convincente para hacer, por ejemplo, una escena de celos. Aunque carezco de experiencia en estas cuestiones, me supongo que a ningún director de teatro se le ocurriría obligar a Otelo a asesinar a Desdémona hojeando el *Times*. Por si acaso —el arte dramático se ha puesto últimamente muy exótico—, Julia indagó:

—¿Estás celoso?

—Llámalo como quieras. Al fin y al cabo, este es un piso en el que vivíais los dos.

—¿Y qué? Ha habido una separación de bienes y ahora es mío. Únicamente mío. ¿Qué iba a hacer? ¿Regalárselo?

—No, desde luego, pero..., no sé... Me resulta incómodo venir aquí.

Había dos posibilidades: o abrir la puerta de la calle y decirle que se marchara, o ponerse mimosa y acabar de quitarse los zapatos que —sobre todo el derecho— le habían estado machacando todo el día. Sensatamente, optó por la segunda.

—¿Y yo? ¿También yo te resulto incómoda?

Juan Antonio sonrió de oreja a oreja y dijo cariñosamente, mientras apartaba sus gafas y dejaba caer el periódico al suelo con cierta obscenidad:

—No, tú, no: todo lo contrario.

Pero entonces fue y sonó el teléfono.

—Espera. Yo lo cojo.

Julia se sintió algo decepcionada porque el beso que había iniciado con su amante parecía, afortunadamente, prometedor. Apenas tuvo tiempo de seguir quitándose los zapatos porque Juan Antonio le dijo:

—Es Germán.

—¿Germán? Pero si he estado con él...

—¿Te pones?

—Pues..., bueno. ¡Qué remedio!

Julia tomó el auricular con una cierta prevención instintiva mientras Juan Antonio, inevitablemente curioso por la insólita llamada, intentaba disimular recogiendo sus gafas y el periódico. Las frases de Julia, interrumpidas por algunas pausas en las que se percibía la voz de Germán —ridículamente aflautada, según Juan Antonio—, no parecían presagiar nada bueno.

—¿Qué pasa? *(pausa)*. Pero... *(pausa)*. ¿Y por qué no me lo has dicho antes? *(pausa)*. Está bien, pues dímelo ahora *(pausa)*. Claro, ¿por qué no por teléfono? *(pausa)*. ¿Cómo? ¿Te has vuelto loco? *(pausa)*. Pero si ya hemos hablado hace un rato... *(pausa)*. ¿Importante? Está bien, está bien. ¿Cuándo? *(pausa)*. De acuerdo. A las ocho. No te retrases. Adiós.

La siguiente pausa fue todavía más larga. Juan Antonio se estaba tomando su tiempo —no había conseguido pasar ni una sola página del periódico— antes de indagar con una indiferencia hipócrita que él consideraba muy elegante:

—¿Qué quería?

—Hablar conmigo.
—¿No habéis hablado ya esta mañana?
—Sí, pero por lo visto se le ha olvidado decirme algo.
—¡Qué raro!
—¿Te parece?
—Un poco.
Después continuó, haciendo un esfuerzo inútil por aparentar que le interesaban los titulares de las noticias:
—¿Y tú qué le has dicho?
—¿Qué podía decirle? Que bueno. Hemos quedado mañana por la tarde a la salida de mi despacho.
Juan Antonio levantó los ojos del periódico y utilizó —como otras veces— un tono suficiente que a Julia no le gustaba un pelo:
—No es que pretenda meterme en lo que no me importa, pero opino que has hecho una tontería.
— Quizás. ¿Te preparo una copa?
Era un intento hábil de desviar el tema, pero de nada le sirvió porque él insistía en rematar el asunto:
—Cuando las cosas se acaban, se acaban. Es absurdo querer alargarlas.
—Está bien, no me riñas.
—No te riño. Ah, por cierto, la benjamina se está secando: ¿no será que la riegas demasiado?
A Julia el consejo le sonó tanto, que se detuvo en medio de la habitación sin saber a dónde dirigirse. Juan Antonio, tontamente, le dio una pista:
—Sírveme un martini, ¿quieres?

* * *

Los argumentos que utilizó Germán para conseguir que su ex esposa le acompañara a dar una vuelta por el parque del Retiro de Madrid una tarde de otoño más bien fresquita, es algo que pertenecerá al secreto del sumario en el caso, nada improbable, de que esta historia termine en un crimen.
—Se está bien aquí. ¿Te molesta?
—No, no me molesta: me sorprende.

—¿Por qué?
—A este parque veníamos cuando éramos novios. No me parece el momento más oportuno para repetir el mismo paseo.
—No es el mismo. El chiringuito al que íbamos a tomar una cerveza ya no existe.
—¿Cómo lo sabes?
—A veces vengo a dar una vuelta.
—¿Con Marisa?
—Solo.
—Ya.
Se le había escapado. Realmente, ¿qué le importaba a ella que Germán pasease solo o con Marisa por el parque del Retiro? Así que se mordió los labios antes de decir con cierta brusquedad:
—Venga: lo que tengas que decir, dímelo.
—¿Tienes prisa?
—Sí, tengo prisa.
—Es que a lo mejor lo encuentras ridículo.
—Si no me lo dices, ¿cómo quieres que lo sepa?
Germán tragó saliva, como ocurre en las películas cuando la protagonista —a ser posible, joven— le confiesa a su padre que está embarazada.
—Verás: hemos hecho un reparto más o menos equitativo de nuestros bienes.
—Amistoso.
—Sí, sí, por supuesto: amistoso. No digo que no.
—Sigue.
—Te has quedado con la casa...
—Y tú con el apartamento de El Escorial.
—... para vivir con Juan Pedro.
—Juan Antonio. Y no vivo con él. Viene a visitarme... únicamente.
—No te justifiques. A mí no me importa.
—Hombre, sólo faltaría. Y no me justifico.
—Bueno, el caso es que te has quedado con el piso.
—Y tú...
—Yo con el apartamento de El Escorial, ya lo sé. Un apartamento al que voy muy poco y al que imparablemente le suben los gastos de comunidad.

—Eso no es culpa mía.
—Ni mía.
—Continúa: ¿qué más?
—Que te has quedado otras cosas sobre las que me parece que tengo algún derecho.
—¿Qué dices?
—Lo que has oído. Y no me gusta que Juan Ramón...
—Juan Antonio.
—Eso: Juan Antonio, las vea... ¡o las manosee!
Lo de «las manosee» le salió un poco desentonado porque llevaba unos minutos procurando encontrar, inútilmente, una expresión más afortunada. Sin conceder una tregua para que Julia se recuperara, continuó atropellada pero contundentemente:
—Después de doce años de matrimonio hay recuerdos que nos pertenecen a ti y a mí... A nadie más. Y no está bien que te los quedes tú todos.
—¿Te refieres a cosas de valor?
—Me refiero a cosas de valor... sentimental.
—¿Sentimental?
—Claro. Puede que tú no las aprecies, pero yo sí.
—Explícate: ¿cuáles son esos tesoros que, según tú, me he apropiado?
—He hecho una lista.
Julia no había oído algo semejante desde que una amiga suya le confesó que cada vez que se acostaba con su novio le ponía una vela a San Antonio.
—¿Cómo? ¿Que has hecho una lista?
—Sí.
—Bueno, pues léemela.
—No, no. Yo te la doy y tú la lees. Con calma.
—¿Qué más da? Más vale que me digas lo que quieras que te devuelva y yo te lo devuelvo.
—Ah, no, de ninguna manera. Yo no quiero que me devuelvas nada, sino que hagamos un reparto. Habrá cosas que querrás tú y otras que querré yo. Simplemente.
—Pero eso puede ser muy largo.
—Tengo tiempo.

—Yo no.

—Tú también... si lo buscas. Nos vemos, hablamos y decidimos lo que te quedas tú y lo que me quedo yo. Es lo justo.

—Estoy muy ocupada. Además, no quiero volver a verte.

—¿No será que...

—¿Qué?...

—... que Juan Luis...

—Juan Antonio.

—... te lo va a prohibir?

—A mí nadie me prohíbe nada.

—En ese caso...

Julia contó hasta diez, como su madre le había recomendado que hiciera en situaciones parecidas, y luego dijo:

—Está bien. Tú ganas. Dame la lista.

* * *

Es difícil —y probablemente inútil— explicar por qué a un hombre que acaba de divorciarse de su mujer le entran deseos de volver a verla. Seguramente son consecuencias de la condición humana que a mí —no sé a ustedes— me resultan imposibles de comprender. Porque, claro, yo no estoy seguro de que Germán tuviese preparada esa lista de recuerdos desde hace tiempo y que la guardara escondida en algún cajón de su mesa de trabajo junto a la última multa municipal por dejar el coche mal aparcado. No. Más bien me inclino a sospechar que cuando volvió a encontrarse con Julia recuperó, de repente, un sentimiento que creía, en el mejor de los casos, dormido. (Todo el mundo sabe que entre estar dormido o adormilado hay una frágil distancia en la que uno se confunde continuamente.) Yo creo —e, insisto, ustedes me pueden corregir si me equivoco— que en el momento en que nuestra mujer deja de ser nuestra —para tener, por lo tanto, la posibilidad de convertirse en la mujer de otro—, algo sucede en ella que la vuelve a hacer apetecible. Misterios, digo, de la insoportable educación machista de los hombres.

Por esto, probablemente, Juan Antonio se removió inquieto en su silla antes de preguntarle a Julia:

—¿Y tú te lo has creído?

Estaban cenando en uno de esos restaurantes que las parejas con una cierta estabilidad sentimental terminan descubriendo con los años: un lugar en el que el *maître* les conoce, en el que siempre hay una mesa discreta y en el que ya no es necesario elegir el vino.

Julia, fingiendo una indiferencia que no sentía, respondió a la pregunta de su amante:

—Bueno, la lista existe.

—Te engaña. Lo único que quiere es verte.

—¿Por qué?

—¡Y yo qué sé! Seguirá enamorado de ti.

No, Julia no creía eso. Estaba razonablemente convencida de que si Germán hubiese continuado queriéndola, sus relaciones habrían sido diferentes y el deterioro de su matrimonio se hubiera, por lo menos, retrasado. De todas formas, la frase de Juan Antonio, respondiese o no a la realidad, no dejó de halagarla.

—No seas tonto. Llevamos cuatro años separados.

Hizo un mohín con la boca mientras masticaba un poco del solomillo —casi sangrante— que estaba comiendo. Era un gesto que Julia consideraba muy gracioso pero que esta vez no produjo los resultados habituales, porque Juan Antonio siguió su razonamiento como si no lo hubiese advertido:

—Sí, pero él se oponía al divorcio.

—Por llevarme la contraria. Sólo por eso.

—Le molesta que tengas una historia conmigo.

—Es posible.

—No lo digas con tanta naturalidad. También él tiene una amante y a ti, en cambio, no te importa.

Juan Antonio hizo una pequeña pausa para añadir casi en seguida con evidente mala fe:

—¿O te importa?

Esta era una cuestión que Julia había dejado de plantearse por saludable ejercicio de higiene mental y que, en el fondo, le irritaba tener que recordar.

—No, no me importa; desde luego que no me importa. Pero no es lo mismo.

—¿Por qué?

—Los hombres exageráis estas cosas. Por amor propio, supongo.

—No lo entiendo. En este caso debería ser al revés. Al fin y al cabo, Marisa es amiga tuya.

—Era.

—De acuerdo, era: Marisa era tu amiga y te quitó el marido.

—Nadie quita nada. Cuando Marisa empezó a tontear con Germán, nosotros ya nos llevábamos fatal.

—Sí, bueno, pero los amigos están para algo: la lealtad...

A Julia le costaba creer lo que estaba escuchando. ¿Cómo era posible que Juan Antonio tuviese el valor de hablar de lealtades cuando estaba cenando con ella mientras su mujer permanecía probablemente en casa ocupándose de un niño al que siempre se le atragantan las ecuaciones de segundo grado?

Como si hubiese adivinado lo que Julia estaba pensando, Juan Antonio volvió al ataque dando un rodeo:

—O sea, que a ti te dio igual que Germán te engañara con Marisa.

—No, no me dio igual. Me llevé un disgusto tremendo. Pero sólo porque me estaba engañando, no porque me engañara con una amiga.

—No lo entiendo.

—No te pido que lo entiendas.

El camarero —caso extraño que no acostumbra a suceder— se acercó oportunamente para volver a llenar las copas de vino. Luego indagó con su más falsa sonrisa profesional:

—¿Traigo otra botella?

Juan Antonio consideró, prudentemente, que el alcohol no contribuiría a aliviar la conversación.

—Por mí no, gracias.

Pero se sintió en la obligación de preguntar a Julia:

—¿Tú quieres?

—No, tampoco.

—Muy bien.

Y el camarero se marchó con ese aire molesto que utilizan los servidores de los restaurantes cuando se sienten poco comprendidos. Juan Antonio aprovechó inteligentemente sus últimos pasos para abordar el aspecto de la cuestión que más le fastidiaba:

—Tendrás que reunirte con él muchas veces.
—No, no creo: algunas.
—¿Te apetece?
—No seas ridículo: ¿cómo va a apetecerme?
—¿Son objetos de valor?
—No, que yo recuerde.
—Regálaselos.
—No quiero. Son míos también.
—Bueno, bueno, como prefieras. Pero después no te quejes.
—¿Qué quieres decir?
—Nada.

O sí. Puede que Juan Antonio quisiese decir algo y no se atreviera a confesarlo. Lo ignoro. Tal vez lo averigüemos más adelante. Por ahora, limitémonos a subrayar que apuró el último sorbo de la copa de vino y que, por un lado, lamentó no haber pedido otra botella y, por otro, se consoló pensando que así la cuenta iba a subir un poco menos.

* * *

Marisa vivía con su madre mientras esperaba vivir algún día con Germán; la madre de Marisa vivía con su hija confiando en que, cuando Marisa se fuese a vivir con Germán, ella iría a vivir con los dos; y Germán vivía solo deseando que, si alguna vez no le quedase otro remedio que acabar viviendo con Marisa, su madre, prudentemente, renunciaría a vivir con ellos. Por todos estos deseos inconfesables que yo he tenido el atrevimiento de desvelar, puede deducirse que las relaciones entre Germán, Marisa y la madre de Marisa no eran demasiado cómodas. Menos mal que a esta última lo único que en realidad parecía importarle era la televisión.

—Hijos, ¿por qué no venís a ver la tele? Acaba de salir Jesús Puente.

—No, mamá, ahora no. Gracias.

—Entonces bajad un poquito la voz porque me distraigo.

La casa de la madre de Marisa era tan absurda como ella: un sofá tapizado de un verde chillón, dos sillones al que a uno le faltaba una pata («¡No me da la gana arreglarlo, para que te enteres!»), una mesa de comedor ligeramente anaranjada y un trinchante enorme con la vajilla, los cubiertos y una colección casi completa de los mayores horrores que circulan en nuestro país dentro del inestimable género de cerámicas de Manises y Talavera.

—No hables tan alto, ¿quieres?

Germán, aun consciente de sus pocas posibilidades de éxito, intentó defenderse:

—No hablo alto. Es tu madre la que tiene el televisor a toda mecha.

—No puedo obligarla a que lo baje. Esta es su casa.

—Sí, ya sé que esta es su casa.

—No lo digas en ese tono. Si hubieras encontrado un piso, ya estaríamos viviendo juntos.

—¿Qué más quieres que haga? No es fácil conseguir lo que pides.

—Bueno, ya sabes que me gustan los áticos.

—Sí, pero no los hay. Con terraza, tres dormitorios, dos baños y piscina en el jardín... no los hay. Es decir, sí, los hay, ¡pero yo no puedo pagarlos!

Germán levantó el tono de voz justo cuando Jesús Puente estaba intentando convencer a un individuo bajito y con peluquín de que los hombres de verdad no lloran aunque su mujer se líe con una prima hermana; y, como la madre de Marisa no pudo entender lo que el caballero del postizo contestaba, pues fue y, previsiblemente, se molestó:

—Oye, ¿por qué no os vais a discutir a otro sitio?

—No estamos discutiendo, mamá.

—Pues lo parece.

Y en justa venganza, subió el sonido del televisor de un modo desconsiderado. Germán no pudo —ni quiso— reprimirse:

—Tiene muy mala intención. ¿Ves cómo tiene muy mala intención? Ahora ha subido el volumen.

—¿Y qué? No se lo puedo impedir. Está...

—... en su casa. De acuerdo, no hace falta que me lo repitas.

—Tenemos que salir de esta situación, Germán. Hay que hacer algo.

—Verás..., el mismo día que coincidí con Julia en el juzgado, estuve en una inmobiliaria: una de la calle Quintana.

—A propósito: ya sé que la has visto.
—¿A quién?
—¿A quién va a ser?: a Julia.
—Claro que la he visto. El día que nos concedieron el divorcio. Ya te lo dije.
—¿Y nunca más?
—Nunca más.
—No te creo.
—¿Por qué no me crees?
—¡Porque no! Porque se te ha puesto cara de ratón y cuando se te pone cara de ratón es que me estás engañando.
—¡No es verdad!
—¡Sí que lo es!
La madre de Marisa —sobre la que tal vez convenga informar que se llama doña Eulalia— se volvió hecha una furia hacia la pareja que estaba discutiendo:
—¡Y dale! ¿Es que no os vais a callar?
—Sí, mamá; perdona.
—No comprendo cómo tenéis ganas de discutir con la televisión enchufada.
—Es que le estaba diciendo a Germán...
—Lo que tengas que decirle a Germán, se lo puedes decir luego. En cambio, si yo me pierdo el programa de televisión, ya me contarás.
—Está bien, mamá; lo siento.
—¿Por qué no recoges los platos y os vais a la cocina?
—Sí, mamá, ahora mismo.
A Marisa, que había pasado la varicela, la escarlatina y las paperas peleándose con doña Eulalia hasta que se hizo mayor y descubrió que era igualmente divertido reñir con los peluqueros, los taxistas y los acomodadores, no le apetecía tener una bronca con su madre. De modo que se levantó con el propósito de retirar los platos de postre —una tarta de Santiago pesadísima— que habían quedado sobre la mesa. Germán aprovechó el movimiento para decirle con una voz supuestamente susurrada:
—No quiero ir a la cocina, detesto la cocina. Huele a frito. ¡Siempre huele a frito!

Pero doña Eulalia, que presumía de tener un envidiable oído de tísica a pesar de los años, intervino a cierta distancia:

—¿Qué dice?

—Nada, mamá, nada.

—Vosotros lo que tendríais que hacer es casaros, que me vais a matar a disgustos.

—Mamá, Germán estaba casado.

—Ya sé que estaba casado, no soy tonta. Pero ya se ha divorciado.

Y le lanzó a Germán un dardo envenenadísimo:

—¿O no te has divorciado, hijo?

—Sí, sí señora. Sólo que ha pasado escasamente una semana.

—Excusas. Cuando alguien tiene interés en hacer una cosa, la hace. Sin perder un minuto.

Marisa, que ya había recogido los platos y los cubiertos, tuvo la prudencia de intervenir a tiempo:

—Mamá, por favor, deja ya ese tema.

Pero le fue imposible evitar que Germán le contestara a su madre.

—Mire, señora, yo haré...

—¿Te vas a poner a discutir con ella? Venga, vámonos a la cocina.

—Sí, hijos, sí, marcharos, que ojos que no ven...

Doña Eulalia elevó insultantemente el volumen del televisor, Germán y Marisa cruzaron la puerta que comunicaba el salón con la cocina, y en la tele Jesús Puente hizo notables esfuerzos para consolar a una cuarentona que acababa de perder la virginidad en Málaga.

En cuanto Marisa dejó los platos en el fregadero, Germán empezó a desahogar sus naturales instintos homicidas.

—No la aguanto. Será tu madre, pero no la aguanto.

—Es muy mayor.

—También mis padres son mayores y no dan la lata.

—Porque viven en Zaragoza, mira este.

—¿Y por qué no se va tu madre a vivir a Zaragoza? Es una idea.

—Porque es viuda.

—¿Y qué? ¿O tú crees que en Zaragoza no hay viudas?

—Germán, no digas disparates, ¿quieres? Mi madre es una realidad y hay que aceptarla.

—Muy bien, tú mandas.

—Además, no desvíes la conversación. Estábamos hablando de otra cosa.

—¿De qué?

—Lo sabes perfectamente. Te había preguntado si habías vuelto a ver a Julia.

Como si hubiese estado escuchando detrás de la puerta —quién sabe— doña Eulalia irrumpió en la cocina a la manera de John Wayne en algunos *westerns.*

—No sé si queda algún yogur.

—Mamá, ¿no estabas viendo la tele?

—Han metido la publicidad. Además ahora van a salir unos novios que están enamoradísimos pero que no les da la gana casarse. Como vosotros, vaya.

Abrió la nevera, tomó un yogur y siguió imparable:

—Ah, aquí hay uno. De fresa. Estupendo. Bueno, abur.

No es que doña Eulalia fuese vasca, ni pariente de Arzallus, ni siquiera que hubiese veraneado algún año en Hondarribia. No. Ella decía de cuando en cuando «abur» porque le sonaba exótico.

Marisa retomó de inmediato el tema que le inquietaba:

—¿La has vuelto a ver? Contesta: ¿has vuelto a ver a Julia?

—No.

—No me fío.

Agarró los platos, que ya había secado, y con la mayor dignidad posible los trasladó a un armario que pillaba cerca. Germán fue a su lado intentando sonreír sin conseguirlo.

—¿Por qué no te fías?

—Estás tú muy contento últimamente.

—¿Qué insinúas? Si me alegrara ver a Julia no me habría divorciado de ella.

Como el argumento era tan contundente, Marisa cogió una silla por si acaso.

—No hagas frases, que me pongo nerviosa.

Germán, consciente de que estaba a punto de ganar el primer *round,* ensayó un gancho a la mandíbula:

—Aparte de que, si quisiera verla, la vería.

Marisa se derrumbó materialmente en la silla que antes, con mucha prudencia, había aproximado. Para darle algo más de emoción a la escena, gimió un poquito y sacó un pañuelo.

—¡No me quieres! ¡No me quieres nada!

Doña Eulalia abrió de nuevo la puerta al modo del Oeste.

—Me había olvidado el azúcar.

Luego descubrió —o fingió que descubría— a su hija llorando y, comprensiblemente, puso el grito en el cielo:

—¿Qué le has hecho a mi hija? ¡¿Qué le has hecho?!

—Nada, nada; absolutamente nada. Me ha preguntado si he vuelto a ver a Julia y le he dicho que no.

Pero, claro, Marisa fue más allá:

—Sí, pero luego añadió que si la quisiera ver, la vería.

Doña Eulalia se enfrentó a Germán con un énfasis que deberían evitar algunas de nuestras más renombradas actrices.

—De manera que estarías dispuesto a engañar a Marisa con Julia.

Lo que dijo Germán a continuación, aunque a él le pareciera brillante, no contribuyó precisamente a apaciguar los ánimos:

—¡Qué tontería! ¿Cómo voy a engañar a Marisa con Julia si a quien engañé fue a Julia con Marisa?

Pero doña Eulalia era una mujer bregada en muchas trincheras.

—¡Te advierto que no voy a consentir que hagas desgraciada a mi hija! ¿Me oyes?

—Sí, la oigo, la oigo. Adiós. No quiero seguir discutiendo.

Cuando Marisa entendió, por fin, que Germán estaba decidido a marcharse, arreció en sus gemidos:

—¿Y me vas a dejar así?

—¡Sí, maldita sea; sí! Porque además es cierto: sí, he visto a Julia. La otra tarde. En el parque del Retiro.

Era más de lo que doña Eulalia estaba dispuesta a soportar.

—En el parque del Retiro... ¡qué descaro!

—Somos amigos. ¿Por qué no vamos a serlo? Y le he dado una lista de cosas que quiero que nos repartamos.

Marisa y su madre estuvieron a punto de poner los ojos en blanco.

—¿Cosas? ¿Qué tipo de cosas?

—Recuerdos.

—¿Recuerdos... mutuos?

—Exacto.

El llanto de Marisa aumentó la resonancia de las cañerías del fregadero.

—¿Lo ves? ¿Ves cómo no me quieres nada?

Germán empezaba a envidiar la paz de los reclusos de Carabanchel.

—Sí te quiero. ¿Qué tiene que ver una cosa con la otra?

—Quieres más a Julia. Siempre lo he sospechado.

—Por favor, Marisa, no digas bobadas.

—Ah, y encima me llamas boba.

—¡Qué horror!, ¡qué situación tan absurda! Me voy. Hasta mañana.

El sonido de la puerta al cerrarse coincidió con un lamento larguísimo de Marisa y con un comentario sorprendentemente frívolo de su madre:

—Me parece que ha llegado el momento de afrontar la verdad: estos yogures son espantosos.

* * *

Verdaderamente la benjamina tenía muy mal aspecto: el tronco débil, las hojas amarillentas... Era una planta que Germán había cuidado durante mucho tiempo. La compró una mañana de domingo en una tienda de flores cercana a su casa. Había salido por el periódico y, de repente, la vio detrás de los cristales con esa languidez tan sensual que adoptan algunos vegetales cuando se despiertan dispuestos a seducir. Fue una especie de flechazo. No me atrevo a asegurar que entre Germán y la benjamina hubiese una relación erótica porque estas escenas conyugales pretenden ser más o menos realistas, pero me resulta imposible ocultar que entre ellos había existido siempre una simpatía ambiguamente cómplice. Sin duda, por este motivo Germán la estaba mirando con preocupación cuando Julia cometió la inconveniencia de interrumpirle:

—Ya, ya sé que hace tres días que no la riego.

—No, si por mí...

Hizo, como en otras muchas ocasiones durante su matrimonio, un esfuerzo por no decir lo que realmente pensaba. Es una práctica habitual en las parejas que quieren salvar, si no su amor, al menos su convivencia. Se mordió los labios —con muy poquita fuerza, desde luego— y añadió a lo que había dicho anteriormente:

—Estoy seguro de que la cuidas muy bien.

No era verdad. ¿Cómo iba a estar seguro Germán de que Julia se ocupaba de su adorable benjamina si tenía el convencimiento —comprobado y comprobable— de que era una mujer absolutamente negada para todas las cuestiones domésticas? Ni sabía planchar ni cocinar ni algo parecido. Y le constaba, porque había sido testigo del suceso, que una vez que vio una fregona la confundió con una papelera y la puso debajo del teléfono de su mesa de trabajo. Pero, claro, no era la ocasión más apropiada para discutirlo. Optó, inteligentemente, por cambiar de tema:

—Te agradezco que me hayas dejado venir aquí.

—No tienes que agradecerme nada. Al fin y al cabo esta fue también tu casa.

—Sí, pero ya no lo es.

—Bueno, si tenemos que empezar a repartirnos unos recuerdos... ¿dónde mejor?

Julia dijo esta última frase con una convicción más aparente que real. ¿Era del todo necesario que Germán acudiese a la casa de Julia —cuando, encima, se trataba de un domicilio que él había ocupado, lo cual en lugar de un eximente podría convertirse en un agravante— para tratar de un asunto que en principio se presentaba espinoso? ¿Quién había propuesto ese sitio para reunirse? ¿Julia?, ¿Germán? Quizás deberíamos intentar averiguarlo. Lo malo es que entonces nos perderíamos lo que Germán comentó como distraídamente:

—¿Estás segura de que Juan María...

—... Juan Antonio.

—... no va a aparecer de pronto?

—Segura.

—¿Sabe que estamos citados?

—Lo sabe.

—¿Y qué ha dicho?
—Nada. Le ha parecido normal.
—Ah, ¿sí?
—Sí.
Julia aprovechó un segundo en el que Germán se distrajo con *Brandy* —el perro—, que le estaba mordisqueando juguetonamente una pernera del pantalón, para preguntar a quemarropa:
—¿O a ti en su caso no te lo habría parecido?
—¿Cómo?
—Te he preguntado si a ti, en el caso de Juan Antonio, te habría parecido normal que yo me hubiera citado con mi ex marido.
—Ah, pues... Sí, sí, por supuesto... Claro.
—Pues eso.
Como Germán, probablemente incómodo por la situación planteada, seguía de pie entre la benjamina y el perro, Julia tuvo un detalle de buena voluntad:
—Puedes sentarte... si quieres.
—Gracias.
Al mismo tiempo que Germán se sentaba, Julia se dirigió hacia una mesa sobre la cual había varias bebidas. Esta protectora distancia le permitió a Germán un atrevimiento que, más cerca, le hubiera parecido impensable:
—O sea que... ¿no es celoso?
La respuesta de Julia fue brutal. Sobre todo considerando que había empezado a abrir la botella de ginebra.
—Germán, por favor, ¿cómo va a tener celos de ti?
—¿Por qué no?
—No te ofendas. Pues porque no. Es imposible tener celos del hombre del que una mujer acaba de divorciarse.
—¿No?
—No.
—Ya.
Nada de «ya». A Germán la imposibilidad de que el amante de su esposa —el hecho de que fuera su ex mujer no le parecía un hecho especialmente significativo— tuviese celos de él le sentaba como un tiro. Aprovechando esta circunstancia, Julia sonrió malísima:

—¿Quieres una copa?

—Gracias.

—¿*Gin-tonic* como siempre?

—Sí. Pero no lo llenes de tónica, por favor. Sólo medio vaso.

—Lo sé. No se me ha olvidado.

—Es que tienes la costumbre de ponerme mucha agua tónica. Y no me gusta.

Tarde. Se dio cuenta tarde. Se le había olvidado que Julia no soportaba que la regañaran. Y mucho menos en ese tono irritante que él acababa de emplear.

—Perdona.

Julia, elegantemente, empezó a preparar la bebida como si nada hubiera ocurrido.

—¿Cómo encuentras a *Brandy?*

—Bien. Un poco más viejo. Lo de las manchas de la piel ya se le fue, ¿verdad?

—Sí.

—¿Lo sacas todos los días?

—Casi. De cuando en cuando Juan Antonio se lo lleva a correr.

—Ah, ¿sí?

—Sí. Se han hecho muy amigos.

—Vaya.

—¿Te molesta?

—No, no, ¿por qué me va a molestar?

Pero sí. Le molestaba muchísimo. La benjamina secándose, el perro en las manos, probablemente inexpertas, de ese estúpido Juan Antonio, y... la vomitiva imagen de Julia en la cama ¡su cama, su cama!— con aquel individuo inmundo le produjo una insoportable repugnancia. ¡Qué monstruosidad! ¿Podría su ex mujer tener el tupé de abrirse de piernas en el mismo lecho conyugal en el que las había abierto para él? Germán dibujó un comprensible gesto de desprecio hacia las bajezas del género humano.

—¿Qué te pasa? Te has puesto pálido.

—¿Yo? No creo. Estoy bien.

—Me alegro.

Julia bebió un poco del zumo de tomate que se había servido

y se sentó mostrando desafiantemente los muslos mientras sacaba un papel que llevaba en el bolsillo.

—Bueno, ya he leído la lista. Aquí está.

—¿Y qué?

—Tiene gracia.

—¿Por qué?

—Algunas de las cosas se me habían olvidado.

—No las habrás perdido.

—No, no, tranquilízate.

—Estupendo. ¿Por dónde empezamos?

—Tú dirás. Es a ti a quien se le ha ocurrido la idea.

—Podríamos seguir un orden cronológico.

—¿Cronológico?

—Veamos cuál es el recuerdo más lejano y por ese podríamos empezar... si te parece.

Julia levantó la vista del papel que había comenzado a leer.

—A ver... Aquí pone... el disco que me regalaste cuando nos conocimos. A mí me gustaría quedármelo.

—A mí también.

—¿Vas a cometer la grosería de querer quitármelo?

—Es que me trae muchos recuerdos. Éramos muy jóvenes. Yo acababa de terminar arquitectura y tú estudiabas psicología y...

—Oye, no soporto los numeritos nostálgicos. Si te vas a poner cursi mejor será que te largues ahora mismo.

—Sólo estaba explicando...

—Nada, no hay nada que explicar. Nos encontramos en una discoteca horrorosa en la que por poco me dejan sorda para siempre, bailé contigo porque las amigas con las que estaba me aburrían y me pareciste torpe, insulso y bajito.

—¡Hombre...!

—Eres bajito, Germán; lo siento, yo no tengo la culpa.

Se rieron. Esta vez Julia no lo había dicho con mala intención. Hasta es posible que en sus palabras hubiese una punta de afecto. Aunque parezca raro, hay hombres —o mujeres— que a pesar de ser bajitos —o bajitas— pueden resultar tremendamente atractivos. Quién sabe si Germán en este sentido era un ejemplo.

—Aquella discoteca tenía un mostrador en donde se vendían discos. Te compré uno.

—De *Mocedades*. Estaba de moda. Decía: «Como una promesa, eres tú, eres tú.»

—»Como una mañana de verano.»

—»Como una sonrisa, eres tú, eres tú.»

—»Así, así, eres tú.»

Hubo un silencio. Afortunadamente. ¿Qué pueden decirse dos divorciados después de haber cometido el estrepitoso error de tararear juntos —y desafinando— una canción famosa de la época en que ambos eran jóvenes? La añoranza de nosotros mismos debería estar prohibida igual que se persigue el tráfico de drogas. Sus consecuencias acostumbran a ser letales.

* * *

Hay personas que tienen la manía de hojear los periódicos. Si además los leyeran, podría considerarse una buena costumbre altamente instructiva. Pero no. Sólo pasan las páginas, le echan un vistazo a los titulares, se detienen un momento en las esquelas, comprueban que, como siempre, casi todos los artículos de opinión coinciden en darle caña al Gobierno y únicamente devoran con insana avidez las crónicas de fútbol y los anuncios de saunas con mulatos superdotados y separadas poderosísimas con vibrador incluido. No digo yo —sería injusto— que Juan Antonio perteneciese a esta desagradable raza de lectores, pero su afición desmedida a tener un periódico en la mano ya le había proporcionado algún que otro disgusto. Sobre todo con Julia.

—¿No te gusta?

Renunció, dolorosamente, a seguir deleitándose con el relato del enorme paradón de Zubizarreta a tiro de Julio Salinas, para comentar con palpable frialdad:

—Un poco antiguo, ¿no?

—Bueno, pertenece a una época.

—Ya. Por eso lo digo.

Julia había cometido el error —¿o lo había hecho a propósito?— de poner la canción de *Mocedades* justo cuando Juan

Antonio estaba con ella. No esperaba, desde luego, que demostrase un contagioso entusiasmo al escucharla, pero lo escueto de sus palabras le molestó. Intentando disimular sus heridos sentimientos, se levantó bruscamente y quitó el disco.

—¿Mejor así?

—Te advierto que no me molestaba.

—Lo parecía.

Juan Antonio, con notable fastidio, cerró el periódico y lo dejó en un tontísimo revistero que Julia había comprado —él siempre tuvo esa sospecha— en El Corte Inglés. Luego aclaró, mientras cogía un paquete de tabaco que acostumbraba a llevar en un bolsillo de la chaqueta:

—Perdona. Estaba leyendo el periódico porque en casa no tengo tiempo.

—Y aquí sí.

—No te estoy haciendo una visita de cumplido..., supongo.

—No, supongo que no.

—Si no puedo ponerme cómodo...

—Como en tu casa.

Naturalmente, ignoro cuál es la experiencia de ustedes en discusiones conyugales o extraconyugales, pero deseo que alguien les haya advertido que por mucha razón que se tenga —o que se crea tener— lo más prudente es no iniciarlas. Ni continuarlas, aunque las hostilidades las haya abierto el contrincante. Pero, claro, Juan Antonio ya estaba metido en faena:

—En mi casa no estoy cómodo.

—Y por eso no lees el periódico.

—Quizás.

—Pues nada, nada, continúa.

—No, gracias; ya no me apetece.

Para colmo de malos augurios, el mechero de encima de la mesa no funcionaba. (Le entraron ganas de repetirle a Julia que estaba harto de recordarle que hiciese el puñetero favor de rellenarlo, pero, felizmente, se contuvo.) Así que, con un gesto heroico, sacó la caja de cerillas. La pregunta de su amante le pilló con la guardia bajada.

—¿Cómo sigue tu mujer?

Los fósforos le temblaron en la mano cuando contestó alarmadísimo:

—Regular.

—¿No ha mejorado de su ciática?

—Muy poco.

—¿Fue al acupuntor que yo te recomendé?

—Creo que sí.

—Pues es muy bueno. A mí me alivió los dolores de cabeza.

—Sí, eso me dijiste.

Encendió el cigarrillo y agradeció el placer balsámico del humo penetrando en los pulmones. Fue una tregua brevísima, porque Julia prosiguió implacable:

—¿Y el niño?

—¿Qué niño?

—¿Qué niño va a ser?: el tuyo.

Juan Antonio se quemó un poquito con la cerilla que aún no había terminado de apagarse y contestó con una violencia que más le hubiera valido reservar para otras ocasiones:

—¡El niño está bien, la criada bien, mi tía bien y el portero automático fenomenal!

—¿Por qué te enfadas?

—Escucha, eso de defenderse atacando, no vale, ¿sabes?; no vale.

—Yo no me defiendo.

—Pero atacas.

—Tampoco.

—¿A qué viene preguntar por mi mujer y mi hijo?

—Me preocupa tu familia. Es natural.

—No es la tuya.

—Como si lo fuera.

—¿Te vas a poner irónica? Tengo el buen gusto de separar los problemas de mi familia de los tuyos.

—No sé qué te diga.

—¿Qué pasa? ¿Nos vamos a pelear?

—No, por mí no.

—De acuerdo. Muchas gracias.

Julia descubrió una pequeña mancha rosácea en su falda gris y se dedicó a limpiarla con su dedo índice previamente mojado con un poco de saliva. Lo más probable es que hubiera logrado su propósito de no haber sido porque Juan Antonio tuvo la poca fortuna de interrumpirla:

—¿Te vas a quedar con ese disco de *Mocedades?*

—Sí.

—Suena fatal.

—¿Te parece? Bueno... no me importa.

—O sea que vais a seguir con el jueguecito.

—¿Qué jueguecito?

—No disimules, Julia, por favor: el jueguecito ese de devolveros cosas.

—Ah, pues sí.

—¿No crees que es una estupidez?

—No, no lo creo.

—Y cuando os lo hayáis devuelto todo, ¿qué haréis? ¿Os gustaría volver a casaros?

—Oye, ya está bien, ¿no? ¿Qué te pasa?

—¿Soportarías que yo hiciese lo mismo con mi mujer?

—¿Por qué no? Si tuvierais algo que devolveros. Claro que antes os tendríais que divorciar... y no tiene aspecto.

—¿Ves cómo siempre te defiendes atacando?

—¿Lo tiene?

—¿El qué?

—Tu matrimonio con Paula. ¿Tiene aspecto de acabarse, sí o no?

—No quiero discutir contigo.

—Tienes razón. Se me había olvidado. Tú sólo quieres leer el periódico.

Hay frases que no tienen continuación. Y si la tienen, más vale callársela.

Juan Antonio apagó el pitillo —alguna vez debería dejar de fumar, pensó— y se dirigió a la puerta de entrada.

—Me voy.

—¿Tan pronto?

—He de levantarme temprano. Opero a las ocho.

—¿Tú me llamas?

—Sí, yo te llamo.

—Cuando quieras.

Se dieron un beso minúsculo y Juan Antonio recogió el abrigo que había dejado sobre una silla. Luego hubo un portazo, un coche tocó el claxon y Julia volvió a humedecerse el dedo índice en la boca: la pequeña mancha rosácea seguía afeando su falda gris.

* * *

Lo malo —bueno, lo peor— de estas escenas conyugales con su toquecito psicológico es que, en cuanto el autor se descuida, los personajes se encuentran en algún sitio y se ponen a comer. Uno trata de evitarlo, naturalmente, pero no hay manera. Claro, con la excusa de que a la gente le encanta encontrarse en las cafeterías, en los bares, en los pubs y en los Macdonald's, el escritor acaba cayendo en el lugar común. Yo, al menos, tengo el coraje de confesarlo. Aun a costa de no ganar jamás el premio Planeta del señor Lara, no puedo evitar la tentación de escribir que Julia había citado a Germán «para tomar algo informal» en un restaurancillo con servilletas de papel próximo a su lugar de trabajo.

—¿No nos íbamos a ver esta noche?

—Sí, pero no puedo; esta noche no puedo.

—Habíamos quedado para continuar con la lista.

—Ya lo sé.

—¿Quieres que hablemos ahora?

—No, no tengo tiempo. He de regresar en seguida a mi despacho. Además, no es este el sitio más a propósito.

—¿Te pasa algo?

—Nada. ¿Por qué?

—Estás nerviosa.

—No.

—Venga, dímelo.

—¿El qué?

—Lo que sea. No creo que me hayas pedido que comiéramos juntos sólo para comunicarme que no puedes verme esta noche.

No fue necesario que Germán insistiera. Julia dejó de desmigar el pan que tenía en su mano derecha y dijo:

—A Juan Antonio no le gusta que salga contigo.

—¿Te lo ha dicho?

—No exactamente. Y, bueno, tampoco sé si me compensa.

—Si te compensa... ¿qué?

—Esto..., lo de devolvernos cosas... Lo de los recuerdos... Juan Antonio dice que es un jueguecito.

—No me importa lo que diga Juan Antonio, sino lo que digas tú.

—Prefiero no tener problemas.

—No lo entiendo. ¿Por qué le molesta que nos veamos?

—No lo sé. Ayer estaba muy irritable. Se fue dando un portazo.

—¿Por qué?

—¿Cómo quieres que lo sepa? Al fin y al cabo yo sólo había puesto el disco.

—¿Qué disco?

—El... el de *Mocedades.*

—¿Cómo? ¿Que le pusiste nuestro disco?

—Sí.

—¿Estás loca? ¿Cómo te atreviste? Ese disco forma parte de nuestros recuerdos... ¡Nuestros! ¡Ese disco nos pertenece!

—No, perdona, me pertenece a mí.

—Sí, a ti, pero conmigo. ¡Conmigo! Y no me gusta un pelo que Juan Francisco...

—... Juan Antonio.

—... Juan Antonio, lo escuche.

—Pues, hijo, vaya un regalo. De modo que yo ese disco sólo lo puedo escuchar a solas.

—A solas o... con quien quieras, pero...

—... no con Juan Antonio.

—Exacto.

—O sea, que a él le molesta escucharlo porque me recuerda a ti y a ti te molesta que lo escuche porque me recuerda a él.

—No lo entiendo muy bien, pero debe de ser eso.

—Perfecto. Adiós. Voy a pagar en la caja. No te ofende que te invite una mujer... supongo.

—No, desde luego.

Julia tomó su gabardina, su bolso y un sombrerito a cuadros que había comprado en la Scotch House de Londres y se encaminó hacia la salida. Germán apenas tuvo tiempo de preguntar:

—¿Cuándo nos vemos?
—Yo te llamo.
Y, con una especie de quejido miserable, Germán añadió:
—Con Juan Antonio, ¿cuándo has quedado?
A lo que Julia respondió como quien deposita una moneda de cinco duros en la mano dolorida de un pobre:
—Esta noche.

* * *

Tener siete años no es un asunto especialmente grave si se posee una inteligencia mediana dentro de los límites acostumbrados, pero si a esa edad el individuo en cuestión destaca por su agudeza, su lucidez o su sentido crítico, entonces el final puede ser del todo catastrófico. Aunque su padre no lo sabía, este era el caso de Paquito, hijo de Juan Antonio y Paula y estudiante de E.G.B. en Madrid.
—Papá, ¿tú has comprado una lavadora?
Los esforzados progenitores del niño que acababa de hacer la pregunta respondieron cada uno por su cuenta, porque hacerlo al unísono les hubiese obligado a un mínimo de ensayos previos.
—Últimamente, no. Como no haya sido tu madre...
—No, yo tampoco. Tenemos la misma lavadora de siempre. ¿Por qué?
Paquito señaló el libro que tenía abierto.
—Es que aquí hablan de papá.
—¿De mí?
—Sí. Dice: «Juan Antonio compró una lavadora por sesenta mil pesetas. Por pagarla al contado le hicieron un quince por ciento de descuento. ¿Qué cantidad le descontaron? ¿Cuánto pagó por la lavadora?»
El niño miró al padre como si estuviera dispuesto a embalsamarlo y este —intuyendo que algo ocurría— parpadeó antes de responder.
—Verás, ese Juan Antonio no soy yo.
—¿No?
—No. Es un ejemplo.

Paquito meditó unos segundos y luego dijo con una contundencia demoledora:

—Claro. Juan Antonio no existe.

—Eso: no existe.

No le dio tiempo de relajarse porque los hijos no acostumbran a tener piedad con los padres.

—Y si no existe, ¿por qué compra una lavadora?

—Es que no la compra.

—En el libro lo pone.

—Sí, pero es una hipótesis.

—¿Una qué?

—Una hipótesis. Se supone que si existiera, Juan Antonio compraría una lavadora.

—Por sesenta mil pesetas.

—Sí.

—Pero, ¿por qué?

A pesar de que el matrimonio entre Juan Antonio y Paula no podía citarse como modelo de felicidad y buenas maneras, la madre de Paquito se sintió en la obligación de acudir en defensa de su esposo.

—Por nada. Ya te lo ha dicho papá: es un ejemplo.

—¿Y por qué ponen un ejemplo de algo que no existe?

—Sí existe: existe como ejemplo.

—No lo entiendo.

Era más de lo que un cirujano en el normal ejercicio de su profesión estaba dispuesto a soportar en su domicilio.

—¡No hay nada que entender! ¡Tú a resolver el problema y punto!

Paula intervino para proteger la integridad física de su analítico retoño.

—No le hables al niño en ese tono. Sólo está preguntando.

—Tonterías; pregunta tonterías.

—No veo por qué. Tiene razón: es muy extraño que ese señor se llame Juan Antonio, como tú.

—¿Qué señor?

—El de la lavadora.

Como acostumbra a ocurrir en las películas de suspense, el timbre del teléfono cortó la conversación.

—Diga.

Paula descolgó rápidamente porque estaba sentada más cerca del auricular y tal vez, quién sabe, como Juan Antonio sospechó, por algún otro inconfesable motivo.

—Es para ti. Tu secretaria.

—¿Tan tarde?

—Alguna urgencia. ¿Lo coges?

—Pásamela al despacho.

El despacho de Juan Antonio —mala suerte— comunicaba directamente con la sala de estar. (Lo que los ingleses llaman *living-room*, ya saben.) Y, para colmo de desgracias, la puerta corredera que separaba ambas habitaciones llevaba algún tiempo encallándose y no había forma de que cerrara totalmente. Cuando Paula cambió de posición la clavija, Juan Antonio —oliéndose el pastel— utilizó un registro de voz lo más profesional posible.

—Sí, dígame.

Al otro lado de la línea —¡ciertos eran los tiros!— estaba Julia. El diálogo entre ambos —mientras Juan Antonio no perdía de vista a su mujer y a su hijo que continuaban en el salón— se desarrolló aproximadamente así:

—Soy yo. ¿Vas a venir?

—No puedo.

—¿Estás enfadado?

—Me habías dicho que hoy te reunías con Germán.

—Le he visto este mediodía. Hemos almorzado juntos.

—¿No habíais quedado para esta noche?

—Sí, pero al final cambié de idea. ¿Qué? ¿No vienes?

—No puedo. Ya te he dicho que no puedo. El niño aún no se ha acostado y... bueno..., le estoy ayudando a resolver un problema de matemáticas.

—De acuerdo, no te preocupes. Y perdona que haya llamado a tu casa.

—Es igual. No tiene importancia.

—Adiós.

Juan Antonio colgó el teléfono y volvió a la sala de estar con esa cara que se nos pone a todos cuando salimos del baño después de una necesidad tempestuosa intentando hacer creer a los demás que únicamente nos hemos lavado las manos.

—Nada grave. A uno de mis operados de esta mañana le ha subido la temperatura.

Pero Paula le cortó en seco:

—Oye, ¿por qué no le dices a Julia que no llame a estas horas?

* * *

No debía de ser demasiado tarde porque Marisa y Germán estaban saliendo de la sala 2 de un multicine de la calle Martín de los Heros.

—A mí estas películas de hablar tanto no me gustan.

—Mujer, es una película psicológica. Además, está sacada de una obra de teatro.

—Será por eso. Como tampoco me gusta el teatro...

—¿Por qué?

—No sé. Nunca voy. A mí lo que me gustan son las historias de amor.

—Lo que acabamos de ver es una historia de amor.

—Pero muy rara. Vamos a ver: ¿tú crees que cuando a uno le engañan uno no se entera?

—Ten cuidado.

—¿Qué pasa?

—Un perro..., la caca de un perro.

—Ah, gracias.

Marisa, hábilmente, evitó la caca del perro aun a costa de pisar a un anciano artrítico que había decidido estirar las piernas, y siguió con lo suyo:

—Contesta: ¿uno se entera o no?

—Depende. En cualquier caso, la protagonista de la película se enteró —contestó Germán.

—No está tan claro.

—Yo creo que sí. Lo que pasa es que disimula.

—¿Para qué?

—Está preparando el asesinato.

—¿Qué asesinato?

Con frecuencia, las intermitentes sospechas que asaltaban a

Germán sobre la precariedad de los niveles intelectuales de Marisa parecían confirmarse.

—El de su marido. La protagonista quería asesinar a su cónyuge.

—¡Qué va! Si al final no es un asesinato: es un accidente.

—¿Cómo va a ser un accidente si le clava un cuchillo?

—Que no, que se lo clava él mismo sin querer.

—Pero Marisa, por favor, ¿no viste que ella le daba de puñaladas por la espalda?

—¿Sí? Puede ser. Como yo en ese momento cerré los ojos...

Mientras Germán quitaba del parabrisas de su coche los anuncios de un *top less* con una señorita desnuda metida dentro de una copa de cava y de una hamburguesería abierta hasta las dos de la madrugada, Marisa siguió con lo suyo:

—Si hubiese sabido que se trataba de un asesinato, me habría gustado mucho más.

—¿Por qué?

—Porque era una venganza y a mí las venganzas me chiflan.

—Ah, ¿tú crees que hay que matar a los maridos que engañan?

—No, no es necesario. Existen otras formas de vengarse.

Marisa estuvo a punto de pisar otra caca de perro, pero a Germán ahora no le dio la gana de avisarle. A los pocos minutos, el coche dobló hacia la calle Princesa.

—A propósito: ¿sigues viendo a Julia?

—Una o dos veces... Muy poco.

—¿Os habéis repartido muchas cosas?

—No. Sólo un disco de *Mocedades*.

—¿Te ha tocado a ti?

—A ella.

—¿Por qué?

—Es que... yo se lo había regalado.

—Natural.

Marisa bajó ese ridículo espejito que tienen todos los automóviles para que las mujeres comprueben el deterioro de su maquillaje, y echó para un lado el flequillo que le tapaba un ojo.

—¿Os quedan muchas cosas por repartiros?

—Algunas.

—Así que va para largo.
—¿Te molesta?
—Pues no me hace feliz precisamente.
—Te aseguro...
—No hace falta. Ya me imagino que no te irás a enamorar otra vez de Julia. Sería estúpido.
—Sí, lo sería.
—Pero no tiene gracia el jueguecito. No tiene ninguna gracia.
Germán tuvo dificultades para meter la tercera.
—¡Qué raro!
—¿El qué?
—Juan Antonio también ha dicho que es un jueguecito.
—¿Juan Antonio es ese señor que se acuesta con tu mujer?
—Se acostaba.
—¿Ya no se acuesta?
—Supongo que sí, pero como Julia ya no es mi mujer..., ¡se acostaba!
Marisa sonrió falsísima procurando no descubrir un diente mellado que la traicionaba.
—Muy bien traído. De todas formas, sigue sin tener gracia.
—No hagamos un mundo de esto, por favor. Julia y yo nos vemos de cuando en cuando, nos devolvemos unos recuerdos y ya está.
—De acuerdo, vale. Tú mandas.
—Te llevo a casa, supongo.
—Si no te molesta...
Germán, sensatamente, miró por el espejo retrovisor antes de dirigirse al paseo de la Castellana. Al cuarto de hora llegaron al portal de Marisa.
—¿Te apetece subir a tomar una copa?
—¿Con tu madre? No, gracias.
—A lo mejor ya está durmiendo.
—Imposible. Mientras quede un minuto de televisión, imposible.
—Como quieras. Te veré a mi vuelta de Nueva York.
—Que tengas buen viaje. Y que no te toquen muchos pesados.

—A ver si hay suerte.

Se besaron en la boca porque se estaban despidiendo, porque a pesar de todas sus discusiones se gustaban y porque, además, tenían esta buena costumbre. De repente, Germán tomó a Marisa de la mano.

—Oye...

—¿Qué?

—Que hace días que no...

—Sí, siempre estoy de servicio. ¡Qué lata! El próximo fin de semana nos vamos a tu apartamento de El Escorial y no regresamos hasta el lunes. ¿Quieres?

—No lo olvides.

—Claro que no; ya sabes que me encanta dormir contigo.

Se volvieron a besar despacio y Germán, todavía paladeando el sabor de los labios de Marisa, añadió:

—¡Feliz vuelo!

Como ustedes habrán adivinado en seguida con su habitual perspicacia, Marisa Muñoz —M. M., igual que Marilyn Monroe— era azafata.

* * *

El conserje —al del turno de noche me refiero— del hotel de Germán y Germán no habían logrado congeniar. Quizás ni siquiera se lo habían propuesto. Ya sé que no es absolutamente preciso entablar una cierta amistad con los conserjes de los hoteles para vivir en ellos, pero una mínima relación amable facilita mucho las cosas: los desayunos llegan a tiempo, la habitación la hacen a su hora y los mensajes no agonizan de inanición en el casillero correspondiente.

—La llave, por favor.

El conserje masticó algún sonido indescifrable, entregó de mala gana lo que le habían pedido y Germán se encaminó al ascensor. Como era un aparato viejo y poco engrasado, tardó al menos cinco minutos en bajar. Cuando por fin llegó al *hall* y Germán abrió la portezuela para entrar en él, don Pascual —que de este modo se llamaba el conserje, con el «don» incluido— murmuró francamente cabreado:

—Aquí hay una nota para usted.

Germán —acordándose de paso de los parientes más próximos de don Pascual— volvió sobre sus pasos para recoger el papel y, cuando llegó de nuevo al ascensor, alguien lo había llamado desde el quinto piso. Mientras esperaba pacientemente —quiero decir, con toda la paciencia que se puede conservar en estas adversas circunstancias—, abrió el mensaje para leerlo: Julia le había llamado.

Al entrar en su habitación —la 508, para mayor exactitud— se quitó la chaqueta y marcó un número de teléfono que, obviamente, sabía de memoria.

—¿Eres tú, Julia? Acabo de recibir el recado.

—Sí, te llamé porque me he dado cuenta de que el otro día estuve muy antipática contigo.

—La verdad, un poco.

—Me puse nerviosa con lo que dijiste del disco. Eso de que te había molestado que lo escuchara con Juan Antonio.

Germán realizaba ímprobos esfuerzos para evitar tener que pronunciar el nombre de Juan Antonio; así que se abstuvo de hacer comentarios. Julia no pareció advertirlo. O disimuló.

—No he vuelto a verle.

—¿No?

—Está rarísimo. Le pedí que viniera a casa la otra noche y no quiso.

—Mira, Julia, siento que por mí...

—Déjalo. No se trata de ti sino de mí. He decidido que, si se molesta, peor para él, de modo que... ¿cuándo nos vemos?

—Cuando quieras.

—¿Te parece el viernes?

—Muy bien.

—A las nueve y media. Prepararé algo frío para cenar.

—De acuerdo.

—Hasta el viernes. Ah, una cosa: ¿Marisa qué opina de todo esto...? De nuestras conversaciones.

—Nada, no opina nada.

—¿No le molestan?

—¡Qué tontería! ¿Por qué le iban a molestar?

—Perfecto.

—Sin duda.

Después de colgar el teléfono, Germán se tumbó sobre la cama desmesuradamente cansado.

* * *

El viernes fue un día normal: Germán estuvo trabajando en su estudio de arquitecto y Julia en su despacho de psicóloga. En realidad, los viernes únicamente se diferencian de los lunes, los martes o los miércoles y los jueves, en que son antesala de los sábados y los domingos. A lo mejor luego sucede que estos dos últimos días de la semana resultan aburridísimos, pero esta posibilidad no impide que los viernes tengan algo especial. La gente —no toda, desde luego— acostumbra a terminar sus obligaciones temprano y se dispone a despilfarrar las cuarenta y ocho horas que, teóricamente, tiene por delante. En viernes se sale a cenar, se va al cine, se elige una obra de teatro que previamente los críticos hayan maltratado y Canal Plus obsequia a sus abonados con la más exquisita colección de felaciones y cunilingus que nuestra insatisfecha mentalidad celtibérica pueda solicitar. El viernes es el mejor de los siete días semanales. Todas las violaciones de la norma establecida es posible que ocurran y, si no ocurren, aún queda el recurso de enfilar una carretera cualquiera y pensar que en el kilómetro siguiente está el amor.

Quizás por todas estas oscuras razones, Germán se removía continuamente en el sofá en el que Julia le había ofrecido que se sentara. Y en el que ya le estaba interrogando:

—Es extraño que no opine nada.

—¿Quién?

—Marisa.

—Ah, pues no.

—¿Se lo has contado todo? ¿Le has dicho que nos vemos?

—Sí.

—¿Y que nos estamos repartiendo algunos recuerdos?

—Sí, sí, claro.

—¿Y nada?

—Nada.

—Perdona que insista, pero... ¿no se ha enfadado?

—No. ¿Por qué se iba a enfadar?

—Tampoco yo creí que Juan Antonio fuera a molestarse y ya ves.

—No es lo mismo.

—¿Por qué no es lo mismo?

—Marisa tiene muy buen carácter.

—¿Lo dices en serio? Cuando éramos amigas no había quien la aguantara. Se peleaba con todo el mundo. Tenía muy mal genio.

Se me había olvidado explicar —tampoco hasta ahora venía a cuento— que Julia y Marisa habían sido muy amigas. Y que, por los motivos que ustedes ya deben de estar imaginando, en estos momentos se detestaban de todo corazón. Escuchen —o lean— si no, lo que Julia está largando:

—Siempre fue bastante histérica. Buena chica, pero histérica.

—¿Tú crees?

—Insustancial, absolutamente insustancial. ¿A ti no te lo parece?

—Pues... no, la verdad.

—Claro, es que a ti te gusta. Si no, no me hubieras engañado con ella.

Julia se levantó moviendo airosamente un trasero que Germán no tuvo otro remedio que considerar.

—¿Quieres que cenemos?: he comprado un poco de jamón, unos quesos franceses y un hígado de bacalao fantástico. Ah, y un tinto de la Ribera del Duero. Me lo han recomendado en un *delicatessen* carísimo.

—No tengo hambre todavía. ¿Y tú?

—Pensándolo bien... tampoco.

—Además, se supone que debemos seguir con nuestra lista.

—Sí, tienes razón.

Julia volvió a sentarse junto a Germán y se colocó unas gafas que sólo utilizaba en ocasiones especialmente significativas.

—Lee. ¿Qué viene después del disco?

—Un libro.

—¿Cuál?

—Uno que me regalaste un día muy señalado. ¿Te acuerdas?

—Me temo que sí.

¿Qué queda de la primera vez que un hombre y una mujer se descubren juntos en una cama?: ¿el olor de la piel, el tacto de las manos, el sabor de unas bocas? ¿O hay tiempo para fijarse en los calcetines de él y en el sujetador de ella? ¿O lo que sorprende —y distrae— es esa peca junto al pezón izquierdo o esos pelos hirsutos debajo de la axila? ¿Qué es lo que el tiempo se empeña en embellecer porque sin ese embellecimiento posterior la realidad de entonces nos resultaría quizás hoy insoportable?

—Me acosté contigo una noche de mucho frío en un hotel de El Escorial.

A Julia casi le dio un ataque de risa al escuchar esa frase tan redonda.

—Yo también me acosté contigo en ese mismo hotel. Y la misma noche..., creo.

—Como estabas helada te metiste en la cama vestida.

—Es que tú te habías puesto un pijama color crema muy poco estimulante.

—Era nuevo.

—Nuevo y espantoso.

—O sea, que no te parecí sexy.

—Pero, ¿cómo me ibas a parecer sexy con aquella pinta?

—Pues bien que luego te fuiste quitando la ropa.

—Hombre, claro, ya me contarás. Después de haber ido a El Escorial con una maleta para que en el hotel se creyeran que éramos una pareja estable...

—Como un matrimonio. Con Franco, sólo dejaban hacer el amor a los matrimonios.

—A los matrimonios con maleta, especialmente.

—Sí, sobre todo a esos.

Se rieron de ellos y de Francisco Franco Bahamonde al mismo tiempo. Después, Germán hizo una pregunta más bien estúpida:

—¿Te gustó?

—¿Cómo has dicho?

—Que si te gustó.

Si Julia hubiese tenido la absoluta certeza de que nadie —especialmente la policía— se iba a enterar, lo más probable es que hubiera intentado arrojar a Germán por el balcón.

—No me lo creo. ¿De veras me estás preguntando al cabo de

trece años si me gustó hacer el amor contigo en un hotel de El Escorial mientras la nieve perforaba los cristales de las ventanas?

—Bueno, bueno, no quería ofenderte.

—No me has ofendido. Simplemente, me pareces idiota. ¡No, no me gustó! Fue lo más parecido a trabajar en una mina. Al menos según la idea que yo tengo de cómo se debe trabajar en una mina.

—¿Lo dices en serio?

—Completamente.

Germán —¡los hombres somos tan sensibles...!— se sintió ofendido y, con la mayor dignidad que le fue posible encontrar en su orgullo pisoteado, se dirigió hacia la puerta.

—¿Te marchas?

—Sí.

—¿Adónde?

—A la calle.

—¿Y me vas a dejar con el jamón, los quesos y el hígado de bacalao?

—Te lo comes con Juan José.

—Juan Antonio.

—Lo que sea.

—No me lo puedo comer con él porque no va a venir.

—¿Estás segura? ¿Le has dicho que estoy yo aquí?

—Lo supone.

—¿Cómo lo sabes?

—Bueno... supongo que lo supone.

Germán no sabía qué hacer. Por un lado se sentía en el deber moral de marcharse, pero por otro... Julia, lógicamente, no desaprovechó la ocasión.

—Anda, no te marches. Lo de la mina fue mejorando... poco a poco. ¿Qué? ¿Te quedas?

—Un ratito.

—¿Saco ahora el jamón, los quesos y el hígado de bacalao?

—Yo te ayudo.

—Ah, y una tortilla. Tengo también una tortilla: de patatas.

—¡Qué rica!

La cocina de Julia se diferenciaba fundamentalmente de la de Marisa en que en la cocina de Julia no era previsible encontrarse con la madre de Marisa. Por lo demás, los mismos cajoncitos, la misma encimera, el mismo frigorífico, la misma lavadora... Bueno, no estoy seguro de que las marcas de fábrica coincidieran, pero da igual. Julia sacó un mantel y se lo pasó a Germán, quien lo extendió con evidente torpeza sobre la mesa del comedor. Después, los cubiertos, los platos, las copas... Parecía una escena doméstica —¡conservemos los valores esenciales de la familia!— de cualquier serie de televisión nacional.

—¿Quién iba a decirnos que...

—No te atragantes.

—... que a la larga acabaríamos comprando un apartamento en El Escorial?

—A lo mejor lo compramos por eso.

—Tal vez. El criminal siempre vuelve al lugar del crimen.

A Julia se le escapó un carraspeo delatador cuando quiso averiguar, mientras bebía un traguito de vino:

—¿Lo utilizas mucho?: nuestro apartamento. Bueno, quiero decir el tuyo.

—¿El de El Escorial?

—Claro, ¿cuál va a ser?

—Pues... la verdad..., muy poco. De tarde en tarde: para descansar o para... ya sabes... para meditar sobre algún trabajo.

Aunque el carraspeo continuaba, Julia insistió:

—¿Te llevas a Marisa?

—¿A Marisa?

Germán comprendió que de nada le iba a servir lanzar balones fuera.

—No, casi nunca llevo a Marisa. Siempre está volando.

—Qué lata, ¿no?

—Un poco.

Hubo un silencio en el que se escuchó el clarinete del vecino que estaba ensayando para una sesión de *jazz* que iba a celebrarse la semana próxima en el Café Central de la plaza del Ángel.

—¿Traigo el libro?

—Sí.

Julia cogió el libro que estaba en una estantería entre los versos de Neruda y una novela de Simenon.

—Aquí está: *Cien años de soledad,* de Gabriel García Márquez.
—Me acuerdo. Seguía de moda.
—Lo compré en la librería «Machado» antes de irme a El Escorial contigo y con la maleta.
—Me lo dedicaste.
—Te puse: *Para Germán, recuerdo de un día muy señalado.*
—¿Sabías que iba a ser un día muy señalado?
—Claro, ¡qué pregunta!
La puerta de la calle se abrió y apareció Juan Antonio con abrigo, sombrero y las llaves en la mano. Julia reaccionó francamente bien teniendo en cuenta las circunstancias.
—Vosotros no os conocéis..., me parece.

* * *

Debían de ser las ocho o las nueve de la mañana. Aproximadamente. Si me acercara de puntillas para comprobar la hora en el despertador de la mesilla de noche, podría escribirlo con toda seguridad, pero no creo que a ustedes —puedo equivocarme— esta puntualización les interese especialmente. En cualquier caso les aseguro que era temprano y que Marisa y Germán estaban en una cama del apartamento que este último poseía en El Escorial. Para más detalles, les recomiendo prestar atención al diálogo que sigue.
—¿Qué te pasa?
—Nada. ¿Por qué?
—¿Estás preocupado?
—No, en absoluto.
—Te he traído un regalo de Nueva York y no le has hecho ni caso.
—Mujer, es que tengo ya siete calculadoras.
—Sí, pero en esta, cuando sacas una raíz cuadrada, suena *Navidades blancas.*
—¿Y para qué quiero yo sacar una raíz cuadrada escuchando *Navidades blancas?*
—Siempre alegra, ¿no?
—¿Tú crees?
—¿Preparo el desayuno?

—Buena idea.

Marisa llevaba unas braguitas azul celeste y una camiseta amarilla en la que se podía leer claramente —en inglés, por supuesto— : «El placer dura un ratito; el sida, más.» A Germán la advertencia le dejó desolado. Naturalmente, él —en principio— se fiaba de Marisa. Pero, ¿qué significa fiarse de una mujer «en principio»? Además, Marisa era azafata. No se trataba de que Germán tuviese un mal concepto de las azafatas, por supuesto que no, pero, claro, tantas horas de vuelo, tantos países lejanos —incluso exóticos—, tantos hoteles, tantos aeropuertos, tantos *duty free*... Y luego, que si una copita, que si un cine, que si unos almacenes con rebajas, que si unos restaurantes con piano... Aparte de que los extranjeros son muy peligrosos. En cuanto ven a una española —las huelen antes de hablar— se les caen las tarjetas de crédito por el canalillo del pantalón.

Aunque Germán creía estúpidamente que esa catástrofe del sida no podía afectarle al no ser drogadicto ni homosexual, algo en su fuero interno le inquietaba. ¿Y si Marisa...? ¿Y si él aquella noche que se acostó con...? Los médicos recomendaban los preservativos, pero a él le parecían del todo deprimentes. Se había enterado de que algunos tienen sabor a vainilla, otros a chocolate... Bueno, pues aun así no acababa de decidirse. Le faltaba coraje para pedirle a Marisa que le enfundara cariñosamente un condón antes de apagar la luz.

—¿No vienes?

—Ahora mismo.

Se levantó de un considerable mal humor y, cuando tuvo la desdicha de verse en el espejo del dormitorio con su pijama crema —¿por qué siempre picaba con ese color, ¡maldita sea!?—, pensó que tal vez su vida no mereciese la pena ser vivida.

Mientras tomaba la siempre enojosa decisión de suicidarse con una pistola o ahorcado en el cuarto de baño de su hotel, tuvo la gentileza de preguntarle a Marisa:

—¿Qué tal el vuelo?

—Fantástico. Sólo me han tocado un asmático, dos sordos, tres alcohólicos, cinco ligones y diecisiete japoneses.

—¿Y has podido con todos?

—Excepto con un vaquero de Texas, con todos.
—¿Qué le pasaba al vaquero?
—Al quinto *bourbon* se quería bajar en marcha.
—¿Por qué?
—Decía que había dejado el caballo mal estacionado. Oye, ¿queda café?
—Supongo.
Quedaba. Germán sacó un paquete de dentro de un armario que olía a humedad. Marisa, por su parte, estaba apretando el encendido eléctrico de la cocina de gas.
—A este botón le pasa algo. ¿Dónde están las cerillas?
—Donde siempre: en el cajón de la derecha.
—Ya, ya las veo.
Marisa cogió las cerillas y Germán murmuró abriendo el café:
—Se está terminando. Tenemos que comprar.
—Germán, esto no funciona.
—¿El qué?
—La cocina. Pongo el fuego en el quemador y... nada.
—¿Has abierto bien la llave de paso?
—Sí, claro.
—A ver, déjame a mí.
Germán aplicó otra cerilla encendida en el mismo sitio y el resultado fue igualmente desastroso. Marisa machacó, feliz, en el fondo, de que los elementos mecánicos le hubiesen dado la razón:
—¿Lo ves? ¡Te lo dije!
Pero Germán no estaba para sutilezas. Repentinamente empalideció tanto, que él y su pijama crema acabaron haciendo juego.
—A lo mejor lo han cortado.
—¿El gas?
—Sí, el gas.
—¿Por qué?
—Para molestar, para fastidiarnos, porque les joroba que vengamos aquí, a mi apartamento de El Escorial.
—Pero, ¿a quién le joroba?
—¿A quién va a ser?: a la Compañía del Gas, a Hidroeléctrica Española, a la Telefónica... Siempre hay algo que no funciona.

Cuando no cortan el gas, cortan el agua y cuando no, la luz o el teléfono. O no tira la chimenea. O se encallan las contraventanas. O se sale el lavaplatos. Todo para que no vengamos, para que nos quedemos en Madrid.

—¿Por qué va a querer la Compañía del Gas que nos quedemos en Madrid?

—¡Y yo qué sé! Para que no me acueste contigo, supongo. ¡Nadie quiere que me acueste contigo! Incluida tu madre.

—Bueno, lo de mi madre es natural.

—No veo por qué.

—Porque quiere que nos casemos.

—Yo no pienso casarme.

—Ni yo tampoco.

—Sí, eso decís todas.

—Tengo la impresión de que me confundes con Julia.

—Vamos a dejar a Julia en paz, ¿te parece?

—De acuerdo.

Marisa tiró para abajo de la camiseta como intentando tapar, con muy poco entusiasmo, el azul celeste de su ropa interior. Luego se mordió repentinamente la piel de una uña. Por uno o por otro motivo —o por ambos al mismo tiempo— Germán comentó, en el límite de sus fuerzas:

—¿Y ahora qué hacemos?

—Me ha parecido ver un cartón de leche y una caja de galletas.

—¿Surtidas?

—Chiquilín.

—Bueno, pues sácalas, ¡qué remedio!

Marisa, sorprendentemente, encontró la leche y las galletas Chiquilín. Además, colocó unos manteles individuales y unas tazas sobre la mesa, lo cual siempre es un detalle que los hombres acostumbramos a agradecer. Lo único malo fue que, cada vez que se ponía de espaldas, Germán estaba obligado a leer lo de «el placer dura un ratito; el sida, más» y, claro, le daba un ataque.

—Nunca debí comprar este apartamento. No hago más que pagar gastos de comunidad para nada. El vecino de la derecha pone la televisión a todo trapo, el de la izquierda le grita a su mujer desde que se levanta, el jardín está lleno de caniches y en la piscina los niños del subdirector del Banco de Santander se hacen pis en el agua.

—No exageres.

—Es verdad, exagero. No hacen pis: se mean.

—Germán, por favor.

—Está bien, perdona, pero es que estoy furioso.

—Véndelo.

—¿A quién? Una vez fui a una agencia, les conté el caso y me lo quisieron cambiar por una barca en Santa Pola. ¡Ya me contarás qué iba a hacer yo con una barca en Santa Pola!

Cuando Germán probó la leche, se le revolvió el estómago.

—Esta leche está horrible.

—Horrible.

—¿No la habías dejado en la nevera?

—Sí, pero algo le pasa a la nevera; debe de estar estropeada.

—¡No te digo!

—Bueno, bueno, cálmate. Estás muy excitado.

—¿Te parece?

—Esta noche has soñado en voz alta.

—¿Ah, sí? ¿Y qué he dicho?

—No sé qué de una maleta.

—¿Una maleta?

—Sí. ¿Es que vas a hacer un viaje?

—Sí: a El Escorial. Siempre viajo a El Escorial. Es mi destino.

—Pero a El Escorial hemos venido sin maleta.

—Ya.

—También has hablado de un libro.

—¿Un libro? ¿Una maleta y un libro? ¡Qué tontería! No se entiende.

—No, no se entiende.

Era verdad que tampoco Germán entendía lo que le estaba pasando. Su matrimonio con Julia había resultado un fracaso. Pasada la euforia de la primera etapa —ese tiempo milagroso en el que todo lo que ocurre da la impresión de haber sido tocado por el dedo de la buena suerte—, la dura realidad le demostró que se había equivocado. Julia y él eran distintos. Nada impide, desde luego, que dos personas de comportamientos y opiniones diferentes puedan convivir y hasta —quién sabe— ser felices.

No parece obligatorio que la convivencia se base en la similitud de actitudes o de ideas. Pero hay un punto de no retorno en el que el pacto tácito —«yo me aguanto, tú me soportas»— se rompe. Es ese día en el que todas las supuestas gracias de tu compañero o compañera se convierten en torpezas insoportables. Su agudísima conversación llena de ingenio y de ironía se transforma en una irritante serie de estupideces que nos avergüenzan. Su delicada forma de caminar por las calles o de pasear bajo la lluvia se convierte en el penoso balanceo de un marinero borracho y, para colmo, su considerada costumbre de rociarse los alrededores de las ingles con colonia antes de meterse en la cama, lo descubrimos de una ordinariez insultante.

Germán había compartido pasta de dientes, aspirinas, contestador, vídeo, letras del piso y pruebas de embarazo con Julia durante ocho años. Y en el transcurso de trescientos sesenta y cinco días multiplicados por ocho suceden muchas cosas. Unas buenas y otras malas sin duda, pero la mayoría —y es lo peor— simplemente regulares. Casi todas las parejas se separan no cuando más discuten —a menos, claro, que intenten arrojarse mutuamente por el hueco del ascensor—, sino cuando ya no tienen estímulos para seguir discutiendo. Les ocurre lo que a los boxeadores que, después de un *round* agotador y en los segundos que descansan en su esquina del cuadrilátero, piensan que es bastante absurdo volver a levantarse para liarse a tortazos con un individuo que, en el fondo, les tiene sin cuidado. Algo de esto —las comparaciones son siempre odiosas, no lo ignoro— le pasó a Germán con Julia. Al principio de su noviazgo —si todavía tiene algún sentido llamar de esta manera al desmadrado deseo de los machos de nuestra especie por convencer a las hembras de su perentoria obligación biológica de acostarse con ellos—, las supuestas rebeldías, las extravagancias o las salidas de tono de Julia le divertían muchísimo. Así, por ejemplo, cuando en un restaurante pedía almejas con crema catalana o en unos almacenes se empeñaba en comprar un sombrero mexicano que la tapaba hasta los ojos, Germán se reía una barbaridad y se felicitaba a sí mismo por la inmensa fortuna de haber tropezado en su vida con una criatura tan singular. Lentamente, sin embargo, su punto de vista sobre Julia, como ya he dicho, fue variando: la pasión condujo a la bronca y esta, tristemente, a la indiferencia. La noche en que Julia tuvo que contener un bostezo al desnudarse y Germán decidió pensar en Katheleen Turner para atreverse a hacer el amor con su mujer, el matrimonio de ambos —aún ellos no lo sabían— fue incluido en una sala especial del Museo Arqueológico de Madrid.

De todo esto puede deducirse con facilidad que cuando Germán, por fin, consiguió separarse de Julia, se sintió profundamente aliviado. Y cuando obtuvo el divorcio, no digamos. ¿Por qué, entonces, tomó la insólita decisión de escribir una lista de recuerdos que jamás antes habían tenido para él la menor importancia? ¿Qué extraño ataque cerebral —convenía empezar a llamar a las cosas por su nombre— había sufrido aquella mañana cuando había invitado a tomar un café a su ex mujer en aquella repelente cafetería con churros, gambas y huesos de aceitunas? ¿Quedaba algo de aquel amor primero o eran los últimos estertores de un orgullo masculino que debía ser justamente castrado a manos de Lidia Falcón y otras amazonas?

Estaba pensando en esta estremecedora posibilidad cuando Marisa, que iba a su lado en el coche que él conducía de regreso a la ciudad, le hizo esta aviesa observación:

—Pues antes bien que te gustaba El Escorial.

—¿Antes? ¿Cuándo?

—Cuando compraste el apartamento. ¿O te gustaba porque lo compraste con Julia?

—Escucha, a mí El Escorial me gusta; lo que no me gusta es el apartamento. Son cosas distintas.

—Al principio no decías eso.

—¿Al principio de qué?

—De lo nuestro. Al principio de lo nuestro. Siempre decías que lo encontrabas monísimo.

—¿Ah, sí?

—Sí. Y muy confortable. Claro que sería para convencerme.

—No recuerdo que tuviera que convencerte de nada.

—¿Cómo que no? Tenías que convencerme de que me acostara contigo.

Marisa tenía una pasmosa facilidad para contar las cosas que habían sucedido de una manera totalmente distinta a como realmente sucedieron. Es posible que no lo hiciera a propósito. Conozco a muchas personas que padecen esta curiosa anomalía. Para ellas, lo objetivo no existe porque, sin pretenderlo, sólo aceptan como objetivo lo que les conviene. Germán no ignoraba que Marisa pertenecía a ese tipo de individuos y, sin embargo, no pudo evitar caer en su trampa.

—Pero si fue al revés; si fuiste tú la que se quería acostar conmigo.

—No es verdad. Me llevabas a tu apartamento, encendías la chimenea, me ponías un vals vienés...

—¿Un vals vienés? ¿Que yo te ponía un vals vienés? Estás loca.

—Sí, sí, un vals vienés... el de las olas... Y me tumbabas en el sofá. Entonces yo me levantaba para buscar un chicle.

—¿Un chicle?

—Claro, porque no quería hacer al amor contigo así..., de repente. Las cosas tienen que costar, ¿sabes?

—Estás mintiendo. Yo no te tumbaba en el sofá. Eras tú la que te sentabas corriendo en él con la excusa de que era el sitio más cómodo. Y no te ponía un vals vienés, sino a Roberto Carlos porque sabía que te gustaba.

—Bueno, para el caso es lo mismo. Siempre te quedabas con las ganas.

—O sea, que nunca me acosté contigo.

—Sí, te acostaste, pero cuando yo quise.

—Está bien, apúntate un diez.

Germán no quería seguir discutiendo por dos razones fundamentales: a) porque estaba conduciendo y b) porque le constaba que era inútil. Pero, claro, previsiblemente Marisa continuó atacando:

—Entonces sí que le echabas emoción.

—¿Sí?

—Sí; no como ahora que parece te hayan puesto un cohete.

—Lo siento.

—A lo mejor es que ya no te gusto.

—Sí me gustas.

—Te has cansado de mí.

—No, no me he cansado de ti.

—Te has enamorado de otra. De Julia.
—No digas tonterías.
—Júrame que si te enamoras de Julia, me lo dirás.
—Sí, te lo diré.
—Júramelo.
—Te lo juro.
—¿Me quieres?
—Te quiero.
—Pues dame un beso.

Germán giró la cabeza para besar a Marisa en el preciso instante en que se cruzó con un autobús que venía en el otro sentido y estuvo a punto de ocurrir una desgracia. Es muy de desear que el comentario de Marisa no llegue nunca al conocimiento de la Dirección General de Tráfico:

—¡Qué bien! ¡Hemos estado a punto de matarnos!

* * *

Era un día de otoño ideal para que alguien —no yo— iniciara un relato escribiendo: «Era un día de otoño...» El caso es que lo era, ¡qué remedio! Había hojas amarillas en los árboles, tonos dorados en los caminos, cielos rojizos en la tarde... Y la minucia inadvertida de la señora gorda, el caballero infartado, los amantes salidos y la conversación aparentemente inocua de Julia y Juan Antonio paseando al perro —*Brandy*— por el parque del Oeste.

—Es muy simpático.
—¿Quién?
—Tu ex marido: Germán.

No estoy seguro de que a Julia esta opinión de su amante le pareciese del todo afortunada. Vamos, lo digo por el tono, extrañado, de su pregunta:

—¿Te lo pareció?

Pero Juan Antonio no pareció darse cuenta. O no quiso hacerlo, cualquiera sabe.

—Estuvo muy normal.
—¿Por qué no iba a estarlo? Es una persona civilizada. Como yo. Y como tú.

—Sí, claro, pero la situación no era fácil.

—Pero, ¿por qué? Creo que le das demasiada importancia. Nunca te he ocultado que veo a Germán.

—Ya, ya, pero como no me esperabais...

—No, no te esperábamos, eso es verdad.

—En cierto modo, os sorprendí.

—Por favor, Juan Antonio, no había nada que sorprender. Además, a mí no me extrañó que vinieras.

—¿No?

—No. Siempre supuse que te imaginabas que esa noche estaríamos juntos.

—No os espío.

—Ya, ya lo sé.

Brandy reconoció a un mastín amigo suyo y quiso ir a saludarlo. Incomprensiblemente, Julia no aceptó este comportamiento social de su perro.

—*Brandy,* estate quieto, no tires de la correa.

—¿Por qué no lo sueltas un rato?

—Sí, tienes razón.

Brandy, moviendo agradecido la cola, corrió por la pradera mientras Juan Antonio —con una insistencia inesperada— reanudaba la conversación anterior.

—Te confieso que me picaba la curiosidad.

—¿Por qué?

—Me lo imaginaba de otra manera.

—Creo que te había enseñado algunas fotos.

—No, no me refiero al físico. No sé... Siempre pensé que sería una persona muy distinta a ti.

—Y lo es. No tenemos nada que ver el uno con el otro.

—No dabais esa impresión.

—¿No?

—No. Al contrario. Sí... precisamente... al contrario.

—Puede ser, pero te equivocas. Siempre fuimos muy diferentes.

—¿Cómo le van las cosas?

—No muy bien. Trabaja con un amigo suyo, también arquitecto, pero no les sobra el trabajo. Se defiende, supongo.

—No tiene aspecto de triunfador.

—No, no lo tiene.
—¿Le vas a volver a ver?
—Sí..., seguramente.
—Claro. Perdona, estos días me comporto como un estúpido. Es natural que le veas. Te prometo no volver a enfadarme.
—Gracias.
—Lo importante es que tú y yo estemos bien.
—Eso pienso yo.
—Te quiero.
—Yo también.

¿Eran sinceros? ¿Se querían? ¿No se querían? ¿Necesitaban quererse? ¿Necesitaban tan sólo creer que se querían? ¿Tenían miedo a que su amor se acabara como se contempla, con una angustia instintiva, el final de esa botella de vino que tanto placer nos ha proporcionado? ¿O, por el contrario, estaban deseando abrir un frasco nuevo? Como si quisiera apartar de sí esta idea, Julia preguntó de pronto:

—Oye, supongo que mi llamada de la otra noche a tu casa no te creó ningún problema.
—No, no; ninguno.
—¿Tu mujer no sospecha nada?
—No, no; nada.
—Mejor.

Aunque nosotros sabemos que Juan Antonio mintió descaradamente, tengamos la prudencia de callarnos para que Julia pueda gritar:

—*¡Brandy, Brandy!* ¡Venga, ven aquí, vámonos a casa!

Y comprendamos que el perro regresara bastante enfurruñado.

* * *

Quizás nunca se llegue a averiguar con exactitud si los hombres que acostumbran a leer en la cama antes de dormir lo hacen porque consideran que este es el sitio más apropiado para sumergirse en los placeres de la literatura —intrigas misteriosas, amores contrariados, viajes exóticos...— o, simplemente, porque un libro en la mano evita los riesgos de una conversación difícil o las obligaciones de un débito conyugal con frecuencia poco gratificante. Desde hace ya algunos años, la costumbre electrónica del *zapping* está intentando sustituir a tan sólida protección masculina, aunque, a mi juicio, con sensible desventaja. Es casi imposible prever lo que las imágenes de televisión son capaces de ofrecernos. Sobre todo últimamente. En cualquier momento puede surgir un pecho desnudo, un muslo adivinado, una nalga sorprendida... Y no digamos cuando las secuencias de cama se multiplican con su desasosegante banda sonora de jadeos, suspiros y ayes entrecortados... Cuando esto ocurre, las mentes de las parejas adormiladas son víctimas de un bombardeo sexual a cuyos efectos resulta difícil sustraerse, con el natural perjuicio para unas personas que deben levantarse temprano a la mañana siguiente. Yo sigo opinando que el medio más eficaz para no sucumbir a un vicio erótico que ha dejado de atraernos (con nuestro compañero o compañera, aclaro) es la lectura ensimismada de algún libro de muchas páginas. En este sentido, los ensayos sociológicos sobre el impacto de la política financiera española en el desarrollo actual de los indios papúes, por ejemplo, resultan de inapreciable utilidad. También se puede probar con el último número del *BOE*, pero no sé yo.

A lo que íbamos: Juan Antonio estaba en la cama leyendo y Paula, su mujer, pretendía, con poco éxito, sacarse una espinilla que según ella —y tenía razón— le afeaba. En el momento preciso en que iba a iniciar la delicada operación de apretar con los dedos el punto negro situado en la zona norte de su frente, su marido cometió el error de adentrarse en un terreno pantanoso:

—¿Cuándo te enteraste?

—¿De lo tuyo con Julia?

—Sí.

—Hace ya tiempo.

Lo prudente hubiera sido detenerse aquí. Si Juan Antonio se hubiese enfrascado de nuevo en la lectura, su mujer habría conseguido quitarse definitivamente la espinilla y, ya más aliviada, se habría metido en la cama dando el asunto por terminado. Al menos momentáneamente. Pero no. Los hombres —no conviene que este rumor circule— somos bastante más tontos de lo que las mujeres nos suponen.

—¿Cómo lo supiste?

—La casualidad, como siempre. Una amiga de una amiga mía fue a vivir a la misma casa donde vive ella.

—Y me vieron.

—No era difícil: vas casi todos los días.

Por raro que parezca, Juan Antonio insistió. (Otra ocasión perdida.)

—¿Por qué no me lo dijiste?

—¿Tú crees que eso hubiera cambiado la situación?

—Las cosas hay que decirlas.

—¿Me dijiste tú que tenías una amante?

—No es lo mismo. Yo no quería hacerte daño.

—Yo tampoco.

—Cuánta generosidad.

—No es generosidad: sólo sentido práctico. Nunca pensé que se tratara de algo importante.

—¿Y tu amor propio?

—Tú estabas por encima de mi amor propio.

Esto era algo que Juan Antonio no esperaba. Hacía mucho tiempo que no se atrevía a preguntarse si su mujer continuaba enamorada de él o si, al menos, conservaba una mínima parte de lo que, al inicio de su matrimonio, los unió. ¿Qué había querido decir con aquellas palabras: «Tú estás por encima de mi amor propio»? ¿Las había dictado el cariño, el respeto o la costumbre? Por si acaso —felicitémosle ahora—, se calló. Paula, después, se puso un poco de pomada sobre el pequeño hueco que había dejado la espinilla, se levantó de delante del espejo del tocador y se acostó en la cama. Aún no acababa de colocar el embozo de la sábana, cuando dijo con cierta indiferencia:

—¿Lo es?

—¿El qué?

—Importante. Lo de Julia.

—Sí.

—¿Qué piensas hacer?

—¿Y tú?

—¿Yo? Nada.

—¿No te importa?

—Me importa. Claro que me importa, pero no estoy dispuesta a convertir esto en un melodrama. Quiero a mi hijo, te quiero a ti, me gusta esta casa que hemos construido poco a poco entre los dos. Esperaré a que se te pase.

—¿Y si no se me pasa?

—Se te pasará.

—¿Y si no?

—Este es mi sitio. No pienso moverme. Si quieres irte tú, vete.

Juan Antonio tuvo la impresión de que estaba descubriendo a su mujer. Ni la actitud ni la voz eran las de siempre. ¿De dónde le venía aquella calma, aquella frialdad? ¿Era otra? ¿Era distinta? ¿O era tan sólo la que él había ayudado a crecer sin proponérselo? Como esta posibilidad le perturbaba profundamente, alejó en seguida este pensamiento de su cabeza. Cuando iba a cerrar el libro con un gesto de resignación, Paula le interrumpió:

—¿Sabe Julia que me he enterado?

—No.

—¿No se lo has dicho?

—No.

—Buenas noches.

Paula apagó la luz y a Juan Antonio, comprensiblemente, le costó dormirse.

* * *

Germán tenía uno de esos indecentes relojes —se lo había comprado Marisa en Amsterdam— que, en los momentos más inoportunos, suenan para recordarle a su poseedor que es la hora de ir al dentista, de pasar a recoger el coche al taller, de cambiarle los pañales al niño o de borrar de la agenda el número de teléfono de un amigo íntimo de Mario Conde. Naturalmente, Julia detestaba ese tipo de aparatos, de manera que cuando descubrió que el dueño del odioso invento era su ex marido, le preguntó con muy malos modos:

—¿Qué haces aquí?

—Te estaba esperando.

—¿Y se puede saber por qué me esperas en la puerta de mi despacho como si fueras un pobre?

—Intenté avisarte, pero tu teléfono comunicaba continuamente. Entonces..., bueno... Decidí venir.

—Estupendo. No sabes cómo me alegro.

Germán estaba acostumbrado a las ironías de Julia, que nunca le habían hecho ni puñetera gracia. De modo que sonrió mientras insinuaba discretamente:

—Tienes prisa.

—Sí, tengo prisa. He quedado con Juan Antonio.

—Un segundo, sólo un segundo. No voy a entretenerte.

—¿Qué te ocurre?

—¿Puedo acompañarte?

—Voy al *parking.*

—Bueno.

Julia se encogió de hombros aceptando su destino que, en aquellas circunstancias, le parecía bastante penoso. ¿Qué estaba pasando? ¿Por qué se había metido en aquel lío tan estúpido? ¿Qué le importaba, en el fondo, esa lista ridícula de recuerdos? ¿O no sería que Germán la estaba tratando de engañar? Pero..., ¿para qué? Engañarla —se repetía—, ¿para qué?

—¿Ocurre algo nuevo?

Germán contestó con una rapidez bastante sospechosa:

—No, nada especial. Es que el otro día olvidé el libro en tu casa.

—¿Qué libro?

—El que tú me regalaste: *Cien años de soledad.*

—Ah, sí; se quedó sobre la mesa.

—Claro, como de pronto llegó Juan Antonio... Se produjo una situación incómoda.

—¿Incómoda? No me lo pareció.

—Bueno, esas cosas son siempre desagradables.

—¿Qué cosas? Oye, no tenemos nada que ocultar y supongo que tú no querrás dar la impresión de lo contrario.

—No; desde luego que no.

No he conocido a nadie en su sano juicio —tal vez porque no frecuento a mucha gente con esta característica— que se sienta a gusto en un *parking.* Aparte de que uno siempre tiene la impresión de que se va a cometer un atentado y de que existen múltiples posibilidades de que la víctima seas tú, el espectáculo de todos esos automóviles alineados como cadáveres es tremendamente perturbador. Parece como si las rampas condujeran a ninguna parte, las escaleras estuvieran a punto de derrumbarse y los ascensores llevaran directamente a un infierno repleto de neumáticos pinchados, retrovisores arrancados y portezuelas reventadas. Así que, aceptando la inminencia de todas estas catástrofes, no es raro que Julia comentara, jugando inquietamente con su llavero:

—No sé dónde he aparcado el coche.

—Siempre te digo que tomes nota del sitio. Hay unos números...

—¿Me vas a dejar en paz?

Una salida de tono, la verdad. Yo comprendo que Germán tenía una asombrosa tendencia a ponerse pesado, pero, en fin, tampoco era para tanto. De momento. Porque como luego continuó...

—El caso es que me gustaría tener ese libro lo antes posible.

—No te preocupes, yo te lo envío.

—¿Para qué vas a molestarte? Mejor paso por tu casa cuando tú me digas y lo recojo.

—¿Por mi casa?

Julia se detuvo en seco:

—¿Se puede saber qué pretendes?

—¿Yo? Nada. ¿Por qué?

De pronto, descubrió el coche.

—Ah, ahí está. Adiós.

—¿Cuándo nos vemos?

—¿Qué pasa? ¿Que tú no trabajas nunca?

—Poco, trabajo poco.

—No nos vamos a ver más. ¿Está claro?

Julia se metió en su coche y, al bajar la ventanilla, Germán aprovechó la ocasión para insistir.

—¿Y el libro?

—Yo te lo envío. Descuida.

Julia se dirigió hacia la señal de salida preguntándose —no era la primera vez en su vida— cómo había podido cometer el error de casarse con un tipo así. Germán, pensativo, se metió las manos en los bolsillos y descubrió que en uno de ellos había dos monedas de cien pesetas. Tuvo el pálpito de que era lo único bueno que le iba a suceder aquel día.

* * *

—He visto a Germán.

Juan Antonio se quedó impertérrito, siguiendo las instrucciones que el señor don Miquel Roca i Junyent les había dado a sus amigos socialistas cuando el asunto famoso —aunque ya lejano— de Javier de la Rosa. («O todos impertérritos o elecciones generales», dicen que dijo, frase que, con aquella otra de «Maricón el último» —de la que lamentablemente se desconoce su autor—, merecería pasar a los anales de nuestra historia contemporánea.)

Desde entonces se ha comprobado que «quedarse impertérrito» es un modo eficacísimo para que te roben la cartera, para que te atropellen en un paso de peatones y para que tu amada esposa se fugue con tu amigo más querido.

Julia intentó descongelar el rigor *post mortem* que se había instalado en el rostro de su amante.

—Estaba abajo..., en la calle. Cuando salí de trabajar. Me esperaba.

Juan Antonio fue reaccionando lentamente con el auxilio de un martini seco que Rafa —el avispado camarero del pub en donde solía reunirse con Julia casi todas las tardes— le había preparado.

—¿Habíais quedado para veros?

—No, no; en absoluto. Ha venido con la excusa del libro. Se lo había olvidado en casa. ¡Qué pesadez! Empieza a ser un poco obsesivo. No lo aguanto. Te aseguro que no lo aguanto.

—Tranquilízate. ¿Qué tomas?

—Lo de siempre.

Bastó que Juan Antonio hiciera un breve gesto hacia la barra para que Rafa empezase a preparar un jugo de tomate como a Julia le gustaba: bastante sal, algo de pimienta y casi nada de tabasco.

—Me pregunto cuándo va a terminar esta historia.

—No debiste empezarla, te lo dije.
—Al principio me pareció bien.
—Te lo advertí. ¿Para qué querías recordar tu pasado con Germán?
—No es que quisiera, pero tampoco lo rechazaba. Una tontería, desde luego. En cualquier caso, se acabó. Ya le he dicho que no volvería a verle.
—¿Y él lo ha aceptado?
—A ver, ¡qué remedio!
Rafa llegó con el jugo de tomate y le dijo a Julia, con ese compincheo un tanto empalagoso que se establece entre algunos clientes y el camarero a fuerza de hablar de fútbol y de meterse con el Gobierno:
—He echado un chorrito de vodka... para que no esté tan soso.
Julia se lo agradeció porque la verdad es que estaba necesitando algo de alcohol. Como el deseo de beber es contagioso, Juan Antonio pidió otro martini. Luego añadió, retomando la conversación donde la habíadejado:
—No creo que se resigne.
—¡Se lo devolveré todo, que se quede con todo!
—No es eso lo que pretende.
—¿Qué quieres decir?
—Lo que he dicho: que no es eso lo que pretende.
—Me da igual lo que pretenda. ¿Me pasas un cigarrillo?
A Julia le encantaban esos quiebros en la conversación y hay que reconocer que le salían muy bien. (No en balde había tomado clases de interpretación, cuando era joven, con un actor maravilloso que siempre estaba en el paro.)
Juan Antonio le acercó el paquete de tabaco, Rafa llegó con el martini y Julia comentó, encendiendo el pitillo:
—¿Y si todo fuera una maniobra de Germán? Tú mismo lo has insinuado.
—¿Yo?
—No disimules. Germán es muy listo... para lo que le conviene.
—Seguro. Tiene una mirada muy inteligente. Es bastante simpático, ya te lo dije. Me cayó bien.

Era lo último que Julia podía esperar.
—Ah, ¿te cayó bien? No sabía.
—Pues sí, ¿no te alegras?
—Desde luego.
—Y me parece que lo lógico es que continuéis.
—¿El qué?
—Eso que habéis empezado. Cuanto antes sigáis, antes acabaréis.
—¿Lo dices en serio?
—Claro.
—O sea, que me recomiendas que vuelva a verle.
—Tanto como recomendar... Me parece lo más razonable.
—¿Sí?
—Sí. No creo que corras ningún riesgo. Se nota que es un individuo normal, agradable, que...
—... que te cae bien, ya me lo has dicho.
—Exacto.
—Bueno, pues nada, voy a pensarlo.
—Sí, yo de ti lo pensaría.

Por la manera que Julia agarró el vaso que contenía el jugo de tomate y por el modo que Juan Antonio apartó la aceituna de su martini, cualquier persona acostumbrada a ir al cine, a ver la televisión o a leer novelas, habría adivinado inmediatamente que entre ambos personajes acababa de producirse una nueva situación de imprevisibles consecuencias. En este sentido sería justo felicitar al guionista que la hubiese provocado.

* * *

Me siento en la obligación moral —y narrativa— de presentarles a ustedes a Rosa. Además, me divierte hacerlo. Rosa es uno de esos tipos humanos con los que los autores acostumbran a encariñarse. Le ocurre lo mismo que a los papeles supuestamente secundarios que, en las películas y obras de teatro, acaban robando el éxito a los protagonistas. Su importancia en el desarrollo de estas escenas conyugales que estoy escribiendo es fundamental. Trabaja —o trabajaba, cuando los acontecimientos que cuento sucedieron— con Julia, en el despacho que ambas habían decidido abrir al terminar sus estudios de psicología. Es menudita, con tendencia a engordar —¿por qué todos los guisos se le amontonan en la retaguardia?, ¡qué injusticia!— y está casi siempre embarazada. No estoy seguro —puedo equivocarme, naturalmente— de que sus estados continuos de buena esperanza sean consecuencia de un desmedido apetito sexual. No. Más bien me inclino a suponer que Rosa hace el amor como quien se embarca en un crucero por el Caribe: para comprobar si la vida aún sigue mereciendo la pena de vivirse. Lo malo es que, con frecuencia, la travesía no compensa. Da igual. Rosa es una luchadora nata y continuará adelante como si más allá de sus narices —también las nuestras— le esperara algo fantástico. Un ejemplar curioso, verdaderamente.

Cuando entró sin llamar en el despacho de Julia, esta llevaba ya un buen rato pensativa y sin trabajar delante del ordenador.

—¿Has terminado el informe?

Julia pareció regresar de algún sitio inexistente en el mapa.

—¿Qué? Ah, sí. Bueno..., en eso estoy.

—Quedamos en entregarlo el día treinta.

—Ya, ya lo sé.

Rosa conocía a Julia desde que eran jóvenes y estudiaban juntas. ¡Vaya, ya se me ha escapado! Me propuse, al iniciar este relato, no descubrir la edad de las mujeres que en él aparecen. Y, sobre todo, me negaba —y me sigo negando— a facilitarles a ustedes datos precisos sobre Julia en este sentido. Pero, evidentemente, si escribo que «eran jóvenes» ya estoy explicando que dejaron de serlo. Bueno, pues no es verdad: Rosa y Julia han cruzado la delicada frontera de los cuarenta, pero todavía no han caído en el bache desmoralizador de los cincuenta. Son atractivas, irónicas y peligrosamente románticas, aunque nunca tendrán el coraje de confesarlo. A mí me gustan. El problema es que —supongo que ustedes me entienden— no es a mí a quien ellas quieren gustar.

Decía —o quería decir; se me va el hilo, me estoy haciendo muy mayor— que Rosa comprendió en seguida que a Julia le pasaba algo.

—¿Quieres que te ayude?

—No, no hace falta.

—¿Algún problema?

—No.

Pero a Rosa, que sabía tantas cosas de Julia —desde que le habían extirpado hacía tiempo un quiste en un ovario hasta que se le estaba cayendo el pecho lastimosamente—, no era fácil engañarla.

—¿Juan Antonio?

Y, previsiblemente, Julia se despachó:

—No lo entiendo. Antes le molestaba que viera a Germán. Y ahora, de pronto, parece como si le gustara. Qué raros son los hombres, ¿no?

—Ya sabes que yo siempre he tenido vocación de viuda.

—Pues te has casado dos veces.

—Pero la vocación sigue intacta.

Siempre me ha chocado la necesidad que tenemos todos de compartir con el prójimo nuestros problemas como si los demás —los amigos, los parientes, los conocidos, los compañeros circunstanciales de avión, de tren o de restaurante— tuviesen la obligación social de escucharnos y comprendernos. Resulta bastante tonto, pero nadie ignora que el animal humano es una combinación química de agua y estupidez en proporciones alarmantemente equilibradas.

Sin hacer el menor esfuerzo por disimular su fragilidad, Julia eligió a Rosa —¡tenía tanta confianza...!— como su víctima.

—¿Te tomas un café? Está hecho.

—¿Y el informe?

—En seguida lo termino. Siéntate.

Cuando Julia fue a la bandeja en donde estaban la cafetera, las tazas, el azúcar, etc., Rosa reflexionó:

—Me temo que el asunto sea más grave de lo que me cuentas. Para que tú abandones un informe...

—No lo abandono. Simplemente lo interrumpo. Un minuto.

—No dejes que tus problemas sentimentales perturben tu trabajo: es una trampa en la que los hombres no caen nunca.

Aunque Julia debería haber apuntado esta frase de su amiga Rosa para enmarcarla y ponerla después en su mesilla de noche, cometió el error de no hacerlo y, por el contrario, respondió con una cierta brusquedad:

—¿Me vas a escuchar o no?
—Te escucho.
Julia volvió con la bandeja.
—Tu café.
—Venga, cuéntame.
—En realidad, ya te lo he dicho: Juan Antonio me ha recomendado que siga viendo a Germán.
—Perfecto: tú sigues viendo a Germán y Juan Antonio está encantado. ¿Qué más quieres?
—¿A ti no te parece extraño que un hombre recomiende a una mujer que vea a otro hombre?
—Se dan casos: los hay muy morbosos.
—Te estoy hablando en serio. ¿Por qué querrá Juan Antonio que yo vea a Germán?
A Rosa le hubiese encantado recordarle a Julia que se había olvidado de traer el azúcar, pero no se atrevió a hacerlo. Así que preguntó, confiando en que se produjera alguna pausa aprovechable:
—¿Él no te ha dado una explicación?
—A medias. Dice que es mejor que nos devolvamos todas las cosas... Que así terminaremos antes.
—Eso es verdad.
—Sí, pero yo no me lo creo. Para mí que hay algo más.
—¿Qué puede haber?
—No lo sé.
—¿Vosotros cómo os lleváis?
—Bien. La situación es un poco especial, claro, porque él sigue viviendo con su familia, pero en fin...
—¿Tú preferirías vivir juntos?
Julia se detuvo paralizada como si hubiera encontrado un cocodrilo dentro del armario. Rosa pensó, equivocadamente, que era la ocasión de ir a por el azúcar, pero el discurso de Julia se lo impidió:
—Ya te lo he comentado algunas veces. En parte, sí... y en parte, no. Me he acostumbrado a vivir sola. Cuando discutimos sobre este tema, la verdad es que no pongo mucha convicción en mis argumentos.
Resignada a tomarse el café sin azúcar, Rosa pronunció una frase que ella consideró prácticamente definitiva:

—O sea, que si se separara de su mujer te llevarías un susto.
—Es posible.
—¿Y ella lo sabe?
—¿Nuestro lío?
—Sí. ¿Lo sabe?
—No.
—¿No?
—Bueno..., eso es lo que me ha dicho Juan Antonio.
—¿No te habrá mentido?
—¿Para qué?
—Si su mujer llegara a enterarse, él tendría algunas complicaciones.

Desde luego, la reflexión de Rosa era obvia, pero algo en la manera de expresarla le pareció a Julia inquietante.

—¿Qué quieres decir?
—No, se me había ocurrido una idea estúpida.
—¿Cuál?
—Bueno..., si tú le dejaras... esas posibles complicaciones se acabarían.
—Eso es una bobada.
—Sí, siempre digo bobadas.
—Juan Antonio está enamorado de mí. ¿Cómo va a querer que yo le deje?
—Claro, claro, no he dicho nada.

Julia miró por la ventana. Volvía a llover. «A ver cuándo escampa», meditó, como si las condiciones meteorológicas pudieran influir en su ánimo. Aprovechando la inevitable pausa, Rosa depositó el amarguísimo café de nuevo en la bandeja y se acercó a su amiga. ¿Le puso una mano en el hombro? Me parece detestablemente convencional, pero no lo puedo evitar: sí, se la puso.

—¿Qué vas a hacer?
—¿De qué?
—¿Volverás a ver a Germán?
—¿Tú qué harías?
—Esa es una decisión en la que las embarazadas no opinamos.

Julia —tenía toda la tarde por delante— sonrió.

—Gracias de todos modos.
—De nada. Y termina ese informe, corre prisa.
—Lo haré.
Cuando Rosa se fue, Julia regresó a su mesa y, al sentarse, comprobó con horror que, como no le había pedido «permiso» al ordenador para «marcharse», este se había cabreado y, en justa venganza, había borrado todo su trabajo de aquel día.

* * *

Como doña Eulalia estaba, según su costumbre, viendo la televisión, le sentó como un tiro que su hija Marisa la interrumpiera.
—Mamá, este vestido está sin planchar.
—Pues plánchalo.
—No me va a dar tiempo: estoy esperando a Germán.
—Entonces ponte otro.
—Es que el que me quiero poner es este.
—Pues no te va a quedar más remedio que plancharlo.
—¿Por qué no le dijiste a la chica que lo planchara?
—Pero, bueno, ¿es que tú te crees que la chica no tiene otra cosa que hacer que planchar tus vestidos?
—Para eso la pagamos, ¿no?
—Antes tiene que barrer, fregar, limpiar los cristales, regar las plantas y acercarse a Correos.
—¿Todos los días?
—Todos.
—¿Para qué?
—Para echar mis cartas.
—¿Tienes novio?
—No, no tengo novio; no estoy en edad. Participo en concursos.
—¿Ah, sí?
—Sí, no me pierdo ni uno. Y no me distraigas que no me dejas ver la tele.
Sería esquemático asegurar que doña Eulalia no tenía vida propia. Las conductas humanas no se pueden comprender tan fácilmente. Doña Eulalia, viuda y con una hija de la que no espe-

raba nada maravilloso, había decidido traspasar todas sus ilusiones —poquísimas— y todas sus esperanzas —escasísimas— a los personajes y a las circunstancias de la televisión. Se divertía con «Un, dos, tres», se emocionaba con «¿Quién sabe dónde?», se ruborizaba con «Su media naranja», se escandalizaba con «La máquina de la verdad», se conmovía con «Lo que necesitas es amor» y cerraba los ojos —nunca del todo— cuando el doctor Beltrán se empeñaba en presentar en plano corto una indigna operación de fimosis. No me parece que en este aspecto se diferenciara de tantos españoles y españolas que creen que el verdadero amor tiene acento venezolano.

—No encuentro la plancha.

¿Otra vez? Realmente los hijos son muy mal negocio. Primero, por los pañales, luego por las anginas, después por los suspensos, más tarde por las letras del coche y al final, cuando uno/a quiere gozar del merecido descanso, viene la niña/o a fastidiar el concurso precisamente en el momento más apasionante.

—Marisa, guapa, la plancha está donde siempre.

—¿Y dónde es donde siempre?

—En el armarito.

—¿En qué armarito?

—En el de la plancha.

Marisa se fue y doña Eulalia suspiró aliviada. Además, en imagen, un chico de Ciudad Real y una chica de Cáceres estaban dudando entre una caja de frutas escarchadas y un pergamino egipcio. Ella estaba segura de que iban a elegir el pergamino, pero...

—En el armarito de la plancha no está la plancha.

—¿Cómo dices?

—Que en el armarito de la plancha no está la plancha.

—¿Has mirado en el otro?

—¿En cuál?

—En el que normalmente no está la plancha.

—No.

—Pues mira a ver: seguro que está allí.

Hay cosas que a doña Eulalia le costaba aceptar. Por ejemplo: si su hija Marisa necesitaba plancharse un vestido para salir con el sinvergüenza ese que acabará haciéndola una desgraciada, ¿por qué no resolvía el problema ella misma sin tener que darle la lata continuamente preguntando por la plancha? Porque bien que para otros asuntillos no le pedía la opinión. ¿No te digo? Ahí estaba otra vez su hija. Y bastante furiosa.

—Lo que no entiendo es por qué si hay un armarito para la plancha, tienes que poner la plancha en el de al lado.

—Por si acaso.

—Por si acaso, ¿qué?

—Por si acaso se me olvida ponerla en el de siempre.

La lógica de doña Eulalia habría hecho las delicias de Ionesco en el caso, improbable, de que Ionesco hubiera tratado a doña Eulalia y doña Eulalia hubiese leído a Ionesco. Consciente de esta imposibilidad, Marisa continuó en lo suyo:

—¿Por qué no me ayudas?

—¿A qué?

—A planchar. Así yo mientras me podría ir pintando.

—No digas disparates. ¿Cómo te voy a ayudar a planchar si aún no se ha acabado el programa?

—Mujer, es un segundo.

—¿Y si mientras se llevan el coche y yo no me entero?

—Desde luego, vaya una madre.

—Pues anda que tú...

No estoy seguro de que discutir sea una mala costumbre. Depende. Hay gente que sólo se comunica peleando. No digo yo que no haya otros sistemas de dialogar más pacíficos e incluso más constructivos, pero los animales —me refiero a propósito a los domésticos, que son los que nos pillan más cerca— se ladran, se muerden y se huelen las zonas menos nobles y a ninguno nos sorprende. Ya, ya sé —no se me ofendan, por favor— que nosotros somos «distintos». De acuerdo. Pero... ¿cuánto de distintos? Ahí está el meollo de la cuestión.

Continuemos: Marisa y su madre discutían a todas horas porque este era el código para expresarse mutuamente al que estaban acostumbradas.

—Han picado: creían que les iba a salir un crucero por el Nilo y les ha tocado un pase para el Zoo.

Doña Eulalia, que acababa de aparecer triunfalmente en la

cocina donde Marisa estaba planchando, se dirigió como una flecha a la nevera, no sin antes comentar al pasar junto a su hija:

—Planchas muy mal.

Y remató la faena a la vez que sacaba un yogur y empezaba a comérselo:

—En mi época se planchaba mucho mejor.

Pero como Marisa no contestaba, decidió barrenar como algunos picadores cuando el toro sale maleado:

—Si yo hubiera planchado tan mal como tú, nunca me habría podido casar con tu padre.

Se armó. Marisa dejó de planchar para enfrentarse con doña Eulalia. Fue un duelo —todo hay que decirlo— a sangre y fuego.

—Pero como no me voy a casar...

—Por eso digo que planchas muy mal.

—¿Por qué no lo haces tú?

—Sí, para que te vayas con ese sinvergüenza.

—No es un sinvergüenza.

—Ya: es tu novio.

—No; no es mi novio.

—Tu amigo.

—No, tampoco es mi amigo. Es... la persona con la que salgo.

—Ah, bueno, si ahora se llama así...

—Mamá, acabo de cumplir veintinueve años: ya soy mayorcita.

—Le conociste con veintidós.

—Sí, le conocí con veintidós. ¿Y qué?

—Que siete años saliendo con una persona es mucho salir.

—Eso a ti no te importa.

—Vale.

Doña Eulalia decía «vale» para parecer moderna, pero en el fondo no le gustaba la expresión. Le costaba imaginar a su marido —¡pobre, murió tan joven y era tan apuesto!— diciéndole a la luz de la luna de Gandía: «Eulalia, ¿me dejas tocarte un muslo?», y ella contestándole, bajando los ojos ruborosa: «Vale».

No; en su juventud nadie hubiese utilizado una palabra tan insulsa. Los jóvenes de entonces recitaban a Rafael de León y cantaban los cuplés de Estrellita Castro: otra mentalidad.

Mientras doña Eulalia seguía sumida en la profundidad de

sus pensamientos, entre cucharada y cucharada de yogur, Marisa volvió a planchar con renovada furia.

—Lo vas a quemar. Como sigas así, vas a quemar el vestido.

—¿Te lo vas a poner tú?

—No.

—Pues entonces.

Tentada estuvo de volver a decir «vale», pero se paró a tiempo. En cambio, se dirigió al fregadero, colocó el frasco del yogur debajo del grifo y preguntó con una sonrisa angelical estilo Irene Dunne (famosa actriz del Hollywood de los años treinta):

—¿Y esa persona que sale contigo sigue viendo a su mujer?

—No es su mujer: se han divorciado.

—¿La sigue viendo?

—Sí. Ya te expliqué que se están repartiendo unas cosas.

—¡Qué mirados!

—¿Me vas a dejar en paz?

—Perdona.

Pero Marisa ya estaba herida en su amor propio y no se pudo aguantar:

—¿Sabes, mamá?: me quiere.

Demasiado fácil. Doña Eulalia metió un gol de bandera:

—Si te quisiese, ya se habría casado contigo.

El timbre de la puerta señaló el final de este *round.* Marisa, apoyada en las cuerdas, murmuró:

—Debe de ser Germán. ¿Te importa abrirle?

A Germán, doña Eulalia le parecía insoportable, y a doña Eulalia, Germán no le gustaba ni poco ni mucho; es decir, nada. Era una animosidad perfectamente compartida y asumida por ambos antagonistas. Doña Eulalia —católica y decente, además de viuda— no comprendía por qué Germán no se casaba con su hija y Germán —liberalote y perezoso, además de escarmentado— no entendía por qué doña Eulalia estaba tan empeñada en que se casara con Marisa. Dos conceptos distintos de la sociedad y de la vida. Por menos de esto —o por algo parecido— estalló la Guerra Civil del 36.

O sea que doña Eulalia abrió la puerta de la calle dispuesta a defender el sacramento del matrimonio hasta la última gota de su sangre.

—Buenas noches.

Germán tenía muy mal aspecto: pálido, delgaducho, ojeroso... Doña Eulalia le observó de arriba abajo y contestó, sin pretender disimular su satisfacción:

—Veremos. Buenas noches..., veremos.

—¿Está Marisa?

—¿Tú habías quedado con ella?

—Sí.

—Pues prueba.

Germán no se atrevió a mirarla a los ojos porque la última vez que lo hizo le salió un orzuelo de resultas.

—¿Puedo pasar?

—Faltaría más, hijo; faltaría más.

Doña Eulalia intentó pillarle un dedo a Germán cuando este cruzó la puerta, pero no lo consiguió. Se prometió a sí misma intentarlo de nuevo la próxima vez: cuestión de puntería.

—Siéntate.

—Gracias.

Doña Eulalia y Germán se sentaron en un sofá situado estratégicamente delante del televisor. En realidad, todos los muebles de la casa estaban orientados en ese sentido: los dos sillones, la mesa del comedor, las sillas... y una imagen de la Virgen de los Remedios que doña Eulalia consideraba —sus razones tendría— muy milagrosa. Como la conversación no arrancaba, a los cinco minutos aproximadamente doña Eulalia invitó, con una voz melosa que, desde luego, no era la suya:

—¿Quieres tomar algo, hijo? ¿Un whisky, un jerez, una ginebrita?

—No, gracias.

—¿Un yogur?

—Tampoco.

A doña Eulalia le costó asumir que una persona en su sano juicio tuviese el coraje de rechazar un yogur, pero, en fin, ella ya sabía —lo repetía continuamente— que Germán no era lo que se dice un modelo de lucidez. En estas estaba cuando la voz de él le perforó una oreja:

—¿No está usted viendo la televisión?

—No; ahora no.
—Ah, ya ha terminado.
—No, no ha terminado, pero no la estoy viendo.
—Yo creí que usted siempre veía la televisión.
—Pues no. Por ejemplo, cuando está apagada no la veo.
—Claro.
Pasó otro ratito y Germán —pónganse ustedes, si quieren, en su lugar— no pudo contener su impaciencia:
—¿Y Marisa? ¿Se está vistiendo?
—Si puede...
—¿Por qué no va a poder?
—Como se ha planchado el vestido... Para mí que lo ha quemado.
—¿Ah, sí?
—Plancha muy mal.
Y, sin darle tiempo a reaccionar, doña Eulalia empalmó:
—A ti esto no te importará, supongo.
—No, no; en absoluto.
—Porque tú, claro, la quieres por otras razones.
—Desde luego.
—Siete años saliendo con una persona se le acaba tomando afecto.
—Mire usted, doña Eulalia, yo a Marisa le tengo más que afecto.
Pero doña Eulalia estalló como la bomba de Hiroshima en el 45.
—Entonces, ¡¿por qué no te casas con ella?!
Menos mal que «ella», la imprevisible, frágil y sofocante Marisa, apareció con su vestido marrón claro a rayitas rojas y verdes bastante bien planchado, todo hay que decirlo.
—Ya estoy. ¿He tardado mucho?
—No. Acabo de llegar.
—Estábamos hablando.
—De televisión, seguro.
—Pues no, ya ves tú, te equivocas. Comentábamos lo poquito que se casa la gente últimamente.
Germán intentó protestar, pero doña Eulalia no le dio la menor opción:

—Si los jóvenes salieran menos y se casaran más, todo iría mejor en este país.

—¡Ay, mamá, no seas pesada! Anda, vámonos.

Marisa tomó del brazo a Germán para llevárselo a la calle, pero doña Eulalia les siguió por el pasillo dándoles la matraca:

—Pero, ¿por qué no os queréis casar?, digo yo.

—Mamá, por favor, ¿te quieres meter en tus cosas?

—Primero contéstame.

—No nos queremos casar porque no creemos en el matrimonio.

—Razón de más. Si no creéis en el matrimonio, ¿qué más os da casaros?

Realmente la lógica de doña Eulalia era aplastante y Germán se sintió en la obligación de salir en defensa de Marisa antes de que el asunto llegara a mayores:

—Pero, ¿por qué trata usted a su hija como si fuera una niña?

—Tú cállate, que eres la persona menos indicada para hablar.

—¿Por qué?

—Porque eres un adúltero y los adúlteros lo menos que pueden hacer es callarse.

En justa correspondencia, Marisa quiso proteger —sin conseguirlo— a Germán:

—Mamá, no te consiento...

—Y tú también. Tú también eres una adúltera.

—¿Cómo voy a ser adúltera si no estoy casada?

—Las mujeres que salen con adúlteros son adúlteras.

—¿Por qué?

—Porque todo se pega. Y no me provoques.

Germán tuvo una idea luminosa, desgraciadamente muy mal aprovechada:

—Ni Marisa ni yo somos adúlteros porque ya estoy divorciado.

—Para mí como si no lo estuvieras. Hasta que no os caséis como Dios manda, para mí... ¡adúlteros!

—Pero, mamá, ¿por qué tanto empeño en que me case si tu matrimonio salió fatal?

—Haz el favor de no ofender la memoria de tu padre.

—Papá y tú regañabais todos los días.

—¿Y qué? Si te vas a fijar en eso...

—Y una vez estuviste a punto de tirarte por el balcón.

—Pero no me tiré. ¿Y sabes por qué? Porque tenía que hacer la cena. Eso me salvó. Para que luego hables del matrimonio.

—Siempre quise ser azafata para no aguantaros.

—No es verdad. Te hiciste azafata porque querías conocer Bangkok, que ya me contarás lo que se te había perdido a ti en Bangkok.

—Bueno, ya está bien. Te advierto...

Germán tuvo la habilidad de detener a Marisa justo cuando esta acababa de agarrar un florero que ya había tenido que ser recompuesto en varias ocasiones.

—Venga, venga, no discutas; vámonos.

—Sí, sí, marchaos, marchaos, que me va a dar algo.

—Adiós.

—Adiós. ¡Y que no vuelvas tarde!

Cuando Germán y Marisa se marcharon, doña Eulalia fue al televisor, lo encendió y se sentó en el sofá: gracias al Señor, Jesús Puente volvía a estar en imagen.

* * *

Germán, en principio, estaba lleno de buenas intenciones. Todos los hombres y todas las mujeres «en principio» están llenos de buenas intenciones. Lo malo se produce cuando, después del principio, hay que seguir. Quiero explicar con esta aseveración tan tonta que Germán había invitado a cenar a Marisa aquella noche porque le remordía un poco la conciencia. No se trataba de un remordimiento insoportable, desde luego, pero intuía que su última e inesperada relación con su ex mujer no debía de ser un asunto que a su amante le hiciese particularmente feliz. Con el ya explicado propósito de tranquilizar su conciencia, había reservado mesa en una tabernilla con pretensiones en la que —eso había leído en el suplemento dominical de algún diario— aún se podía comer bien a un precio razonable. De no haber sido por la esperpéntica discusión con doña Eulalia, la noche se hubiese presentado francamente esperanzadora, pero, después de aquella insoportable escena, a Germán le costaba disimular su fastidio. (Tampoco hacía muchos esfuerzos, reconozcámoslo.) Y encima —hay días funestos— le había resultado casi imposible encontrar un hueco donde estacionar el coche cerca del restaurante.

—Vaya, al final ha habido suerte. No sabía dónde dejarlo.

—Antes había un sitio. En la esquina de la farmacia.

—No me he fijado.

—Te lo he dicho.

—Sí, bueno, pero no cabía el coche.

—Sí cabía.

—No, no cabía.

—Cabía.

—¿Me vas a decir cómo tengo que aparcar mi coche?

—Yo sólo pretendo ayudar.

—Pues no ayudes tanto, ¿quieres?

Marisa —era algo frívola, pero no tonta— comprendió que lo más prudente era callarse. Durante un minuto aproximadamente caminó en silencio junto a Germán, pero al final —¡lástima!— no se pudo contener:

—Estás enfadado.

—Claro que estoy enfadado. No aguanto a tu madre, no la aguanto. ¿Te he dicho alguna vez que no la aguanto?

—Sí, me lo has dicho.

—Tengo razón, ¿no?

—Sí, la tienes, pero vamos a intentar olvidarlo.

—Es que es el colmo. ¿Por qué se tiene que meter en mi vida?

—Bueno, en realidad se mete en la mía.

—Y en la mía. En la tuya y en la mía.

—Sí, también en la tuya: tranquilízate.

—Abusa de que soy una persona educada, que si no...

—Que si no, ¿qué?

—El día menos pensado me va a oír.

—Te advierto que es mi madre.

—A mí me da igual que sea tu madre.

—Pero a mí no. Y no te voy a permitir que le faltes al respeto.

—No le estoy faltando al respeto.

—Por si acaso.

—Pues que no me siga pinchando con lo de la boda.

—Tiene otra mentalidad. Debes comprenderlo.
—No hace más que comer yogures.
—Bueno, eso no es malo.
—Malísimo, porque no le gustan. Una persona que no le gustan los yogures y come yogures está loca.
—Oye, ya vale, ¿no? Después de todo, lo único que quiere es que me case.
—Casarse es un error.
—Será un error, pero tú te casaste tan ricamente.
Por un segundo, Germán pensó en la atractiva posibilidad de dejar a Marisa en medio de la calle y marcharse a su hotel, tomar un valium 10 y otro de 5 y meterse en la cama treinta y seis horas seguidas. No tuvo valor. Hay que tener muchos arrestos para hacer lo que a uno realmente le apetece hacer. Además, con la mesa ya reservada a su nombre..., ¡cualquiera! Optó por la solución menos agresiva.
—¿Me vas a dar la noche?
—No.
—¿Cenamos en paz?
—Cenamos.
Al entrar en la tabernilla —¿de verdad no será muy cara?— pensó en lo alarmante que era que Marisa se pareciese tanto a su madre.

* * *

La jovencita encargada de recoger la ropa de los clientes era muy mona: la falda cortita, los pechos en su sitio, los labios prometedores... Hay algunos lugares de esparcimiento —tradúzcase bares, discotecas, *boites* y terrazas— que disfrutan contratando muchachas fastuosas que a veces —no siempre— son mucho más atractivas que las señoritas que acompañan a los caballeros. Está hecho a propósito. Lo que se pretende —y normalmente se logra— es que los dichos caballeros se maldigan a sí mismos por no haber tenido la suerte o la habilidad de ligar con la joven de la minifalda y empiecen a beber como cosacos hasta caer desmayados debajo de la mesa. Con este ingeniosísimo método, los propietarios de los mentados locales de ocio consiguen hacerse millonarios en muy poco tiempo y comprarse un yate para ir a Puerto Banús a jugar al tute con Jesús Gil.

Bueno, estoy seguro de que ustedes comprenderán que Juan Antonio no dispuso del ánimo suficiente para hacerse todas estas reflexiones cuando ayudó a Julia a quitarse el abrigo entregándoselo luego a la estrepitosa encargada de la guardarropía.

—Buenas noches. ¿Habían ustedes reservado mesa?

—Sí. Por teléfono.

—Su nombre, por favor.

—Molero. Juan Antonio Molero.

—Un momento. Voy a avisar al *maître*.

La jovencita desapareció un segundo moviendo las caderas de babor a estribor, que nunca sé si es de izquierda a derecha o al contrario. Cuando Juan Antonio logró desviar su punto de vista, le dijo a Julia:

—¿Te gusta?

—Sí, es agradable.

—Está de moda.

—Y tú ¿cómo lo sabes?

—Me lo han dicho. ¿Por qué me lo preguntas?

—No sé. Parece un sitio muy de matrimonios.

El *maître,* sin pretenderlo, llegó en auxilio de Juan Antonio:

—Buenas noches, señor Molero. Su mesa está reservada. Síganme.

Cruzaron entre esa fauna inalterable que habita —y no parece que corra peligro de extinción— en todos los restaurantes: algunas parejas intentando resolver el complicado problema de pinchar la carne con una mano mientras la otra se mantiene cariñosamente enlazada a la del novio o novia de turno...; los grupos de casados que gritan, manotean y ríen contándose viejísimos chistes subidos —eso creen— de tono... y esos cuatro o cinco japoneses de los que nunca se sabe si han llegado a averiguar cuándo están en Londres, en Madrid, en Filadelfia o en La Coruña. (Tampoco creo que les importe demasiado.)

Al fin llegaron a una mesa discretamente situada en la que había una vela —un camarero se apresuró a encenderla— y un búcaro con unas flores. El *maître* —con inquietante aspecto de extra de televisión— dijo con su amabilidad más profesional:

—La carta. ¿Puedo ofrecerles algún aperitivo?

—No, muchas gracias. Pasaremos directamente a cenar.

—Sí, señor.

Juan Antonio miró a su alrededor con una cierta inquietud —¿por qué los hombres que cenan con mujeres que no son las suyas tienen complejo de delincuentes?— mientras Julia ojeaba la lista de los platos. Luego se sintió en la obvia necesidad de aclarar:

—Es cocina francesa.

—Sí, ya veo. Muchas salsas.

—Bueno, si quieres un pescado a la plancha también te lo harán, supongo.

—Sí, seguramente.

Hubo un silencio en el que se oyó claramente cómo un acalorado comensal opinaba atacando su undécima ostra: «¡Todos los políticos son iguales: así nos va!» No sé si Julia no escuchó el comentario o si no le concedió —lo más probable— importancia alguna y prefirió hablar de la comida:

—Ya está: unas endibias con roquefort y una merluza a la plancha. No quiero engordar.

—No estás gorda.

—Tengo síntomas.

—Pues yo me apunto a las endibias y luego unos salmonetes en «papillote».

—Tampoco es mucho.

—No.

Como Juan Antonio y Julia, a pesar de mis consejos, continuaban —y mucho me temo que continúen— fumando, me siento en el penoso deber de escribir que encendieron dos cigarrillos. Después siguieron hablando. Realmente, fue él quien reanudó la conversación.

—¿Por qué has dicho antes que parece un sitio muy de matrimonios?

—Una impresión.

—Te aseguro que nunca he venido aquí con mi mujer.

—No te pregunto eso. Aparte de que ya me figuro que alguna vez saldrás con ella.

—Poco.

—Pues haces mal. Si no, no haberte casado.

El *maître* regresó tan servicial y tan falso como de costumbre.

—¿Los señores han elegido?

—Sí. Para empezar, dos endibias al roquefort y, después, la señora tomará una merluza a la plancha y yo los salmonetes.

—Perfecto. ¿Y para beber?

—Un vino blanco. Seco. El que usted elija.

—Sí, señor. ¿Agua mineral?

—Sin gas.

—En seguida.

Me atrevo a creer que la breve intervención del *maître* no consiguió aliviar la molestia que a Juan Antonio le habían producido las últimas palabras de Julia.

—Te advierto...

—¿Qué me adviertes?

—Nada... Te... explico... que, en cualquier caso, salgo con Paula bastante menos de lo que tú sales con Germán.

—¿No me habías dicho que no te molesta?

—Desde luego...; claro que no. ¿Es que estoy diciendo lo contrario?

Hubo una pausa para que el humo de los cigarrillos se desentumeciera un poco y para que yo, consecuentemente, pudiese escribir esta frase que, con toda probabilidad, no va a abrirme las puertas de la Academia. Luego, Julia tuvo una de esas reacciones dialécticas a medio camino entre la coquetería y la venganza.

—Me está pasando algo muy curioso, ¿sabes?

—¿Ah, sí? ¿El qué?

—Tantos años de matrimonio llevándome mal con Germán y ahora, de repente..., todo es sencillo..., fácil...

—Lo difícil es convivir.

—Tienes razón. Cuando tienes a alguien muy cerca, llega un momento en que ni lo ves. Ahora, en cambio, es como si lo estuviera descubriendo. ¿No te parece raro?

Y Juan Antonio picó. Era una encerrona antigua como el mundo —tal vez no tanto— y no pudo evitarla. Esbozó una mueca amable que le salió fatal y dijo con un cierto carraspeo:

—A lo mejor te vuelves a enamorar.

—¿De Germán? Imposible. No puedo ni imaginármelo.

—Estas cosas ocurren.

—En las novelas. O en las películas. No. Mi cupo con Germán está cerrado. Del todo.

—Me alegro.

—¿Seguro?

—¿Lo dudas?

Un camarero llegó con la botella de vino: un Fransola de Torres excelente, debo reconocerlo.

—¿El señor quiere probarlo?

Aunque Juan Antonio no era un experto, agradeció el exquisito *bouquet* del caldo catalán:

—Está muy bien, gracias.

El camarero sirvió en las copas, luego introdujo la botella en un cubo con hielo —con poco hielo, porque ese vino no se debe beber muy frío— y se marchó. Julia, mientras tanto, reanudó malvadamente la conversación anterior:

—¿Cómo vas con tu mujer?

—Como siempre.

—¿Te fastidia que hable de ella?

—No, no, ¿por qué?

—¿Sigue sin enterarse de lo nuestro?

Si los mentirosos van al infierno, Juan Antonio acababa de comprar un billete de primera clase.

—Nada; no sabe nada.

—¿No te parece extraño?

—¿Por qué?

—Bueno, no puede decirse precisamente que nos ocultemos.

—Alguna vez se enterará, supongo. Pero por ahora..., no.

—¿Tú no piensas decírselo?

—¿Tú quieres que se lo diga?

—No se contesta a una pregunta con otra: es de mala educación.

Juan Antonio, razonablemente, prefirió no responder a esta impertinencia.

—Cuando llegue el momento, se lo diré.

—Cuando llegue... ¿qué momento?

—Bueno..., algún día tendré que divorciarme... como has hecho tú.

—Sí, claro; algún día.

—¿Tienes prisa?

—No. ¿Por qué iba a tenerla?

Y Juan Antonio se lanzó a fondo cerrando los ojos:

—¿O es que quieres que me case contigo?

Pero no pudo evitar que Julia —metafóricamente— le saltara al cuello.

—¿He dicho yo eso? ¿Lo he dicho?

El camarero acudió a servir un poco más de vino porque él, con su esposa, también discutía permanentemente.

* * *

El amor, cuando dura algo más de cuarenta y cinco días, se vuelve repetitivo. Es una ley general a la que ninguna pareja consigue sustraerse. (Tampoco estoy seguro de que lo intente.) La relación amorosa no esconde muchas sorpresas. (Y las que podía ocultar se descubren con decepcionante rapidez.) No hay razones para alarmarse: si los hombres —y mujeres— somos genéticamente monótonos, ¿por qué íbamos a dejar de serlo cuando nos enamoramos? Con ligerísimas variantes, todos decimos lo mismo en las diversas etapas de nuestro trayecto sentimental. La fidelidad es una repetición, pero la infidelidad también.

Por estas elevadas disquisiciones que acaban ustedes de leer, nada tiene de extraño que Marisa le dijera a Germán, en la tabernilla en donde cenaban, casi idénticas palabras a las que Julia le había dicho a Juan Antonio en el restaurante en donde estaban cenando:

—Yo no tengo el menor interés en casarme contigo. Ahora bien, me fastidia que tú tampoco lo tengas.

—No veo por qué.

—Pues, hombre, porque me haces de menos.

—Y tú a mí.

—No es lo mismo, no irás a comparar. Además yo nunca me he casado y tú sí.

—¿Y qué?
—Que si te casaste sería por algo: en eso tiene razón mi madre.
—¿Ah, sí?
—Sí.
—Me casé por las circunstancias.
—Por las circunstancias y porque estabas enamorado de Julia.
—Bueno, eso también.
—Más que de mí.
—Yo entonces no te conocía.
—No digo entonces, digo ahora. Con Julia te casaste y conmigo no te quieres casar.
—No es verdad. Me casé con Julia porque con alguien tenía que casarme.
—Según eso, yo ya debería estar casada con un comandante de Iberia.
—Puede ser.
—No me quieres, ¿ves cómo no me quieres nada?
—¿Por qué?
—Porque te da igual que esté casada o que no lo esté.
—Pero si no lo estás.
—Pero podría estarlo.
—Razonas igual que tu madre.
—Haz el favor de no meterte con mi madre.
—Bueno, vamos a ver, repito: ¿tú te quieres casar o no?
—¿Y tú?
—Yo no.
—Pues yo tampoco.
—Entonces, ¿de acuerdo?
—De acuerdo.
Y después de esta hipócrita conclusión, Marisa añadió con una innecesaria crueldad felina:
—Ah, se me olvidaba: la semana que viene tengo un permiso. Me voy a quedar en Bangkok.
—Pero, ¿no habíamos decidido ir a El Escorial?
—Sí, pero no. Así podrás ver a Julia con más tranquilidad.
Germán se quedó con el tenedor suspendido en el aire como

si estuviera posando para la eternidad y, naturalmente, a Marisa le resultó tirado remachar:

—¿No comes? Se te va a enfriar el solomillo.

* * *

Julia había decidido que tenía muy mala cara. No era del todo verdad, pero en fin... No podía negarse —yo no me atrevería a hacerlo— que desde que empezó esa extraña historia con su ex marido —ya saben: lo de la lista de recuerdos, etcétera— estaba inquieta, nerviosa y con repentinos y prolongados ataques de insomnio. Estas cosas se pagan. Nuestras facciones tienen la desagradable costumbre de reflejar los problemas que nos perturban. Al principio son unas ojeras de casi nada, unas arruguitas inadvertidas, pero luego... Aquella mañana, frente al espejo del cuarto de baño que aún conservaba el vaho del agua caliente, Julia se había encontrado especialmente desmejorada. Por eso, a última hora de la tarde —había que darse prisa, no fuesen a cerrar— tomó a su amiga Rosa del brazo y se la llevó a rastras a unos almacenes próximos a su lugar de trabajo.

—¿Dónde estará el departamento de perfumería?

—Me parece que en la primera planta, pero vamos a ver.

Lo vieron. En un tablero junto al ascensor, que señalizaba las distintas secciones. Efectivamente, como había supuesto Rosa, los productos de perfumería se encontraban en la planta primera. Como el ascensor llegó abarrotado desde los sótanos primero y segundo, tomaron la sabia determinación de utilizar la escalera mecánica. En cuanto los peldaños se pusieron en marcha, Julia no pudo contener la impaciencia de contarle a Rosa:

—¿Sabes lo que me irrita?

—¿Qué?

—Esa tranquilidad de Juan Antonio: no está celoso.

—¿Tu querrías que lo estuviera?

—No, por supuesto que no; pero tanta tranquilidad me parece excesiva. A veces tengo la impresión de que le encantaría que me reconciliara con Germán.

—¿Sí?

—No sé... La otra noche intenté pincharle en la cena, pero no reaccionó.

—Bueno, ya un día hablamos de esto: si tú le dejaras se acabarían los problemas con su mujer, esto es evidente.

—Pero si no los tiene, si su mujer no sabe nada...

—¿Estás segura?

Julia miró a Rosa como cuando los políticos responden a una pregunta parlamentaria.

—No, claro, ¿cómo voy a estar segura?

Una señora, con una niña que pretendía infructuosamente hacer globitos con el chicle que masticaba, le dio un codazo entre una costilla verdadera y otra falsa (o falsísima). Cuando iba a protestar, Rosa le señaló triunfante:

—¡Es allí, al fondo!

Camino de la sección de perfumería, Rosa —con evidentes dificultades— intentaba que Julia la escuchara.

—No sigas este juego, hazme caso. No vuelvas a ver a Germán.

—¿Tú crees?

—Desde luego.

—Sí, pero... ¿y si en el fondo lo que Juan Antonio está provocando es que yo le deje?

—Podría ser.

—Ah, ¿de manera que tú crees que lo que quiere es romper conmigo?

—Oye, oye, que yo no he dicho eso.

—Pero lo has insinuado.

—Que no.

—Que sí.

—Estás muy nerviosa; tranquilízate.

—¿Sabes lo que te digo? Voy a llamar a Germán... ¡y le voy a ver! Las cosas, cuanto antes se sepan, mejor.

—No seas imprudente. No le llames.

—Tarde, demasiado tarde. Ya le he llamado. Varias veces.

—¿Y qué te ha dicho?

—Nada, no me ha dicho nada porque nunca le encuentro. O no está..., o no quiere ponerse. Algo pasa. Aquí hay gato encerrado.

—Pues, chica, aprovecha la ocasión y termina esta aventura de una vez, ¿quieres?

—No; no sé si quiero.

Una voz femenina las detuvo. Acababan de llegar a uno de los mostradores del departamento de perfumería.

—¿Les atienden?

—No. A ver, ¿qué quería yo? Lo he anotado en algún sitio.

Julia abrió su bolso y, al fin, entre un revoltijo en el que convivían malamente una agenda telefónica, un cepillo para el pelo, una barra de cacao para los labios, una bolsita de maquillaje, un pañuelo de seda italiana, unas gafas de sol Ray-Ban, varios salvaslip y un paquete —empezado— de tampax, encontró un papel con unas anotaciones hechas a mano.

—Ah, aquí está: una crema de noche, otra de día, una mascarilla, una leche desmaquilladora, un gel bi-activo adelgazante y una emulsión *sebamad*.

—¿Alguna marca especial?

—Usted traiga varias y yo elijo.

Julia se volvió a Rosa:

—¿Tú no necesitas algo?

—No. Bueno..., sí: una crema reafirmante para el pecho.

—¿Qué tal el *wonderbra*? ¿No funciona?

—Sí, pero luego hay que quitárselo.

—¿Tu marido todavía te pide que te lo quites?

—Ya ves.

—Vaya, enhorabuena.

Cuando la dependienta se marchó un momento para buscar los productos que le habían pedido, Julia insistió rápidamente en el tema que le obsesionaba. Fue un corte brusco, a la manera de los cambios de plano en algunas películas de acción.

—Y luego está lo de la boda. Yo no es que quiera casarme con él, naturalmente, pero tampoco tiene gracia que viva con su mujer como si tal cosa. Lo menos que podría hacer es separarse.

—¿No habla de este asunto?

—Habla, pero se le olvida en seguida.

—A ti lo que te gustaría es que te dijera que se quiere casar contigo.

—Sería un detalle, ¿no crees? Después nos casaríamos o no, pero que lo diga.

—Bueno, parece que es contrario al matrimonio.

—Sí, ¡pero bien que se casó con su mujer!

Julia dijo esta última frase con una cierta violencia. Tanta, que un travestido que estaba oliendo unas gotas de *Poison* (veneno) que se había echado en la mano derecha, se sintió en la inoperante obligación de guiñarle un ojo. Cuando Julia desvió la mirada, descubrió que la dependienta había regresado y que, con toda probabilidad, habría estado escuchando su diálogo anterior con Rosa. Entonces, con muy malas formas, arremetió contra ella:

—¿Le interesa?

Y la dependienta estuvo sublimemente sincera:

—Sí.

Entonces Julia, ligeramente desconcertada, se fijó en el nombre que la chica llevaba prendido en un bolsillo de su uniforme y le preguntó, haciendo un esfuerzo por descifrar la clave de lo que estaba leyendo:

—¿Cómo se llama usted?

—Marisa.

Ya en la calle, con sus bolsitas en la mano golpeando a los transeúntes, Julia, exultante, le contó a Rosa su descubrimiento:

—Claro: ¡Marisa! ¿Cómo no se me ha ocurrido antes?

—¿Sospechas algo?

—Desde luego. Marisa le está haciendo un chantaje a Germán y por eso no se pone al teléfono cuando yo le llamo.

—¿Tú crees?

—Tiene miedo. Marisa le está dando marcha. Le quiere poner celoso. Y le habrá amenazado con que, si me ve, tomará represalias.

—Sí, es posible.

—No lo dudes. ¿Tú no harías lo mismo?

—Supongo que sí.

—Está clarísimo.

—¿Y qué piensas hacer?

—Me parece que voy a poner a mi amante y a mi ex marido en una situación delicada, ya lo verás.

Y con una risita sorda que no presagiaba nada bueno, Julia se perdió camino del *parking* seguida de Rosa que llevaba ya un rato haciéndose pis.

* * *

Germán tocó el timbre con aprensión. Su última cena con Marisa, antes de que esta iniciara el vuelo Madrid-Bangkok al día siguiente, no produjo resultados muy satisfactorios. Empezaba a estar clarísimo que su amante no parecía dispuesta a soportar que continuase visitando a su ex mujer. Claro que la culpa era suya por habérsele ocurrido esa estúpida idea de repartirse unos recuerdos que, en el fondo —había llegado el momento de reconocerlo— le tenían sin cuidado. ¿O no? ¿O no le tenían tan sin cuidado como a él le hubiese convenido que le tuvieran? ¿Sería posible que aún sintiese —se estremeció al pensarlo— alguna debilidad más o menos erótica por su antigua esposa? ¿Y sería también posible —un nuevo escalofrío le conmovió— que la temperatura sexual que siempre había mantenido en su relación con Marisa comenzara a descender? Durante algunos días pensó que, aunque sólo fuera por prudencia, lo más aconsejable era interrumpir sus conversaciones con Julia, y por este sabio motivo evitó descolgar el auricular cuando sospechaba —¡el instinto no suele equivocarse!— que era ella quien le estaba llamando. Pero, bueno, como tampoco era cosa de dejar su teléfono permanentemente incomunicado, una noche que, además, le pilló medio dormido, Julia le encontró. Estaba empeñada —¿por qué tanto interés?— en que volvieran a encontrarse. Quedaron para un jueves por la tarde alrededor de las nueve y media y, como lo que estoy contando sucedió un jueves por la tarde alrededor de las nueve y media, espero que ya ustedes hayan comprendido las complicadas razones por las que Germán tocó el timbre de la casa de Julia. Y, encima, con aprensión.

—Hola.

—Hola. Creí que ya no venías.

—Perdón. Me he retrasado.

—No lo digo por eso. Como últimamente parece que me huyes...

—¿Huirte? ¡Qué tontería! ¿Por qué iba a huirte?

Julia cerró la puerta de la calle mientras hablaba:

—Te he telefoneado varias veces y nunca te has puesto. Ni en tu estudio ni en tu hotel.

—Salgo mucho... Me acuesto tarde...

—Eso será. ¿Te van mejor las cosas?

—Bueno, trabajo más pero gano lo mismo. Como todo el mundo..., supongo.

—Anda, pasa.

Hay sorpresas minúsculas —que te salude Álvarez del Manzano por la calle, por ejemplo— y sorpresas mayúsculas, como la que tuvo Germán cuando encontró a Juan Antonio en casa de Julia alrededor de las nueve y media de aquella tarde, como ya he contado.

—Se me olvidó decirte que había invitado también a Juan Antonio. No te importa, ¿verdad?

—No, no..., claro.

Juan Antonio explicó con esa estudiada amabilidad que utilizan los médicos en sus consultas:

—Creí que sería mejor que hablaran ustedes solos, pero Julia se empeñó en que me quedara.

—Sí, desde luego; está muy bien.

Después, los dos hombres permanecieron un ratito contemplándose detenidamente la punta de los zapatos y, cuando tan atenta inspección quedó agotada, Julia dijo con una serenidad aplastante:

—¿Por qué no os sentáis? Parece como si estuvierais de visita.

Germán y Juan Antonio se sentaron mecánicamente —cada uno en un sillón del tresillo— como si lo hubiesen estado ensayando mucho tiempo. Entonces Julia preguntó con malsano optimismo:

—¿Tomamos algo?

—Bueno.

—Muy bien.

—Tú, Juan Antonio, ¿un martini seco como siempre?

—Sí.

—Y tú, Germán, ¿el *gin-tonic* con media tónica?

—Estupendo.

Julia se aproximó a una pequeña mesa en donde estaban las bebidas —y que Germán reconocía perfectamente porque había tenido que encolar una pata en dos ocasiones— mientras los hombres intentaban establecer un diálogo que se adivinaba tenso.

—Así que usted trabaja...
—Perdón...
—Perdón...
—Decía...
—Decía...
—Vaya.
—Lo siento.
Sonrieron forzadamente porque se sentían ridículos bajo la mirada —triunfante— de Julia que estaba empezando a preparar las bebidas. Juan Antonio fue el primero en recuperarse.
—Decía que usted trabaja como arquitecto.
—Y yo que usted opera en La Paz.
—Bueno, no sólo en La Paz, pero, sí, fundamentalmente en La Paz.
—Tengo un estudio de arquitectura. Con un amigo.
—Muy interesante.
—No, no crea. Lo suyo sí que está bien.
—Siempre es menos de lo que parece.
—¿Y es usted especialista en...?
Unas décimas de segundo antes de que ambos parecieran absolutamente idiotas, Julia, piadosamente esta vez, se acercó a ellos.
—Pero, bueno, ¿por qué os seguís tratando de usted? ¡Qué antiguos!
Y les ofreció las copas que había preparado.
—Tu martini y tu *gin-tonic*. Yo tomo zumo de tomate, ya lo sabéis.
—Sí.
—Claro.
Lo sabían. ¿Cómo no iban a saberlo? Cuando se convive con alguien —aunque no sea todos los días ni todas las noches— se aprende a conocer a la otra persona minuciosamente. Se adivinan sus gestos, se intuyen sus reacciones... Hay una complicidad mutua en las ventajas —y en los inconvenientes— domésticos; una especie de tam-tam orgánico que se transmite desde las sábanas hasta los cepillos de dientes. Germán y Juan Antonio sabían sin duda que a Julia le gustaba tomar el zumo de tomate con bastante sal, algo de pimienta y casi nada de

tabasco... Ahora bien: ¿esta cotidiana información les autorizaba a creer que la conocían realmente? Seguramente, no, porque si Juan Antonio y Germán hubieran sabido cómo era Julia, lo más probable es que yo no me estuviera tomando el trabajo de escribir esta historia.

—¿Qué? ¿Sorprendidos?

La voz de ella les devolvió bruscamente a la realidad y contestaron procurando ganar tiempo.

—Pues sí.

—Un poco.

—Me he decidido a reuniros porque sé que sois dos personas civilizadas.

—Desde luego.

—Claro.

—Me consta, además, que os caéis bien.

Como ninguno de los dos hombres parecía dispuesto a confirmar tan comprometedora suposición, Julia inquirió burlonamente:

—¿O no os caéis bien?

A ver quién era el guapo capaz de decir lo contrario. De manera que ambos contestaron:

—No tengo nada contra tu ex marido.

—Ni yo contra tu... Bueno, como se diga.

—Muy bien. En este caso lo mejor es actuar limpiamente. Tú, Germán, empezaste este juego de devolvernos cosas con no sé qué propósito.

—Con ninguno; absolutamente con ninguno.

—De acuerdo, con ninguno. Y a ti, Juan Antonio, te molestó.

—Al principio. Ahora, ya no.

—Es verdad: ahora ya no. Pero podría volver a molestarte.

—Según.

—Exacto. Por otra parte, hay personas que a lo mejor lo están pasando mal.

Los dos hombres preguntaron, sobresaltados, casi al unísono:

—¿Quiénes?

—Marisa y Paula.

Naturalmente, esta era una acusación que Germán y Juan Antonio no podían asumir.

—No, no creo.
—No, en absoluto.
—No estéis tan seguros. Por si acaso, lo decente es plantear la situación con franqueza. No quiero que mis entrevistas con Germán tengan el menor aspecto clandestino. ¿De acuerdo?
—De acuerdo.
—En este caso, tú, Juan Antonio, ¿quieres decir delante de mi ex marido que no te importa que me reúna con él?
Juan Antonio, incomprensiblemente, buscó ayuda en los ojos de Germán, pero este, claro, no podía dársela.
—Contesta.
—No, no me importa.
Julia después se dirigió a Germán:
—¿Me prometes que no le vas a ocultar a Marisa que sales conmigo?
—Pero si yo...
—¿Me lo prometes?
—Sí.
—Y tú, ¿me juras que se lo contarás todo a tu mujer?
—¿Todo?
—¿Me lo juras?
—Bueno.
Supongo que es inútil añadir que Germán y Juan Antonio aceptaron este compromiso a regañadientes. Los hombres —jóvenes, ancianos y maduros— sabemos por nuestra experiencia de siglos que, en cuestiones sentimentales, decir siempre la verdad no es un buen negocio. (Las mujeres, por supuesto, también lo saben.) A partir de esta equívoca premisa, Julia decidió dar otro paso adelante.
—En este caso, podemos seguir con la lista.
—Un momento, un momento...
—Oye, espera un poco.
—Perdón, tú primero.
—No, primero tú.
—Gracias.
Y Juan Antonio tomó la palabra, educadamente cedida por su contrincante.
—Mira, Julia, una cosa es que a mí no me importe que veas a

Germán y otra, muy distinta, que me utilices como testigo de vuestras reuniones.

A lo que Germán se sumó vehementemente:

—Se trata de nuestros recuerdos. No me apetece que otra persona esté delante cuando hablemos de ellos.

Pero Julia, que tenía todos los triunfos en la mano, fue implacable:

—Me niego a que me hagáis un sándwich. Estas son las reglas. Al menos, las de esta noche. Contigo estuve casada y contigo puede que me case algún día. De manera que... sin secretos. Al que no le guste, que se vaya.

Nadie contestó. Julia había jugado fuerte y estaba ganando. Esta seguridad le permitió decir con una voz que hubiese envidiado Victoria de los Ángeles:

—Un llavero para las llaves del coche. De plata.

* * *

Y ahora no me queda otro remedio que retroceder algunos años, discúlpenme. Julia, Germán, Juan Antonio y Paula ya estaban casados —no los cuatro entre ellos, claro— cuando...

Como ocurre con alarmante frecuencia, Germán conoció a Marisa porque Julia se la presentó. Claro que este no era un motivo suficiente para que Germán, sin pensárselo dos veces, se enamorara de Marisa y engañara a Julia con ella, pero desde hace muchos años sostengo la teoría —discutible, como todas— de que la ley del mínimo esfuerzo juega un papel decisivo en nuestras relaciones sexuales. El ser humano tiende a la comodidad y, si puede acostarse con alguien de su propio barrio, de su mismo inmueble o del piso de al lado, mejor. Nadie viaja a Australia para buscar al amor de su vida si el amor de su vida coincide con él todas las mañanas desayunando en la misma cafetería. A partir de ahí se entiende que los jefes se líen con sus secretarias, que las actrices de cine se vayan a la cama de verdad con los actores que en las películas se las llevan a la cama de mentira y que los señoritos de antes —ya no hay— descubrieran el sexo de la mano de las chicas de servicio que limpiaban los muebles con un plumero. También de este modo se explica que los matrimonios que cenan juntos todas las semanas acaben fatal. ¿Quién se resiste a esa punta de espárrago con mahonesa que le ofrece cariñosamente la mujer del amigo cuando a uno, en el fondo, la mujer del amigo le gusta? Y aunque no le gustara en especial. A fuerza de hablar con ella, de comentar lo campechano que es Luis Ramallo, de alabar lo requetebién que canta Plácido Domingo y de escandalizarse por cómo han subido los precios de Loewe, es lógico que los hombres —y las mujeres— sensibles descubran sus almas gemelas. La traición conyugal es, sobre todo, un problema de vecindad.

O sea, que esta aventura sentimental entre Germán y Marisa se inició, sin que ellos lo supieran, el día que Julia y Marisa coincidieron en un gimnasio.

—Duro, ¿no?

—Bastante.

—Al principio cuesta un poco, pero luego te acostumbras.

—Eso espero.

Julia —había alcanzado ya la edad en que debía preocuparse seriamente por su físico— estaba haciendo unas penosísimas flexiones cuando Marisa se dirigió a ella aconsejándola:

—Hay que meter más el estómago. Y respirar a tiempo. Si no se respira a tiempo, no vale.

—¿Así?

—Sí, pero procurando llegar al suelo con las manos.

—No puedo.

—Claro que puedes. A ver.

Marisa ayudó a Julia presionando sobre su espalda, pero esta se resistía.

—No, no: sin doblar las rodillas.

—Me duele.

—Ya, ya sé que duele. Venga, otra vez.

Julia volvió a intentarlo y, con el estimable auxilio de Marisa, prácticamente lo consiguió.

—¿Ves cómo podías? Bueno, perdona que te tutee.

—No, está bien.

—¿Has probado ya los tensores?

—Todavía no.

—¿Vamos allá?
—Bueno.
Marisa era —y es— sobre todo graciosa. Monilla y graciosa; descarada y graciosa; coqueta y graciosa; insistente y graciosa; monotemática y graciosa; y para redondear el asunto, insustancial, pero, a fin de cuentas, graciosa. Con estos antecedentes, nada tiene de extraño que hablara con Julia como si hubieran hecho juntas la primera comunión.
—No te había visto nunca por aquí.
—Es la segunda vez que vengo.
—Yo casi todos los días me acerco un rato. Es buenísimo para la salud. Hay que cuidar el cuerpo, ¿no te parece?
—La verdad es que hasta ahora no me había preocupado.
—Ah, pues hay que preocuparse desde el principio porque si no luego te pilla tarde.
—Pero tú eres muy joven.
—No creas, ya tengo veintidós años.
Julia siempre fue mayor que Marisa y Marisa más joven que Julia, porque esta lastimosa evidencia, digan lo que digan todas las *estheticien* graduadas en París, no tiene arreglo. Además, si Marisa no hubiese sido más joven que Julia y Julia mayor que Marisa, estas escenas conyugales que estoy escribiendo habrían necesitado un desarrollo diferente. Quiero decir —no sé si está claro— que como Germán era y es un odioso machista —tanto como yo, por ejemplo— posiblemente no se hubiera fijado en Marisa si esta hubiese tenido más edad que su mujer. Son leyes biológicamente injustas por las que el ilustre Autor del Universo debería pasar una temporadita en Alcalá-Meco haciendo méritos para alcanzar el tercer grado.
Al llegar a la zona de los tensores, Marisa le indicó a Julia que utilizara uno de ellos.
—¿Sabes cómo se hace?
—Lo he visto en las películas.
—Es muy fácil: agarras con las dos manos y estiras los brazos hacia atrás y hacia adelante.
—¿Así?
—Estira bien los brazos.
—Ya procuro.

—Es un ejercicio estupendo. Para el pecho. Para que no se caiga, ¿sabes?

—El pecho se cae de todas las maneras. A la larga.

—Sí, ¡qué lata! En esto los hombres tienen más suerte.

—¿Por qué?

—Porque no se les cae nada.

—No creas.

—¿Cómo?

—Que no creas.

—Ah, bueno, tú es que debes de estar casada.

—Sí. ¿Cómo lo has averiguado?

Se rieron mucho. Tengo la impresión de que cuando empezaron a ducharse todavía se estaban riendo. Y como Marisa continuaba, al mismo tiempo, hablando sin parar...

—Me encanta la gente con sentido del humor. ¿A ti no?

—Sí, pero casi nunca la encuentro.

—Yo una vez tuve un novio que contaba chistes.

—¿Y qué tal?

—Muy bien. Ahora hace galas. Los veranos.

—¿Ya no es tu novio?

—No, no. Un día encontró a un tipo que sabía un chiste que él no sabía y, claro, se lió con él.

—La vida.

—Eso.

Los gimnasios son tremendamente impúdicos. No es que a mí me ofenda ver a un hombre —ni, por supuesto, a una mujer— desnudo, pero no puedo evitar que me resulte fastidioso. Digo yo que será sobre todo por razones estéticas. La imagen de unos individuos —gordos, flacos, calvos o melenudos, me da igual— leyendo el periódico en una sauna con sus apéndices colgando al borde del despellejamiento, es una pesadilla que aún me sobresalta de cuando en cuando. Ignoro si las mujeres comparten este sentimiento. Desde luego, Marisa no. Para comprobarlo, sigan, si quieren, su conversación con Julia mientras se espolvoreaba con talco la entrepierna.

—¿Vas a volver mañana?

—No; mañana no. El jueves. En realidad vengo sólo porque he engordado un poquito.

—¿Y qué haces para adelgazar?
—Nada. De momento venir al gimnasio.
—No se te ocurra hacer algo sin consultar conmigo.
—¿Por qué?
—Lo sé todo. De sistemas de adelgazamiento, lo sé todo. Aquí donde me ves yo he estado rellenita.
—¿Ah, sí?
—Sí. Mi novio, el de los chistes, decía que estaba gorda, pero los mariquitas, ya se sabe, siempre tiran con bala.
—Pues ahora estás muy bien.
—Lo mío me costó. De modo que, lo dicho, si quieres algún régimen de adelgazamiento me consultas.
—Muy bien.
—Me llamo Marisa.
—Y yo Julia.
—Mucho gusto, Julia.
—Encantada, Marisa.

A partir del día en que Julia conoció a Marisa, su obsesión por adelgazar aumentó considerablemente. Como ella estaba cada vez más gruesa y como su nueva amiga, en cambio, lucía un cuerpo ideal con todas las cosas en su sitio, decidió tomar medidas enérgicas para recuperar el peso de su añorada juventud. Pero, claro, ya se sabe que estas determinaciones heroicas tienen un precio no siempre fácil de pagar. El carácter, por ejemplo, se agria violentamente; con lo cual, los parientes que conviven con las personas sometidas a algún tipo de ayuno voluntario, acaban convirtiéndose en las víctimas de una tempestuosa irritación que ellas casi nunca han provocado. Son problemas que ocurren por alimentarse poco, mal y a deshoras.

Teniendo en cuenta estos antecedentes, nada tiene de extraño que Julia se lanzara como una fiera sobre Germán cuando una mañana le descubrió untando el pan en dos huevos fritos restallantes. (Se podría añadir en su descargo que ambos llevaban ya tres años de matrimonio.)

—¿Todo esto te vas a zampar?
—¿Quieres?
—No, no quiero. ¿Cómo voy a querer? Estoy a régimen. Pareces tonto.

—Perdona.

Germán —valientemente decidido a que ningún acontecimiento exterior perturbara el óptimo tránsito de su desayuno— volvió a mojar el pan en los huevos fritos mientras Julia, su mujer, introducía unos irreconocibles productos en la licuadora. Luego, aparentando un interés que no sentía, preguntó con cierta amabilidad:

—¿Qué tal por tu gimnasio?

—Estupendamente. Deberías apuntarte.

—No, yo no; gracias.

—Tienes barriga.

—No digas tonterías. ¿Cómo voy a tener yo barriga?

—La tienes. Cuando te metes en la cama y te das la vuelta, paf, se desborda.

—¿No podrías encontrar un símil menos gráfico?

Las últimas palabras de Germán —comprensiblemente molesto por las poco halagadoras consideraciones de su mujer acerca del diámetro de su barriga— quedaron ahogadas por el escandaloso estrépito de la licuadora al ponerse en marcha. Picado por la curiosidad, tuvo el coraje de indagar:

—¿Y eso qué es?

—Sirope de tapaculos.

—¿De qué?

—De tapaculos: una fruta.

—Vaya nombre.

—Ya ves.

—¿Eso vas a desayunar?

—Y un poquito de zanahoria rallada, una pera cocida con germen de salvado y un café de diente de león.

—¿De diente de león?

—Exacto.

Cuando Germán llegó aquella mañana al estudio de arquitectura que tenía con Mario, un amigo de siempre con el que había compartido los estudios universitarios, el servicio militar, la muerte de Franco y una blenorragia consecuencia de un fin de semana en Benidorm en un agosto muy caluroso, no pudo contenerse y confesó de plano:

—Entonces Julia fue y me dijo que se estaba haciendo un sirope de tapaculos.

—Ya.

—He dicho tapaculos.

—Sí, ya lo he oído.

—¿Tú sabes lo que es eso?

—Sí, una fruta. Mi mujer también la toma. Y grosellas negras, y arroz crujiente, y germen de trigo, y extracto de levadura, y nueces molidas, y pan integral.

—¿Y qué tal se encuentra?

—Bien, el médico le ha recetado unas pastillas y ya está mejor.

Germán procuró interesarse en el proyecto que estaba haciendo a medias con Mario, pero no le fue fácil.

—¿Tú crees que por fin nos van a encargar esa casa de Móstoles?

—Probablemente.

—Lo que no cae es la urbanización en Marbella.

—No, no cae.

Y en seguida volvió al tema que realmente le inquietaba.

—Están locas.

—¿Quiénes?

—Tu mujer. Y la mía. Que si el peso, que si las arrugas, que si el vegetarianismo, que si la macrobiótica...

—Bueno, empiezan a hacerse mayorcitas. Y eso les inquieta.

—¿Por qué?

—Quieren seguir gustando.

—¿A quién?

—A nosotros..., supongo.

—¿Y si no fuera a nosotros?

—Mi mujer me quiere mucho: me compra *croissants* por las mañanas, ya sabes.

—¿Y porque te compra *croissants* piensas que es incapaz de engañarte?

—Más o menos.

—La mía no sólo no me compra *croissants* sino que no me hace el desayuno. Bueno, ni el desayuno, ni la comida, ni la cena. Ni la cama.

—Ah, pues yo de ti me preocuparía.

Germán modificó la posición de la lámpara cuya luz incidía sobre su mesa de trabajo para ganar tiempo mientras comentaba:

—Si nos sale la casa de Móstoles, me voy a comprar un coche nuevo.

Y Mario apostilló con peor intención de la que él mismo suponía:

—Sí, hombre, así si te engaña tu mujer por lo menos que te pille motorizado.

Luego silbó un poquito —era su costumbre— y Germán se acordó de su familia. (De la de Mario, obviamente.)

* * *

Los domingos por la mañana dejaron de ser los domingos por la mañana. Quiero decir que sí, que aún había domingos y que todavía existían las mañanas, pero que ambas cosas ya no acostumbraban a coincidir. Al menos, para Germán. Ya su mujer no le llevaba el desayuno a la cama, ni le compraba el periódico —con el suplemento—, ni salía a pasear con él, ni se tomaban juntos una cervecita al sol del primer otoño o la última primavera... No; Julia, sencillamente, prefería hacer *jogging* con Marisa en la Casa de Campo de Madrid.

—Respira hondo y lanza bien el aire. Eso es: inspirar..., expirar..., inspirar..., expirar...

Luego, Marisa —cuyo chándal azul turquesa se daba de bofetadas con el verde hoja de Julia— continuó machacando:

—Bueno, ahora unos ejercicios de cintura: uno..., dos..., uno..., dos..., uno..., dos... Ya, ya está bien. ¿Cansada?

—Vaya.

—Un poquito de glúteos y lo dejamos. Hay que cuidar los glúteos, ¿no te parece?

—Desde luego.

—Los hombres se fijan mucho en los glúteos. Bueno, ellos los llaman de otra manera, pero se fijan.

Se tumbaron en el suelo trabajando los glúteos mientras Marisa seguía imparable:

—Arriba..., abajo..., arriba..., abajo...

Un poco antes de las dos —era casi la hora del almuerzo— decidieron recoger el coche, que Julia había dejado bajo los árboles. Fue allí, a punto de arrancar, donde Marisa preguntó sin aparente malicia:

—¿Tu marido qué ha dicho?

—Le ha molestado un poco que no saliera con él como otros domingos por la mañana, pero en fin..., se aguanta. ¿Y tu novio?

—Con ese no hay problema. Como está casado...

—Sí, los novios casados son muy prácticos.

—Muchísimo.

—¿Y tu trabajo?

—Fatal. La tienda de cerámica en donde estaba ha cerrado. No se vendía un plato de Manises ni por casualidad.

—¿Qué vas a hacer?

—A mí me gustaría ser azafata, pero no sé. Es un problema. Cada vez hay más parados, ¿verdad?

—Estamos en crisis.

—Todo está carísimo. Las cremas, por ejemplo, se han puesto imposibles.

—Sí, bastante.

—Claro que yo no pienso renunciar: antes muerta.

—Mujer, tanto como eso...

—¿A ti no te parece que con Franco las cremas estaban más baratas?

—Marisa, por favor, no seas frívola.

—Para mí que la culpa es de Alfonso Guerra, ¿no crees?

* * *

Como, misteriosamente, al estudio de arquitectura que dirigían Mario y Germán le encargaron, por fin, la casa de Móstoles —un chalet de dos plantas, trescientos metros cuadrados, cuatro baños, *jacuzzi* y piscina—, este último decidió comprarse el coche nuevo que tanto le apetecía. Una tarde, ambos amigos visitaron la tienda de los concesionarios de Volkswagen que les pillaba más próxima a su lugar de trabajo.

—¿Por qué no te compras un Golf? Corre mucho.

—A mí no me gusta correr.

—De todas formas. Es perfecto: lo mismo para la ciudad que para la carretera.

—Se puede pagar a plazos, supongo.

—Hombre, claro. No seas antiguo. Como quieras. Lo pagas como quieras.

—Es que no puedo meterme en muchos líos. Ahora a Julia le ha dado por que nos compremos un apartamento en El Escorial.

—Si tenéis dinero para pagarlo...

—Lo tiene ella. No sé. Se ha vuelto muy ambiciosa. Gana mucho dinero. Dice que hay que invertir.

—Tiene razón.

—Sí, pero como antes era tan distinta...

—Los años.

—Seguramente.

—Allí tienes un Golf GTI, ¿lo vemos?

—Bueno.

A la vez que caminaban hacia el coche, Germán siguió comentándole a Mario:

—Entre eso y lo de la dieta está muy rara. No hace más que comprar cremas adelgazantes, tónicos para la piel, aceites para el baño... Se pinta, se maquilla, se arregla... Para mí que todo esto es influencia de una tal Marisa.

—¿Quién es Marisa?

—Pues una amiga que se ha echado... en un gimnasio.

—¿Y tú no la conoces?

—No, pero no me va a quedar otro remedio que conocerla: Julia se ha empeñado en presentármela.

Un empleado de la casa Volkswagen preguntó lascivamente, como quien ofrece una mulata recién importada de Río:

—¿Le gusta?

Y Germán respondió por decir algo, porque ya estaba pensando en otra cosa:

—Está bien. ¿Lo tiene en color rojo?

* * *

Llegó, por fin, el día señalado. Siempre llegan, por fin, los días señalados aunque uno no haya hecho el menor esfuerzo para señalarlos. Es algo inevitable: la mañana en la que la grúa se te lleva el automóvil...; la tarde en que te notifican la subida del alquiler de la plaza de garaje...; la noche en que te toca la ostra que te va a tener cuarenta y ocho horas con urticaria... También en el amor hay momentos especiales que alguien —¿quién?— ha subrayado con lápiz rojo porque están programados para modificar nuestras conductas. Como si un camión nos pasara por encima dejándonos, a la vez, absolutamente planchados y definitivamente perplejos. Ustedes me comprenden, imagino.

Bueno, pues un día señalado como aquel, Julia, Germán y Marisa cometieron el error de cenar juntos. Y en un restaurante macrobiótico, para mayor escarnio.

—Para mí unas migas de manzana y una tempura de raíz de loto.

—¿Y tú, Julia?

—Yo voy a tomar... un nituke de almendra y zanahoria y una fritura de kombu.

El camarero —un japonés recriado en Vallecas— alabó merecidamente el buen gusto de Marisa.

—Exquisitas; las frituras de kombu, exquisitas. ¿Y el señor? ¿Qué le apetece al señor?

Debo reconocer que Germán estuvo, por lo menos, insólito. Como cuando Sánchez Dragó, en los programas de Hermida, discute con Cristina Almeida sobre el aborto.

—¿Podría ser un solomillo? Poco hecho.

Si el camarero no hubiese leído —en edición de bolsillo— a Confucio, la cosa habría terminado agriamente, pero la filosofía oriental es muy útil en estas ocasiones.

—Lo lamento, señor, pero no tenemos solomillo.

—En ese caso..., lo que usted prefiera.

—¿Tal vez unas croquetas de arroz y unas bolas de mijo?

—Tal vez.

—Deliciosas. ¿Y para beber?

Germán consultó con Julia:

—¿Nada de vino?

—Nada. Yo beberé un té mú. ¿Y tú, Marisa?

—Lo mismo.

—Traiga té mú para los tres, por favor.

—Excelente idea, no cabe duda.

El camarero se marchó encantado dispuesto a reencarnarse lo antes posible en una salamandra, y se produjo un espeso silencio en el que Julia observaba a Marisa, Marisa contemplaba a Julia y las dos vigilaban a Germán por el rabillo del ojo. Al minuto y medio aproximadamente, este, incomodísimo, se sintió en el penoso deber de comentar:

—Pues es un sitio muy animado.

La observación, además de insustancial, debió de parecerle a Julia poco apropiada, porque intervino sin perder un segundo:

—No tiene por qué ser animado: es, simplemente, macrobiótico.

—Sí, claro.

—En cuanto a lo del solomillo, ha sido una ordinariez.

—¿Ah, sí?

—Sí. Es como pedir un gazpacho en Tokio. O unos callos en Pekín.

—Lo siento.

—Aparte de que las carnes muertas son malísimas para la salud.

Germán hubiese hecho muchísimo mejor callándose, pero, como ya he escrito que aquel era su día señalado, cometió la imperdonable torpeza de creerse ingenioso.

—¿Y las vivas? ¿También las carnes vivas son malas para la salud?

Se rió como un estúpido, les guiñó el ojo a las dos mujeres como un imbécil y Marisa le paró los pies como a un tarado:

—Oye, tu marido es muy gracioso. ¿Por qué no me lo has presentado antes?

A pesar de este principio tan poco alentador, la suerte ya estaba echada: a Germán le habían gustado una barbaridad las piernas que Marisa exhibía descaradamente con su minifalda. Como es lógico, disimuló todo lo que pudo respondiendo con hipócrita indiferencia a las cuestiones que Julia le planteó ya en el ascensor de su casa.

—¿Qué te ha parecido Marisa?

—Poquita cosa. No comprendo cómo podéis ser amigas.

—Tienes que conocerla más. Es muy divertida.

—Está demasiado delgada. Tiene cara de enferma.

—Bueno, hubo una época en que tomó «Minilip» para adelgazar... y ahora tiene el hígado delicado.

—Ah, claro; así... ¿A qué se dedica?

—Depende. Quiere ser azafata.

Cuando el ascensor llegó a la planta de su piso —un cuarto letra B que acostumbraba a tener la luz del rellano estropeada— Germán dejó pasar a su mujer para decir con muy poquita voz y casi de espaldas:

—¿Y yo? ¿Cómo le habré caído?

—¿Cómo le vas a caer? Has estado aburridísimo.

* * *

Era bastante frecuente —ninguna novedad— que Julia encontrase aburrido a Germán y que a Germán le pareciese Julia más bien sosita. Son cosas que suceden en el matrimonio —o fuera de él— y que justifican el enorme éxito de la televisión entre las parejas homo o heterosexuales. El amor, entendido como el deseo irracional de invadir los higadillos de otra persona, se va calmando con los años a la vez que se descubren otros pasatiempos quizás menos excitantes pero, sin duda, más llevaderos. Es el momento en que se cambian las pasiones por las películas y los orgasmos por las cocochas.

—¿Qué?, ¿te decides?

—Me da pereza.

—Hijo, cada vez estás más soso. ¿Qué te pasa?

—Nada.

—Pareces un viejo. No hay manera de hacerte salir de casa.

—¿Para qué voy a salir si no me apetece?

Julia —en bragas y sostén color tostado haciendo juego— estaba realmente apetecible, pero Germán —con la última novela de Muñoz Molina en la mano y tumbado sobre la cama— no parecía advertirlo. Es curiosa —y patética— la ceguera que invade a las parejas con el tiempo. Al principio de la relación amorosa, cualquier detalle —un pecho impertinente que asoma en el escote, un apretado bulto que marca los pantalones— se convierte en un signo erótico apreciadísimo, pero luego... La convivencia es casta por definición.

—Le he prometido a Marisa que iríamos a su fiesta.

—Se lo has prometido tú, no yo.

—Pero le dije que me ibas a acompañar. Para ella es muy importante. Debuta como relaciones públicas de esa discoteca y necesita que esté llena.

—¿No quería ser azafata?

—Sí, pero la han suspendido. Tiene que volver a presentarse. Mientras, de algo ha de vivir, ¿no te parece?

—Sí, claro.

Julia se movía constantemente por el dormitorio, probándose un vestido, quitándoselo para ponerse otro, dando vueltecitas delante del espejo, encogiendo el estómago, enderezando el sujetador y hablando, hablando sin pausas, para fastidio de su marido que no conseguía averiguar qué narices le estaba ocurriendo al protagonista de la apasionante novela que intentaba, sufridamente, leer.

—Además, Marisa nos va a presentar a su novio.

—Ah, ¿pero tiene novio?

—Bueno, no es exactamente su novio... Ya me entiendes. Es un hombre algo mayor..., casado, claro.

—¿Por qué claro?

—A Marisa le encantan los hombres casados... Una debilidad. Parece que es una persona muy bien relacionada en Madrid. Amigo de Mariano Rubio y de Manuel de la Concha, aunque él, claro, disimula. Para no darse importancia, supongo.

—¿Y tú quieres conocerlo?

—No, yo no quiero conocerlo, pero me siento obligada a ayudar a Marisa. Si nosotros estamos con ellos todo queda más disimulado.

—O sea, que vamos de tapadera.

—No seas tonto. ¿A ti qué más te da? ¿Qué? ¿Te animas?

—No entiendo nada. ¿Desde cuándo te gustan las discotecas?

—No me gustan, me distraen. Aparte de que bailar adelgaza, ¿no lo sabías?

* * *

La discoteca, aunque estuviese de moda —o quizás por eso mismo— era un espanto. Al menos según la idea, probablemente antigua, que tengo yo de estos sitios. A mí me siguen gustando las conversaciones tranquilas y las confidencias —sólo cuando resultan absolutamente imprescindibles— a media voz. Y si no queda otro remedio que echarse un baile, prefiero un lento con la chica enrollada a la cintura y el *swing* de la palabra en el oído. A la manera de un bálsamo o de un veneno. Tengo el pálpito de que Germán —puedo equivocarme— piensa como yo. Por eso aquella noche en la discoteca Travelling se sentía fastidiado sin hacer el menor esfuerzo por escuchar lo que Julia le estaba comentando a Jesús, el novio de Marisa:

—Está muy guapa.

—¿Quién?

—Marisa.

—Ah, sí; muy guapa.

—En realidad no es que esté guapa, es que lo es, ¿verdad?

—Sí, claro, claro, por supuesto. Aunque..., bueno..., yo... la conozco poco.

—¿Poco? ¿La conoce usted... poco?

—Somos amigos, naturalmente, pero..., en fin..., nos vemos de tarde en tarde..., casi nada.

Jesús —el novio/amante de Marisa, como ya he explicado— tenía la costumbre —mala— de darse un golpecito en el muslo —derecho o izquierdo, según— cada vez que terminaba un párrafo que él consideraba brillante o cuando decía una mentira cuyo descubrimiento podía comprometerle. En esta ocasión, después de palmearse convenientemente en el lugar anatómico indicado con anterioridad, se volvió hacia Germán —estaban los tres sentados a una misma mesa— queriendo parecer simpático.

—Creo que es usted arquitecto.

—Sí.

—¿Y qué tal va la cosa?

—Regular... La cosa va regular.

—Todo se arreglará, no se preocupe. Hay que creer en la democracia. Sobre todo ahora que va a ganar el PP. Los populares acabarán con la corrupción. Lo que yo le diga.

Y se dio un golpetazo que debió de dejarle el muslo —el derecho— morado. Afortunadamente llegó en seguida Marisa, quien, en su condición de relaciones públicas, había estado atendiendo a los invitados.

—¿Todo va bien? ¿Otra copa, Julia?

—No, gracias.

—Tú, Jesús, ten cuidado con lo que bebes, que luego te pones malísimo.

—Mujer, qué cosas dices.

—Y a ti, Germán, ¿no te apetece otra cosa?

Seguramente —¿cómo saberlo?— la pregunta no tenía doble sentido, pero a él le pareció advertir... ¿Qué es lo que a Germán le pareció advertir? ¿Qué es lo que a los hombres les parece advertir más allá de lo que a ellos les encantaría que fuese advertido? ¿Marisa se le estaba insinuando? ¿Sí? ¿No? Difícil cuestión cuando la mirada corre hacia las pantorrillas de Marisa, quien se había inclinado para decirle a Julia en voz baja:

—Ha venido Miguel Bosé, ¿sabes? Está como quiere.

Luego, al final de la noche, aún con el sabor del último trago largo en la boca, Germán —un *gin-tonic* con media tónica como de costumbre— le comentó a su mujer camino de su casa:

—Oye, ese Jesús, ¿por qué se da siempre golpecitos en los muslos?

—Es un tic.

—Ya, ya me imagino que no será una contraseña.

—Parece ser que es directivo de una empresa muy importante: Gran Tibidabo o algo así.

—Ah, sí, he oído hablar.

—Tiene mucha pasta.

—¿Y tu amiga sale con él por eso?

—No, no: Marisa no es nada interesada.

—Entonces...

—Le gustan los hombres casados... y un poquito mayores... Ya te lo dije.

—¿Por qué?

—No sé. A mí me parece un error, desde luego. Pero en fin..., es su problema.

—Yo creo que es del Opus.

—¿Marisa?

—No, Marisa no: ese... Jesús. ¿Te fijaste cómo disimuló? Por poco dice que no la conoce de nada.
—Ya, ya; es un hipócrita. Siempre la lleva a restaurantes discretos, a sitios medio escondidos...
—¿Y ella lo aguanta?
—Bueno, debe de estar enamorada.
—Sí, posiblemente.
—De todas formas tengo que hablarle: no me gusta ni pizca el tal Jesús. Oye, estate quieto, ¿qué haces?
—Me estoy golpeando los muslos: duele bastante.

* * *

El lunes siguiente al día del debut de Marisa como relaciones públicas de la discoteca Travelling, Julia y su amiga coincidieron de nuevo en el gimnasio. En realidad fue un encuentro programado, porque la amistad entre ellas era cada vez más profunda. Se lo contaban todo, comentaban cada una de sus ideas, de sus proyectos... Habían llegado a ese punto tan cómplice en el que las mujeres parecen capaces —fíjense en que escribo «parecen»— de compartir los secretos, las intimidades y los tampax. Algo que los hombres —más toscos; menos delicados— no podemos ni queremos comprender.
Acababan de salir de la piscina —el agua estaba agradablemente templada— y Marisa agarró a Julia por el brazo.
—No te gustó Jesús.
—¿La verdad?
—Sí.
—Pues no; no me gustó.
—Te advierto que es muy buena persona.
—Puede ser.
—Y me quiere. Un poco a su manera, pero me quiere.
—¿Tú crees?
—Sí, sí, está lleno de detalles: me envía flores, se acuerda del día de mi cumpleaños, me abre la puerta del coche...
—Opinión por opinión: ¿a ti Germán, qué te parece?
—¿También la verdad?
—Sí.

—Insulso. Encuentro que no te va.

—¿No?

—No: no tiene marcha.

—Pues anda que Jesús...

—Ah, bueno, pero es que yo me lo monto al margen de él. Jesús es... ¿Cómo te diría...? Lo cómodo..., lo seguro.

—¿Seguro un hombre casado?

—Por eso: dan menos la lata. Yo sé que está ahí y basta.

—¿No te molesta que viva con su mujer?

—Un poco..., pero no mucho. Además, va a dejarla.

—¿Tú crees?

—Eso me ha dicho. Entonces..., no sé... A lo mejor nos vamos a vivir juntos.

—¿Y tu madre qué opina?

—Mujer, ella quiere que me case, claro. Mientras, se pasa el día viendo la televisión.

—Yo no podría tener una historia con un hombre casado.

—¿Por qué?

—Porque no. Son cosas que no llevan a ninguna parte..., que no tienen sentido.

—Bueno, eso nunca se sabe.

—¿Qué?

—Nada: que nunca se sabe.

Empezaron a secarse el pelo y Julia, al frotar, se hizo un poco de daño con la toalla.

* * *

Como era de prever, Julia acabó saliéndose con la suya. Es algo que acostumbra a ocurrir. Las mujeres, en general, son más obstinadas que los hombres. Por esta razón, frecuentemente se cae en el error de suponerlas banales o caprichosas. Y no es así. Desde hace años —sobre todo desde que una estudiante de económicas me dejó tirado en el aeropuerto de Menorca— sostengo la teoría de que nuestras adorables colaboradoras en la multiplicación de la especie tienen las cosas bastante más claras que nosotros. Las mujeres casi siempre saben lo que quieren. Pueden equivocarse en la elección, desde luego —al fin y al cabo son seres humanos, evidentemente—, pero cuando toman un camino lo siguen hasta sus últimas consecuencias.

Esta firme determinación en sus propósitos explicaría en términos colectivos su sentido práctico de la vida y, en el ámbito privado referido a esta historia, la táctica impecable con la que Julia acabó convenciendo a Germán de que compraran un apartamento —monísimo— en El Escorial.

No fue fácil ponerse de acuerdo. A ella le gustaba uno porque desde la ventana del dormitorio principal se veía, a lo lejos, una hilera de chopos, y él prefería otro porque daba a la piscina y lo encontraba más animado. Por otra parte, Julia quería tirar un tabique para ensanchar el cuarto de baño y Germán opinaba que lo importante era conseguir un espacio suficiente para instalar el televisor, el vídeo, la cadena de música y un mueblecito espacioso para los cassettes. Como ustedes pueden suponer, las discusiones fueron tan ácidas como frecuentes porque, claro, a las diferencias de criterio habituales había que añadir la delicada decisión sobre el color de las cortinas o el dibujo de las colchas. Finalmente, Julia le anunció a Germán, como si acabase de tener una ocurrencia brillantísima:

—He pensado que Marisa nos ayude en la decoración.

—¿Marisa? ¿Por qué?

—Sabe mucho. Trabaja en una tienda de estas cosas.

—¿Desde cuándo?

—Desde hace un par de meses.

—¿Y la discoteca?

—La dejó: a Jesús no le gustaba que estuviera allí.

—¿Por qué?

—Decía que con tanto famoso cualquier día le iba a pasar algo.

—¿Y lo de ser azafata?

—La han vuelto a suspender. No tiene suerte.

—De todas formas, ¿tú crees que Marisa puede ayudarnos a decorar el apartamento...?

—Ideal, lo hará ideal. Tiene mucho gusto.

—Es que yo preferiría...

—Tu preferirías... ¿qué?

—Nada, yo preferiría nada.

Se mordió la lengua porque, en realidad, no estaba seguro de lo que prefería. En cualquier caso, le faltó tiempo para darle a su socio Mario la noticia:

—Julia ha decidido que nuestro apartamento de El Escorial lo decore su amiga.

—¿Qué amiga?

—¿Qué amiga va a ser?: Marisa.

—¿Por qué?

—¿Y yo qué sé? Ahora trabaja en una tienda de decoración por lo visto y a Julia le ha dado por ahí.

—¿Vosotros necesitáis que alguien os ayude a decorar el apartamento?

—No, hombre, ¡qué vamos a necesitar! Pero Julia está obsesionada con Marisa: que si Marisa esto, que si Marisa aquello... ¡Marisa..., Marisa..., Marisa...!

—Pero, bueno, ¿qué le pasa con Marisa?

—Ni idea. No lo entiendo. Porque además son muy diferentes.

—Oye y no será...

—¿Qué?

—Chico perdona, pero es que a un vecino de mi casa la mujer se le ha ido con un guardia urbano.

—¿Y qué?

—Nada, que el guardia se llama Mari Tere.

Estaban comiendo en una hamburguesería que les pillaba cerca de su estudio. Era un establecimiento muy extraño porque, en vez de ser especialistas en hamburguesas como su nombre parecía indicar, lo que mejor les salía era el pollo frito. La gracieta de Mario le pilló a Germán a punto de hincarle el diente a una pechuga que había elegido porque estaba más tostada que las otras y apenas le dio tiempo de aclarar:

—No; no creo que sea eso.

—Más vale.

Pasaron unos segundos, al final de los cuales a Mario se le ocurrió preguntar, mordiendo heroicamente la pringosa hamburguesa que le había tocado en suerte:

—Y a todo esto..., ¿cómo es Marisa?

—¿Cómo que cómo es Marisa?

—Sí: ¿es mona, atractiva, sexy?
—No sé.
—¿No sabes?
—No me he fijado.
—Qué raro.
—¿Por qué raro?
—Hombre, uno siempre se fija.
—Está bien... Sí, supongo que está bien. Pero no la aguanto.
—¿Por qué no la aguantas?
—Porque no. ¡Y punto!
—Bueno, bueno, no te enfades. Aunque para mí que...
—Cambia de tema, ¿quieres?
—Vale. ¿Qué tal tu pollo?
—Espantoso. ¿Y tu hamburguesa?
—Nauseabunda.

* * *

El trayecto fue sólo un preludio de lo que podía suceder después. El Volkswagen Golf iba lleno de cosas aparentemente inútiles: maderas, telas, cojines, cuadros, alfombras... Un par de colchones enrollados en la baca, una escalera plegable asomando por una ventanilla... Y en el asiento de atrás, Julia hablando, riendo y divirtiéndose con Marisa, mientras Germán luchaba por concentrarse en la carretera evitando la malsana curiosidad de mirar por el retrovisor. Había algo en la actitud de las dos mujeres que despertaba alarmantemente su atención: se abrazaban con tanta frecuencia, se tocaban tan insistentemente... Por supuesto que a Germán la bromita —de muy mal gusto, sin duda— de Mario en la hamburguesería no había conseguido inquietarle, pero... Aunque tenía pruebas evidentes de las tendencias sexuales de su mujer, un sentimiento oscuro le perturbaba: si a él Marisa le parecía apetecible, ¿por qué a Julia no podía parecérselo? Los hombres —me estoy refiriendo a los heterosexuales— acostumbramos a mantener una postura más comprensiva hacia las conductas lésbicas porque, en el fondo, nos parece natural que las mujeres sean objeto de deseo. De cualquier deseo. Es una bobada, sin duda, pero supongo que, a partir de estas escenas conyugales que estoy escribiendo, puede deducirse claramente que los hombres somos bastante tontos. De manera que Germán —aunque se hubiese muerto sin confesarlo— era capaz de aceptar que a Julia le gustara Marisa por la muy estúpida razón de que Marisa le gustaba a él.

A pesar de tan intrincados pensamientos, el Golf GTI llegó a El Escorial en un tiempo razonable. Luego —ya en el apartamento que habían comprado en la urbanización Los Terraplenes— Germán se dedicó a colocar las barras —siempre torcidas— de unos estores que después se negaban a subir y a bajar con un mínimo de precisión, mientras Marisa probaba unas mezclas de colores —se había empeñado en pintar el salón de un amarillo canario y la alcoba principal de un rosa Frigo incandescente— y Julia procuraba coser las fundas de unas almohadas que las retrasadas mentales de las chicas donde las había encargado habían hecho demasiado cortas. Consecuentemente, hubo un momento peligroso en el que Julia se enfadó con Marisa, esta con Julia y Germán con las dos. Total, que de pronto descubrieron que ya era de noche y que estaban sin ánimos —¿fue de veras así o hubo una mutua y no expresada confabulación?— para regresar a Madrid.

—Qué pereza volver ahora.

—¿Por qué no nos quedamos? Hoy es sábado. Podríamos dormir aquí.

—¿Aquí? ¿Dónde? No tenemos muebles.

—¿Y si fuéramos a un hotel?

—Ay, sí, me chiflan los hoteles.

—Germán y yo conocemos uno. Estuvimos de novios, ¿verdad?

Continuaba en su sitio, como entonces. El mismo vestíbulo con sus lámparas antiguas —más viejas que antiguas, pero en fin...—, los mismos ventanales descubriendo un jardín raquítico y entristecido, las mismas alfombras llenas de polvo, de mugre y, probablemente, de recuerdos... El recepcionista, en cambio, era otro. Con esa cara sin expresión, sin edad y casi sin sexo que adquieren, con el tiempo, todos los empleados de los hoteles, pero otro. Su voz venía de lejos, del fondo de algún pasillo al que todavía no le hubiese llegado el aspirador.

—Les puedo ofrecer una *suite*. No hay otra cosa. Como es sábado...

—¿Una *suite?*

—Tiene la alcoba con cama de matrimonio y el salón con un sofá convertible.

—Sí, bueno, pero los tres en una *suite*...

Germán parecía imprecisamente alarmado. En cambio, Julia y Marisa estaban encantadas.

—¿Qué te pasa? Está bien. Puede ser muy divertido.

Julia se volvió sonriente hacia Marisa, a quien también le fascinaba la idea de compartir la *suite* que les estaba ofreciendo el recepcionista.

—Si el señor me lo permite, añadiré que también hay una puerta.

—¿Una puerta?

—Que separa —o comunica, depende— el salón con el sofá convertible de la alcoba con la cama de matrimonio. Que se quiere una mayor independencia, se cierra; que se desea más proximidad, se abre.

—Muy útil.

—Hasta ahora nadie se ha quejado, señor.

—De acuerdo, nos la quedamos.

—Su documento nacional de identidad, por favor.

Mientras Germán cumplía con las formalidades normalmente exigidas en los hoteles, Julia, a la que se le notaba innecesariamente nerviosa, le comentó a Marisa en voz baja:

—Tiene unas habitaciones muy cómodas. Con los techos altos.

—¿Se ven los árboles?

—Y se oyen los pájaros por la mañana. Es muy romántico.

—¿Cómo lo sabes?

Julia le confesó a Marisa en un susurro, porque los recepcionistas acostumbran a tener un oído de tísico:

—La primera vez que me acosté con Germán fue en este hotel.

—¡Vaya! ¿Y qué tal?

—Chica, cuando le vi con su pijamita color yema de huevo pensé que me daba algo, pero luego, nada, cerré los ojos.

—Sí, cuando no se les ve mejoran mucho.

El recepcionista continuó su breve diálogo con Germán mientras buscaba una llave en el casillero.

—¿Los señores han traído equipaje?

—Pues no... sólo el cepillo de dientes y esas cosas.

—Perfecto. Esta es su llave: la ciento dos. El ascensor está enfrente.

—Gracias.

Germán, acompañado de las dos mujeres —cada una con un bolso inmenso colgado del brazo porque nuestras combativas compañeras acostumbran a salir a la calle como quien va a la guerra—, se encaminó hacia el ascensor, pero repentinamente se detuvo para preguntar:

—¿Y el baño?

—¿Qué baño, señor?

—En la *suite.* ¿Cuántos baños tiene esa *suite?*

—Uno.

—¿Uno?

—Pero no se preocupe el señor: es muy amplio, cabe mucha gente.

Germán miró al recepcionista queriendo descifrar algo en sus ojos, pero este —que había estudiado hostelería en un albergue suizo a diez grados bajo cero— puso cara de palo. En cuanto a Julia, la preguntita de su marido le había parecido, por lo menos, inoportuna.

—¿Por qué preguntas tonterías? Siempre preguntas tonterías.

—¿Te parece?

—Claro que me parece. Se habrá creído que venimos aquí a acostarnos.

—¿Y no?

—No. Venimos a dormir, que no es igual.

—¿Y por qué no podríamos venir a acostarnos?

—Porque no. Porque tú y yo no necesitamos ir a un hotel para hacer el amor.

—Pero él no lo sabe.

—Eso se nota.

—¿En qué?

—En todo. Llevamos muchos años de matrimonio. Ya no tenemos aspecto de ser amantes.

—Nosotros quizás no, pero como esta noche somos tres...

Al oír estas palabras de su admirado esposo, Julia se detuvo en seco y a Marisa le entraron unas ganas tremendas de encender un cigarrillo.

—¿Qué quieres decir? Explícate.

—Nada... No quiero decir nada.

—Entonces deja de poner cara de ratón y métete en el ascensor.

Una vez que llegaron a la habitación ciento dos, Marisa pasó al salón que lógicamente le correspondía, Julia sacó de su bolso unos misteriosos frasquitos que empezó a distribuir sobre una mesita que estaba debajo de un espejo y Germán se sentó en la cama sin atreverse —esta es, simplemente, mi opinión— a abrir la boca. A pesar de tan prudentísimo comportamiento, Julia —que aparentaba seguir excitada sin un motivo razonable— arremetió con fuerza:

—¿Te vas a pasar toda la noche sentado en la cama?

—No... Supongo que no.

—¡Pues hijo...!

Tuvo la inesperada sensatez de contenerse. Nunca sabremos —es una lástima— lo que iba a decir después de aquel «Pues hijo...», aunque todo hace presagiar que nada bueno. Acabó la minuciosa colocación de los frasquitos sobre la mesa del espejo, contempló a su marido con la misma congoja que invadió a Boabdil al despedirse de Granada y le envió una especie de telegrama dialéctico:

—Ahora vuelvo.

—¿A dónde vas?

—A ver a Marisa, no sea que necesite algo.

—¿Qué va a necesitar?

—No sé... Algo.

Y sin esperar el posible —aunque, por otra parte, superfluo— comentario de su marido, Julia pasó al salón en donde estaba Marisa, atravesando antes el cuarto de baño. Germán, entonces, de un modo mecánico y aburrido, empezó a quitarse la camisa, los zapatos, los pantalones... Justo en el momento en que comenzaba a desabrocharse el cinturón, un sonido le sobresaltó. En el salón de Marisa, alguien —¿cuál de las dos?— había echado el cerrojo. ¿Por qué? ¿Por qué su mujer y su amiga habían decidido aislarse impidiendo —¡porque de eso se trataba, claro!— que él apareciera de repente? ¿Qué pretendían ocultar? Y —lo que era evidentemente peor— ¿qué iban a hacer? En principio, Germán no tenía dudas sobre las inclinaciones naturales de Julia, pero ¿en qué momento los instintos del sexo pueden adquirir otro tipo de «naturalidad» cuando son violentados por la atracción de otra persona o de otras circunstancias? Es asustante el número de pensamientos desagradables que puede segregar el cerebro en situaciones adversas. ¿Se habría Julia encaprichado de Marisa? ¿Estaría Marisa incitando a Julia para probarla? Pero, probarla..., ¿a qué? ¿O sería todo una lamentable consecuencia de sus confusos sentimientos que, por un lado, le empujaban a que le apeteciera Marisa y, por otro, no podían evitarle tener celos de ella? Por si acaso, se acercó sigilosamente —de puntillas, quiero decir— a la puerta que comunicaba, a través del cuarto de baño, con el salón en donde estaban las mujeres. Luego contuvo hábilmente la respiración y miró —¡qué feo!— por el ojo de la cerradura. Lo que vio no debió de parecerle muy normal porque, cuando se incorporó, tenía una cara extrañísima.

* * *

Inevitablemente transcurrió el tiempo y, después de un mes de los sucesos desasosegantes que acabo de narrar, los protagonistas de esta historia comprendieron que habían pasado treinta o treinta y un días. Este feliz hallazgo les pilló a Julia y a Germán desayunando en su domicilio: él acababa de prepararse una tostada con mantequilla y ella soportaba su té con limón y sin azúcar. Tal vez por este motivo —desayunar poco acarrea consecuencias fatales—, Julia le espetó a su marido de mala manera:

—¿Qué te ocurre?

—¿A mí? ¿Por qué?

—Estás muy raro.

—¿Te parece?

—Sí, me parece.

—Pues..., no sé. ¿Me pasas la miel?

Pero Julia no estaba dispuesta a dejarse distraer por esa petición minúscula, así que siguió impertérrita:

—Y muy frío. No te acuestas conmigo desde el día de la Constitución.

—¿Tanto?

—Sí.

—Vaya.

—La miel, ¿me la pasas?

Lo hizo. Molestamente, pero lo hizo. Aunque aprovechó la ocasión para advertirle a su marido con muy mala idea:

—Has vuelto a engordar.

—Sí.

—No es que a mí me importe.

—Me figuro.

—Quiero decir lo de acostarnos.

—Ah.

—Pero me molesta. Me hace suponer que ya no te gusto.

—¿Sí?

—¿No te gusto?

—Sí.

—Entonces...

—No sé.

Germán intentó cambiar el sentido de la jugada. Sin éxito, como podrá comprobarse si se tiene el valor de seguir leyendo estas líneas.

—¿Tú no quieres miel?

—No, yo no quiero miel.

—Deberías probarla: está buena.

¡Qué error! No parecía el momento más adecuado para que Julia se sintiera con ánimos de apreciar las excelencias de la miel por mucho que la anunciaran en la televisión. Estaba bastante más interesada en no interrumpir la ofensiva que había iniciado.

—El mes pasado en El Escorial fue un desastre.

—Sí, las cortinas del apartamento no quedaron muy bien.

—Me refiero a la noche que pasamos en el hotel... con Marisa.

—Ah, sí, con Marisa.

—Cuando volví a la habitación, ya te habías dormido.

—Sí.

—Y yo tenía ganas de hacer el amor.

—¿Sí?

—Sí. ¿Y sabes por qué?

—No sé; no sé por qué tenías ganas de hacer el amor.

—No. Te pregunto por qué te habías dormido.

—Estaría cansado... Las cortinas.

—Siempre estás cansado.

Germán tuvo una reacción insospechada. Dejó bruscamente el pan con la mantequilla y la miel sobre el plato junto al café con leche, y dijo levantando la voz:

—Bueno, ¡ya está bien! Si te hago una pregunta, ¿me vas a contestar?

—Depende.

—Depende... ¿de qué?

—De la pregunta.

El tono desafiante de Julia era más de lo que un hombre regularmente constituido puede resistir. Germán respiró hondo como ahogando un suspiro y se calló. Cualquier árbitro imparcial —yo no estoy seguro de serlo— habría declarado vencedora a su mujer.

—El miércoles cenamos con Marisa. Y con Jesús. A Marisa la han admitido por fin como azafata.

—¿Y la tienda de decoración?

—Quebró.

—Lo siento.

—No te creo.

Julia se levantó de la mesa para marcharse y, al mismo tiempo, se sacudió unas migas que le habían caído sobre la falda. Inoportunamente procedían de la tostada con miel de su marido.

* * *

El miércoles siguiente por la noche, obedeciendo la terminante orden que Julia le había dado, Germán se sentó a cenar en un restaurante de las afueras de Madrid con su mujer, Marisa y Jesús, su novio, a quien algún negocio debía de haberle salido clamorosamente redondo porque confesaba arrollador...:

—Y yo le dije a Manuel de la Concha... ¿Tú conoces... —supongo que no te importará que te tutee— a Manuel de la Concha?

—De nombre.

—Bueno, pues le dije: «Manolo, esto es un imperio.»

—¿Y qué dijo?

—Que sí: tiene las ideas muy claras.

Marisa —encantada, aunque procurando que, disimuladamente, su rodilla rozara con la de Germán— intervino explicando:

—Jesús trabaja con él.

—Le asesoro. No es que él necesite que alguien le asesore, pero, en fin, le asesoro.

—Sí, Jesús le asesora.

—A ese hombre no hay quien lo pare, ya lo veréis. Se mueve mucho.

Y se dio un palmetazo en el muslo descomunal. Luego inició el exquisito trabajo —no quiso que el camarero lo hiciera— de descorchar una botella de *champagne* mientras continuaba hablando. (Jesús se negaba a llamar cava al *champagne,* primero porque —según él— el cava no es *champagne* ni lo será nunca y, segundo, porque esos catalanes...)

—¿Y esa arquitectura..., Germán? Porque te llamas Germán, ¿no?

—Sí.

—¿Qué tal?

—Tirando.

—Hay que tener fe. La fe mueve montañas. Y luego está la democracia. Tenemos que creer en la democracia.

Julia no pudo resistir la tentación de tirar con bala. Jesús —que le caía fatal— se lo había puesto fácil:

—En la democracia y en el cambio de gobierno.

Previsiblemente el novio de Marisa picó.

—Sí, también en el cambio de gobierno. No se puede presumir de demócrata si no se acepta la alternancia en el poder. Los socialistas están agotados. En cambio, Aznar... González se ha quedado sin ideas... ¿no crees, Germán...?

—Bueno, yo la política...

—Eso está bien. No te metas, hijo, no te metas. Ya ves: Manolo de la Concha y yo no somos políticos.

—Me alegro.

—Gracias.

Y se dio un tantarantán en el muslo derecho que lo dejó bailando. Después, continuó:

—Los socialistas han ido demasiado lejos: que si el aborto, que si las drogas... De estas cosas no hay que hablar. Es como las series esas de televisión: en cuanto te descuidas, ya están todos desnudos en la cama y... ¡hala!

—Jesús no es partidario del desnudo.

—No digas eso, Marisa, que vas a confundir a tus amigos. En la intimidad, todo —bueno, casi todo— está bien, pero como espectáculo... Una cosa es la libertad y otra el libertinaje, porque si no, claro...

Julia no había oído algo tan pasado de moda desde el último discursito del Papa en el Vaticano, de manera que le echó una mano a Jesús con muy mala idea:

—... si no, claro, la ola de pornografía nos invadirá.

—Exacto.

—Jesús tampoco es partidario de la pornografía.

—No, Marisa, por Dios. Hay que mantener una cierta moral, unos principios... Estas cosas acaban en el homosexualismo... En el sida...

—... en el adulterio.

—Sí, bueno, pero lo peor es el homosexualismo. El lesbianismo sobre todo.

—¿Por qué sobre todo?

—Porque sí: va contra natura. ¿O no estás de acuerdo en que va contra natura?

Germán tuvo la impresión —¿equivocada?— de que las dos mujeres le miraban a los ojos dispuestas a sorberle, por esa vía, el líquido encefálico. Después de un indiscreto suspense, se dio por vencido.

—No sé.

—Pues va.

Jesús decidió zanjar definitivamente la cuestión, descorchó con mucho aire el *champagne,* felicitó a Marisa por su nuevo empleo como azafata de Iberia y se pegó un golpe en el muslo del que se resintió durante casi quince días y que su mujer —Matilde— tuvo que aliviar con una pomada que le recomendaron en una farmacia de La Moraleja.

* * *

Aquella misma noche, a Germán le costó dormirse. Se movía hacia un lado, hacia el otro, se peleaba inútilmente con la almohada, abría los ojos, volvía a cerrarlos... Una idea extraña —y, además, persistente— se le había metido desde algún tiempo en la cabeza y la conversación con Marisa y Jesús en el restaurante durante la cena había logrado reavivarla. Al fin, tomó una decisión.

—Julia.

Una voz perezosa —nada estimulante, reconozcámoslo— le respondió desde el otro extremo de la cama.

—¿Qué?

—¿Estás dormida?

—Si estuviera dormida no habría contestado.

Julia era así de respondona. Una vez, a un novio suyo militar —el oficio no es determinante, ya lo sé— que le quería meter mano, le advirtió: «No sigas, que te la corto.» Como el teniente —artillero— no supo si se refería a la mano o a otra cosa, dejó de salir con ella para acabar casándose con la hija de un alto jefe de Correos. (Ahora viven en Ceuta tan ricamente.)

Aunque Germán no desconocía estas salidas de tono de su mujer, intentó una discreta maniobra de aproximación.

—Es que...

—¿Qué?

—No..., nada.

Es un sistema que no acostumbra a fallar. Si uno simula que va a confesar algo importante y luego finge arrepentirse y se calla, el otro, con casi absoluta seguridad, acaba picando.

—No me pongas nerviosa, ¿quieres? Venga: ¿qué ibas a decir?

Julia se había despertado a una velocidad pasmosa y ahí estaba, prácticamente sentada en la cama, dispuesta a afrontar los acontecimientos. Entonces Germán dejó caer la bomba:

—¿Desde cuándo no hacemos el amor?

—Desde la fiesta de la Constitución, ya te lo dije. ¿Por qué?

—Porque ya va siendo hora.

Julia se soltó literalmente el pelo, que llevaba recogido con una gomita.

—¿Qué insinúas?

Y Germán hizo estallar el artefacto:

—¿Lo hacemos?

—¿Así?, ¿de repente?

—¿No?

—No.

—¿Por qué?

—Porque no me gusta que me utilices.

—El otro día te quejabas de lo contrario.

—Bueno, pues ya no me quejo.

—No lo entiendo.

—No hay nada que entender. Además, ese imbécil de Jesús me ha puesto de mal humor.

—Yo no tengo la culpa.

—Es que ya está bien.

—¿De qué?

—De todo. Ya está bien... ¡de todo! Y no me tires de la lengua, que siempre me tiras de la lengua. Los hombres es que sois memos, ¿sabes?

—No.

—Pues deberías saberlo. Ese tema del lesbianismo..., ¡qué estupidez!

Estaba guapa. Hay mujeres que se ponen guapas cuando se enfadan y otras que también se ponen guapas cuando deciden no enfadarse. En realidad es que las mujeres se ponen guapas con cualquier cosilla. O puede que yo lo vea así por vicio.

Germán —aquella noche nada indiferente a los encantos de su mujer— se atrevió a dar un paso adelante.

—¿Tú estás a favor?

—No te entiendo. Aclárate.

—Que si estás a favor del... lesbianismo.

—Ni a favor ni en contra. Simplemente lo respeto. ¿Tú no?

—Sí, sí, desde luego..., vaya..., claro... Yo también.

—Estupendo. Hasta mañana.

Julia se volvió de espaldas a Germán decidida a dormir lo más lejos posible de su marido. Pero antes aún tuvo la suficiente dosis de malicia como para preguntarle:

—Oye, ¿y tú por qué querías acostarte conmigo precisamente esta noche? ¿Qué mosca te ha picado?

Germán miró al techo —la lámpara seguía en su sitio— y no respondió. Julia dijo, desabrochándose un botón del pantalón del pijama que se le había clavado en la cintura:

—Sí, sí, mejor que no respondas.

Luego se durmió, pero a Germán —el mal ya estaba hecho— le costó una barbaridad conciliar el sueño. (¿Se dice así?)

* * *

Más tarde —como se escribía en las novelas que yo leí cuando era joven— pasó el tiempo. No mucho. Unos días probablemente. La pausa imprescindible para que esta historia que estoy escribiendo pueda desarrollarse con algún sosiego. Era una mañana de invierno —¿por qué me resisto a que estas escenas conyugales ocurran en verano?— y Julia estaba intentando comunicar por teléfono cuando Germán volvió de la calle a donde había ido a pasear al perro, quien no parecía muy contento de haber tenido que regresar a casa.

—Oiga..., oiga... Nada, no hay forma. ¿Tú sabes qué le pasa a este teléfono?

Germán, que estaba intentando sacarle la correa a *Brandy*, contestó indiferentemente:

—No, no sé. ¿Le pasa algo?

—Da la señal, pero luego se corta.

—Sí, ayer hacía un ruido muy raro: habrá que avisar a averías.

—¿Y ahora qué hago?

—¿A dónde llamabas?

—Quería pedir un taxi. Para el aeropuerto. Tengo el tiempo justo.

—¿Quieres que te lleve yo?

—No, no te molestes. Tú desayuna y vete a trabajar. Lo mejor será que coja el coche.

—¿Tú crees?

—Sí, lo dejaré en el *parking* de Barajas. Total son cuarenta y ocho horas.

—Como quieras.

—Bueno, pues nada, me voy.

Julia tomó una bolsa de viaje que había dejado sobre el sofá y se despidió de su marido con un beso fugaz.

—Te llamaré esta noche desde el hotel de Bilbao.

—Muy bien.

—Adiós.

—Buen viaje.

Ya en la puerta, a punto de salir, Julia le recomendó a Germán con ese tono funcionarial que van adquiriendo las parejas —no todas— con los años:

—Cuida de *Brandy*.

—Sí, no te preocupes.

Julia se marchó y Germán fue a la cocina a prepararse el té con limón y la tostada con aceite y sal de todas las mañanas. (Por fin había comprendido que los huevos fritos le sentaban mal.) *Brandy* le siguió con la esperanza de que alguien en esa casa cayera en la cuenta de que también él tenía derecho a desayunar.

En el momento preciso en que Germán estaba recogiendo —¡qué pesadez!— los restos del desayuno de Julia que esta había abandonado sobre la pequeña mesa de la cocina, sonó el portero automático que comunicaba con el portal de la casa. Verdaderamente fastidiado —*Brandy* compartió ese fastidio—, se sintió en la obligación de descolgarlo.

—Diga.

Una voz lejana y confusa, mezclada con los sonidos del tráfico y las toses de un repartidor de ultramarinos, le permitió reconocer, finalmente, a la persona que estaba abajo.

—Ah, ¿eres tú? Sí, bueno, claro, sube.

Colgó el telefonillo y le pareció una desconsideración que el perro ladrara para hacerse notar. A los cinco minutos llamaron a la puerta. Sorpresa. Allí estaba —triste, preocupada, pálida, ojerosa, y todo lo que a ustedes les apetezca añadir en esa línea— Marisa, la amiga de Julia y amante —una torpeza— de Jesús.

—Hola.

—Hola.

—¿Puedo pasar?

—Claro.

No tan claro. Nada, nada claro. ¿Qué hacía —o qué pretendía hacer— Marisa en su casa a aquellas horas? Como se supone que los personajes conocen de antemano lo que los novelistas escriben, Marisa respondió al inexpresado pensamiento de Germán:

—Perdona que te moleste tan temprano.

—No importa.

—¿Y Julia?

—No está.

—¿No está?

—No. Tenía que irse a Bilbao. En el avión de las nueve. No sé qué de una empresa.

—Os he llamado. Pero vuestro teléfono comunicaba continuamente.

—Sí, está estropeado.

—Ah.

Se miraron, se observaron, se vigilaron... Hasta que Germán se arrancó:

—Me estaba preparando el desayuno. ¿Te apetece tomar algo?

—No, gracias.

—Bueno, por lo menos siéntate.

—¿Qué?

—Que te sientes. Si quieres, claro.

—Gracias.

Marisa se sentó a la vez que sacaba un pañuelito bordado con sus iniciales. Germán permaneció de pie tan extrañado como perplejo. Parecía evidente que Marisa estaba atravesando una situación difícil.

—¿Te puedo ayudar?

—Jesús me ha dejado.

La escueta confesión merecía —creo— que Germán también se sentara.

—¿Cuándo?

—Hace un rato. Por teléfono. Me llamó a casa y me dijo: «Se acabó.»

—¿Por qué?

—Su mujer tenía sospechas. Anoche salieron a cenar con unos amigos. Por lo visto encontró en el coche un llavero: el mío.

—¿Y Jesús?

—Al principio lo negó, pero luego... Le tiene miedo a su mujer. Es de cuidado. Y, claro, como él en el fondo lo que quiere es llegar a ser ministro...

—El escándalo.

—Sí.

—¿Qué iba a decir Manuel de la Concha?

—Eso.

Marisa suspiró un poquito y se secó una furtiva lágrima —sin música— con la punta del pañuelito bordado. Germán —caballero y pillastre a la vez, porque una cosa no está reñida con la otra como se ha demostrado últimamente en este país— procuró consolar a Marisa sin descuidar, al mismo tiempo, su propia conveniencia.

—A mí Jesús no me gustaba.

—¿No?

—No.

—A mí, sí. Llevábamos tres años saliendo juntos y, bueno, una se acostumbra.

—Era un estúpido. Un hombre que se pega golpes en los muslos como si se hubiera vuelto loco, es un imbécil.

—¿Tú crees? No lo había pensado.

—Un imbécil.

—O sea, que te alegras.

—En parte.

Marisa preguntó con una sonrisa desganada que —estaba segura— le favorecía muchísimo:

—Tampoco yo te caigo bien, ¿verdad?

—¿Sinceramente?

—Sí.

—Pues, no... Tampoco.

—¿Por qué?

Germán se levantó y empezó a pasear con cierto —e incontrolado— nerviosismo. Ni Marisa ni *Brandy* —cada uno desde su perspectiva, naturalmente— consiguieron comprender dicha actitud. Menos mal que, de pronto, la incógnita empezó a desvelarse.

—Tengo la impresión de que Julia y tú sois más que amigas.

—¿Qué quieres decir?

—Una noche en El Escorial os vi daros un beso.

—¿Qué dices? ¿Te has vuelto loco?

—No, no me he vuelto loco.

—Pero, ¿cómo nos viste? No entiendo.

—Por la cerradura..., por el ojo de la cerradura.

—¿Tú miras por el ojo de las cerraduras?

—Sí, yo miro por el ojo de las cerraduras... a veces.

—Mal hecho.

—Puede ser. Pero os vi daros un beso en la boca.

—¿Estás seguro?

—Bueno, se veía mal. Tú estabas de espalda y ella de frente.

—Nunca he besado a Julia en la boca.

—No te creo.

—Te lo juro.

—Repítelo.

—Te lo juro.

¿Se creyó Germán el juramento de Marisa? ¿No se lo creyó? ¿Qué más da? El caso fue que estalló inopinadamente y *Brandy* tuvo la saludable idea de refugiarse debajo de un sillón.

—Os veo siempre reír, abrazaros, tocaros... Mirarme como si yo fuera un ser extraño..., un intruso.

—Eso no es verdad.

—En serio que entre tú y Julia...

—Te lo he jurado.

Y Germán bajó la voz a la manera de los criminales en los interrogatorios.

—Tuve celos.

—¿De qué?

—Los sigo teniendo.

—¿De quién?

—De ti.

Bueno, bueno, en ocasiones los hombres... Y a veces las mujeres... Si vivir fuese sólo un intento desesperado de reducir la inflación y aumentar sustancialmente el producto interior bruto disminuyendo los precios al consumo, no habría merecido la pena que Shakespeare, Quevedo, Lope y Verlaine hubieran escrito un puñetero poema en su vida. Lo único que está bien en este latoso viaje hacia el vacío es la posibilidad —aunque sea remota— de volverse loco con alguna frecuencia. Como Germán. O como Marisa, que confesó radiante y jugosa:

—Sabía que Julia no estaba en casa.

—¿Cómo lo sabías?

—Me había dicho que se iba hoy a Bilbao.

Si Germán hubiese sido católico —tengo la impresión de que no lo era mucho— habría hecho la promesa de ir a Lourdes cuando escuchó lo que Marisa continuaba diciendo:

—Tenía ganas de verte.

Después se besaron tanto, que *Brandy* pensó seriamente en cambiar de domicilio.

* * *

Al día siguiente, Julia regresó de Bilbao. En un avión que salía de esta ciudad a última hora de la tarde y que llegaba a Madrid casi de noche. Sacó el automóvil del *parking* del aeropuerto —tuvo que hacer cola para pagar el *ticket* entre un ejecutivo con gabardina y un clérigo con sotana— y tardó mucho en recorrer el camino hasta su casa. Era —me parece haber decidido que fuese así— un viernes y había niebla. En la radio de Julia (Otero), los tertulianos atacaban —¡otra vez!— a Felipe González, a sus ministros, a su cuñado, a sus bonsáis y a una novia —corrupta— con la que compartió pierna y butaca en un cine de Sevilla allá por el año del catapum. Julia veía pasar los coches, los autobuses, los semáforos y los escaparates, desde el sucio cristal de su ventanilla. Estaba cansada.

Aunque del párrafo anterior podría sospecharse otra cosa, la protagonista femenina de estas escenas conyugales llegó por fin al portal de su inmueble, subió a un ascensor, sacó unas llaves, pensó —¡qué tontería!, ¿por qué?— que debería comprarse un llavero, abrió una puerta y se encontró a su marido con un *gintonic* en la mano. Como no tenía tiempo —ni ánimos— para sacar profundas conclusiones de esa imagen tan poco estimulante, optó por lo más sencillo:

—¿Qué haces?

—Te esperaba.

El tono de la voz de Germán sonó falsísimo. Como de doblaje, ya ustedes me entienden. Las películas dobladas han incidido decisivamente en el comportamiento de los españoles. Hay una modulación vocal —un estilo— para conquistar, para discutir, para matar... Voces de angustia, de socorro, de placer, de cama... Y voces, desde luego, para recibir a tu mujer —que acaba de regresar de Bilbao— con un *gin-tonic* en la mano el día después de haberte acostado con su mejor amiga.

Julia —que había notado algo raro en la expresión de su marido— dejó las llaves sobre una mesa-camilla —repleta de cajas supuestamente chinas— que había junto a la puerta de entrada. Fue entonces cuando vio un pequeño paquete envuelto en uno de esos historiados papeles que acostumbran a utilizarse en los regalos.

—¿Qué es esto?

—Sorpresa.

—¿Es para mí?

—Claro.

Agradablemente extrañada, empezó a desenvolver el inesperado obsequio. Después...

—Un llavero. De plata.

—Para el coche. ¿Te gusta?

—Sí, pero... ¿por qué?

Ahora la voz de Germán sonó más meliflua —y más hipócrita— que nunca. (El doblador se había pasado un poquito, la verdad.)

—Por nada, absolutamente por nada.

Julia hizo el amor con Germán aquella noche no porque el regalito del llavero la obligase a tanto, sino porque volver a la casa de uno siempre se agradece, y si en la casa de uno —una, en esta ocasión— resulta que está el marido con un *gin-tonic* en la mano... No todo va a ser Bilbao, la ría y el bacalao al pil-pil.

* * *

No sé si ustedes recordarán —¡han pasado ya tantos folios y estas novelas que se leen a ratos son tan dispersas...!— que Julia había reunido en la sala de estar de su domicilio a Juan Antonio y a Germán para obligarles a aceptar el juego de repartirse los recuerdos que había iniciado con su ex marido y para que se comprometieran a explicarles la situación, sin ocultarles nada, a Paula (esposa de Juan Antonio) y a Marisa (amante de Germán). Bueno, pues como consecuencia de que en la lista de posibles cosas que Julia se vería obligada a devolver —busquen ustedes la página correspondiente y compruébenlo— estaba «un llavero de plata», no me ha quedado más remedio que contar la larga peripecia por la que Marisa pasó de hacer gimnasia con Julia a hacer el amor con Germán.

Naturalmente, la reunión entre los tres terminó regular. Como eran personas civilizadas, sonrieron, charlaron y se acabaron el zumo de tomate, el martini y el *gin-tonic,* pero cuando Julia le preguntó a Germán: «¿Por qué me regalaste un llavero?», la respuesta de Germán fue bastante tonta:

—No lo sé. Marisa había perdido el suyo en el coche de Jesús... La mujer de Jesús lo encontró... y... bueno...

—Bueno... ¿qué?

—Me apetecía regalarte algo.

Juan Antonio terció con muy poquitos modos:

—¿Te apetecía regalarle algo a Julia porque te habías acostado con Marisa?

—Yo no he dicho eso. Y haz el favor de no meterte en lo que no te importa.

—Sí me importa.

Julia intervino antes de que el asunto pasara a mayores.

—Bueno, bueno, está bien, no os peleéis. Al fin y al cabo, la más ofendida soy yo..., me parece.

—De acuerdo.

—Perdón.

Pero no pudo evitar la tentación de volverle a preguntar a su ex marido:

—¿Por qué lo hiciste?

—¿Lo de Marisa?

—Lo del llavero.

—No lo sé, ya te lo he dicho.

Germán se dirigió a Juan Antonio de hombre a hombre:

—¿Tú tienes una explicación para todo?

—No.

—Pues yo tampoco.

La sonrisa de ratón de Germán fue clamorosa.

* * *

Aunque probablemente menos forzada que la que le resultó imposible de controlar cuando escuchó que alguien le decía:

—Soy yo.

—Ya veo.

—¿Puedo sentarme?

Germán había hecho una pausa en su trabajo para tomarse «un cafetito» porque él, como casi todos los españoles, estaba convencido de que el potencial desarrollo económico de nuestro país tiene relación directa con el número de cafés con leche, churros, bollos y tostadas que los ciudadanos activos —no estoy hablando de los parados, por supuesto— sean capaces de ingerir entre diez y media y doce de la mañana. Para predicar con el ejemplo, Germán se estaba tomando dicho cafetito en un bar próximo a su estudio de arquitectura mientras hojeaba uno de los dieciocho periódicos y medio que anunciaban en primera página la feliz boda de la infanta Elena con Jaime de Marichalar, residente en París. De modo que la presencia inesperada de Juan Antonio —el medicucho amante de su ex mujer que ustedes ya conocen— le produjo, de inmediato, acidez de estómago.

—¿Vive usted por aquí?

—No.

—¿Su familia?

—Tampoco.

—Pues La Paz pilla lejos.

—Más bien.

—En ese caso..., usted dirá.

Juan Antonio se tomó su tiempo antes de contestar. Eso de «se tomó su tiempo» es una expresión bastante idiota que espero no haga fortuna, pero que resulta muy útil para que el personaje se quite el abrigo, se frote las manos, encienda un cigarrillo y, por fin, diga con un tonillo pretencioso del todo injustificado:

—Me está usted llamando de usted.

—También usted me está llamando de usted.

—¿No le parece extraño?

—Un poco.

—Habíamos quedado en llamarnos de tú.

—En realidad, nosotros no habíamos quedado en nada. Fue Julia quien se empeñó en que nos tuteáramos.

—De eso quería hablarle.

Cuando Germán iba a preguntar «¿De qué?», llegó el camarero, quien hizo un mínimo esfuerzo —había dormido fatal la noche anterior— por enterarse de lo que Juan Antonio iba a tomar. Cuando supo que era un té con limón, se marchó cabreadísimo porque a él los tés con limón le parecían absolutamente repugnantes. El disgusto del camarero fue aprovechado por Germán para hacer la pregunta que había quedado en el aire:

—¿De qué quería usted hablarme?

—De Julia..., de usted... y de mí.

—Muy bien. Dígame.

—¿No le parece que hay algo forzado en nuestra relación?

—¿Qué relación? ¿La de Julia conmigo? ¿La de usted con Julia?

—La de todos. También la nuestra: la de usted y yo.

—¿En qué sentido?

El camarero —no lo entiendo, de veras que no lo entiendo— llegó inmediatamente con el té y se permitió el lujo de decirle a Germán:

—¿El señor toma algo más?

Ante tan acuciante cuestión, Germán quiso sonsacar a Juan Antonio:

—¿Va a ser una conversación muy larga?

—Probablemente.

—En ese caso... tráigame otro cafetito.

—Sí, señor.

—Ah, y un dónut.

—Muy bien.

El camarero se marchó encantado y Germán quiso recuperar el diálogo:

—Decía usted...

—Que a mí me parece que estamos viviendo una situación bastante falsa.

—Es posible.

—¿A usted le apetece recordar su vida con Julia delante de mí?

—No, no mucho.

—Tampoco a mí me gusta tener que escucharla.

—Bueno, yo creí que a usted le daba igual.

—¿Ah, sí?

—Sí. Incluso que, indirectamente, estaba usted incitando a Julia para que continuase su juego conmigo.

—Pues no.

—¿No le dijo usted nunca algo parecido?

—Hay muchas cosas que se dicen pero que no se sienten.

—Sí, eso es verdad.

Juan Antonio apoyó los codos sobre la mesa, levantó los brazos, juntó las manos, apoyó sobre ellas la barbilla y, después de alcanzar tan inestable postura, le dijo a Germán en un tono innecesariamente confidencial:

—Yo creo que hemos caído en una trampa.

—¿Cuál?

—Para ella es muy cómodo: juega con usted y se divierte conmigo.

—¿Para qué?

—No lo sé... Todavía no lo sé.

—No estoy seguro. Al fin y al cabo fui yo quien inició todo este asunto. Yo tuve la idea de la lista..., no Julia.

—Sí, y al principio a ella le pareció ridículo, pero ahora...

—Ahora...

—Ahora tengo la impresión de que le gusta.

—¿Sí?

—Sí. ¿Usted no lo ha notado?

El comentario del camarero impidió la inmediata respuesta de Germán:

—Estos dónuts son de confianza, no como otros: los hacen en mi pueblo.

Pero ni Juan Antonio ni Germán contestaron: el primero, porque no se atrevía a descomponer el delicado equilibrio que había conseguido con su barbilla entre las manos, y el segundo, porque no sabía muy bien qué decir. Cuando el camarero desapareció —absolutamente convencido de que no ser capaz de apreciar la diferencia de calidad entre un dónut cualquiera y otro de su pueblo era un síntoma de barbarie gastronómica— Germán respondió, por fin, a la pregunta que Juan Antonio le había hecho.

—Pues no, yo no lo he notado.

—Es evidente: le encanta revivir su historia con usted.

—A lo mejor eso la hace sentir más joven.

—A lo mejor. Aunque bien pudiera ser otra cosa.

—¿Qué?

—Visto desde fuera —en el supuesto de que yo pueda adoptar esa óptica— da la sensación de que ustedes se llevan bien.

Esta última frase de Juan Antonio mereció una pausa que este aprovechó para depositar la repugnante bolsita del té mojado en el mismo plato de la taza —blanca con una cenefa azul— mientras Germán encendía un cigarrillo antes de interrogar con cierto indisimulado placer:

—¿Está usted celoso?

Inesperadamente, yo creo que por primera vez a lo largo de estas escenas, Juan Antonio estuvo a la altura de las circunstancias y fue mucho más sincero de lo aconsejable.

—Quiero a Julia, pero tengo una mujer, un hijo, una profesión...

—Y...

—Y... nada: necesito saber si vale la pena arriesgar todo esto.

—Esa pregunta se la debe hacer usted a Julia, no a mí.

—No le estoy haciendo una pregunta: le estoy explicando una situación.

Nunca se sabe con exactitud cómo suceden estas cosas, pero todos somos propensos al contagio. Con frecuencia queremos o detestamos simplemente porque los demás han decidido que nos quieren o que nos detestan. Es difícil sustraerse a la tentación de decir nuestra verdad —a menos que se sea político de oficio— cuando alguien nos está diciendo la suya. Por este motivo me parece a mí que Germán se decidió a confesar:

—Me resultaría imposible volver a vivir con Julia.

Y por la misma razón, Juan Antonio continuó:

—Tampoco yo creo que fuera capaz de vivir con ella. A veces tengo la impresión de que le gustan los hombres, pero no los ama.

—No se me había ocurrido.

—Piénselo.

—Lo haré.

Juan Antonio sorbió un poco de su té, Germán mordisqueó el dónut y una pareja que estaba sentada cerca de ellos se marchó dejando sobre la mesa una propina despreciable.

—Dígame: ¿cuándo empezó usted a sentirse lejos de su mujer?

—¿De Julia?

—Claro.

—Fue un proceso lento en el que intervinieron varias circunstancias. ¿Tiene usted prisa?

—¿Vamos a seguir llamándonos de usted?

—¿Usted qué cree?

—Lo ignoro.

Y Germán inició un largo *flash-back* en el mismo instante en el que el reloj del establecimiento marcaba una hora inoportuna.

* * *

Cuando Julia —casada ya con Germán— tenía aproximadamente treinta y cinco años conoció a Carlos, que acababa de cumplir más o menos veinte. A partir de este dato, es bastante sencillo adivinar la continuación. Cuando se asegura de una mujer —o de un hombre— que está en una edad «difícil», lo que realmente se está diciendo es que empieza a estar harta o harto de todo y que siente unos deseos casi incontenibles de huir. Pero, huir..., ¿de qué?; escapar..., ¿hacia dónde? Porque, claro, no basta con comprar en una agencia de viajes un billete para algún lugar desconocido que siempre nos ha apetecido conocer. Tampoco sirve volver a esos sitios maravillosos en los que fuimos —o creímos ser— felices, con la tonta esperanza de recuperar aquella antigua felicidad colgada de la rama de un árbol, o escondida debajo de la arena de una playa, o simplemente oculta entre los pliegues de la cama de un hotel en una ciudad acogedora y romántica. No resulta muy agradable escribirlo, pero las ciudades acogedoras y románticas se van marchitando con el tiempo porque somos nosotros quienes vamos perdiendo nuestra capacidad de comprenderlas. Los años —¡qué desastre!— no pasan para las estatuas. Por mucho que intentemos huir, nunca seremos la torre Eiffel, ni el Ponte Vecchio, ni el obelisco a Nelson en Trafalgar Square.

Y dicho esto —que sería una reflexión apropiada para otro tipo de novela—, no me queda más remedio que aclararles —por si acaso la impaciencia les corroe— que Julia conoció a Carlos en su gabinete de trabajo con motivo de unos estudios sobre capacitación laboral que una empresa de productos farmacéuticos le había encargado.

—¿Cómo va eso?

—Ya está.

Carlos devolvió a Julia el cuestionario que esta le había pedido rellenar.

—Ha contestado usted a todo con interrogantes.

—Sí.

—Pero se le pedía que contestara afirmativa o negativamente.

—O con un interrogante.

—Sólo cuando le fuera imposible decidirse entre el «sí» y el «no».

—Exactamente.

—¿Le ha resultado imposible?

—Imposible.

Julia se quitó las gafas que se había puesto para leer las respuestas —no estaba segura de que le favorecieran y por eso cambiaba frecuentemente de modelo— y cometió la comprensible imprevisión de comentar:

—No me va a ser fácil ayudarle.

—¿Le he pedido ayuda?

—Quiere usted ese puesto, supongo.

—No es que lo quiera; lo necesito.
—Lo necesita. Y se han presentado treinta candidatos.
—Que contestan «sí» y «no» con una seguridad absoluta.
—Sí.
—Que no escriben interrogantes porque no les cuesta decidirse.
—No.
—Porque lo tienen todo decidido.
—Seguramente.
Se miraron a los ojos. No mucho. Un momento. Casi nada. Lo justo. También, lo suficiente. Y Carlos se levantó para marcharse.
—Buenas tardes. Ha sido un placer.
—Espere. No se vaya.
—¿Por qué?
—Hay otros tests. Aún no he terminado.
—¿Otros tests? ¿De qué tipo?
—De inteligencia lógica, de razonamiento verbal, de personalidad, de información, de capacidad administrativa... Siéntese.
Pero Carlos —hagan un pequeño esfuerzo y compréndanlo— no se sentó.
—¿Son todos como este?
—No, no; los hay muy interesantes. Y muy reveladores.
—¿Ah, sí?
—Por ejemplo el de Rorschach.
—¿El de quién?
—El de Rorschach. Yo le enseño unas manchas de tinta y usted tiene que decirme lo que le sugieren.
—¿Y si no me sugieren nada?
—Siempre sugieren algo.
—Sí: una mancha de tinta. Las manchas de tinta acostumbran a sugerir manchas de tinta. Es un poquito triste, pero de esto viven las tintorerías.
Julia a su pesar —¿o no a su pesar?— sonrió con una condescendencia infrecuente.
—Con usted la psicología no parece tener el menor sentido.
—¿Y por qué ha de tener sentido la psicología?
—Vivo de ella.

—Eso no quiere decir nada.
—Puede ser.
Carlos se metió las manos en los bolsillos del pantalón y descubrió —le daba igual— que en uno de ellos tenía un agujero.
—¿Algo más?
—No.
—Adiós.
Antes de abrir la puerta de la habitación para irse, Julia le hizo la pregunta que ustedes —y yo— esperábamos:
—¿Cómo se llama usted?
—¿No tiene usted mi ficha?
—Sí.
—Bueno, pues allí está.
Cuando por fin se fue, tuvo cuidado de no dar un portazo. Julia se había quedado demasiado pensativa para agradecérselo.

* * *

A los dos o tres días —no recuerdo—, Rosa, que estaba de nuevo embarazada, quiso comprarse un vestido que la disimulara un poco y se empeñó en que Julia la acompañase.
—¿Qué te parece?
—Está bien.
—Mujer, ¿sólo eso?
—Es que... está bien. ¿Qué quieres que te diga?
—Pues si me favorece, si no me favorece, si me engorda, si no me engorda...
—De todos modos, lo de engordar no tiene remedio: estás embarazada, entérate.
—No, si enterarme me he enterado. ¿O te crees que vengo aquí para un baile de disfraces?
Rosa se volvió hacia la dependienta que la estaba atendiendo:
—¿No tiene uno que me haga más esbelta?
—¿Como cuánto de esbelta?
—Esbelta..., usted ya me entiende. Detesto a esas mujeres que se ponen hinchadísimas con las manos en los riñones como si fueran a cantar ópera. Un vestido ligero, suelto..., con estilo.

—¿A rayas?

—Sin rayas.

—¿Amarillo?

—Verde.

—Voy a ver.

Cuando la dependienta se fue en busca del posible vestido verde, Rosa volvió a mirarse en el espejo mientras hablaba sin fijarse en Julia.

—El amarillo trae mala suerte. La última vez que estuve embarazada me compré uno de ese color y me tuvieron que hacer la cesárea.

De pronto se dio cuenta de que a su amiga no parecía importarle lo que estaba diciendo.

—¿No me escuchas?

—Perdona, ¿decías?

—Lo de mi cesárea, ¿te acuerdas?

—Me acuerdo.

—La culpa fue del amarillo. Bueno, del amarillo y de la niña que venía al bies.

—Te encanta estar embarazada, no lo entiendo.

—No es que me encante, pero ¿qué le voy a hacer?

—¿No dices siempre que tienes vocación de viuda?

—Sí, yo tengo vocación de viuda pero mi marido está hecho un roble y, claro, acabo picando.

La dependienta regresó con otro vestido.

—Hay este en fucsia. ¿Se lo prueba?

—¿En fucsia? No sé yo si el fucsia... ¿Tú qué opinas?

Se lo había preguntado a Julia, quien parecía encontrarse en otro mundo.

—Ay, hija, por Dios, ¿en qué estás pensando?

Rosa se compró el vestido fucsia y lo pagó con una tarjeta de crédito a punto de caducar, pero que aún valía. Ya en la calle —inquieta, porque no estaba muy convencida de su compra—, agarró a Julia por el brazo y le preguntó despiadadamente:

—¿Se puede saber qué te pasa?

—Nada, ¿qué me va a pasar?

—Me he comprado un vestido fucsia y te ha dado igual.

—¿Qué querías que hiciese?
—No te gusta el fucsia. Confiésalo.
—No, no me gusta el fucsia.
—¿Y por qué no me lo has dicho?
—Porque eres tú la que se lo va a poner, no yo.
—Esto que dices no es muy amistoso, ¿sabes?

Rosa —que tenía un concepto de la vida absolutamente doméstico, lo cual le había permitido sobrevivir a los pañales de sus hijas y a los ronquidos de su marido— no estaba preparada para la insólita reacción de Julia:

—Escucha, ¿nunca te has preguntado si nuestra profesión tiene algún sentido?
—¿Y eso qué tiene que ver con el fucsia?
—Nada; no tiene nada que ver, pero, ¿te lo has preguntado?
—¿La psicología?
—Sí, la psicología.
—Sin la psicología sería absolutamente imposible comprender a los demás. Incluso a nosotros mismos.
—No me des definiciones, ¿quieres?
—Es algo que he elegido. Y que me gusta.

Pero Julia continuó hablando con una energía, una fuerza y una convicción que a Rosa le extrañaron mucho. ¿Por qué Julia tenía tanta necesidad de expresarse de aquella forma? Y, sobre todo, acerca de un tema que ya habían discutido en otras ocasiones, especialmente cuando empezaron su carrera. Además... en la calle. ¿Qué necesidad tenían de detenerse delante de un escaparate —por cierto: vendían unos zapatos monísimos y a muy buen precio— mientras pasaban varias señoras mayores, un caballero jubilado leyendo el periódico —*ABC*— y un niño zangolotino montado en unos patines? Rosa en esto, como en otras cosas, era —como le acostumbraba a recomendar su madre— muy «mirada». Bastante más que Julia, por lo visto.

—También a mí me gusta mi profesión, pero, ¿tenemos derecho a juzgar a una persona simplemente por su habilidad o su ignorancia al responder a unos tests?
—No juzgamos a una persona: juzgamos sus aptitudes.
—Sí, pero nuestro juicio le va a permitir trabajar o no trabajar, ganar dinero o no ganarlo, sobrevivir o morirse de hambre.

—Estás dramatizando.

—Estoy diciendo la verdad. Los datos de un test pueden ser ridículos. Y falsos.

—¿Por qué?

—¿Qué ocurriría si alguien contestara a nuestros cuestionarios sólo con interrogantes?

—Nadie contesta sólo con interrogantes. Todo el mundo dice «sí» o «no».

—No, todo el mundo, no.

El tono que había utilizado Julia para decir sus últimas palabras congeló la expresión del rostro de su amiga. Por menos de esto les ha caído algún premio a varias actrices españolas en el Festival de Cine de San Sebastián.

—El otro día un chico se negó a responder a mis preguntas.

—¿Y qué?

—Que a lo mejor tenía razón.

Estaba tirado. No era preciso ser muy lista ni haber consultado previamente con Octavio Aceves para adivinar lo que había ocurrido. O sea, que la imprescindible pregunta de Rosa no tuvo mérito.

—¿Te gustó?

—¿Quién?

—Ese chico.

También la respuesta de Julia hubiese sido obvia. Así que prefirió callarse y seguir caminando hacia la Puerta de Alcalá.

* * *

Cuando estos hechos alarmantes sucedían, Germán y Marisa, la azafata amiga de Julia, ya llevaban algunos meses acostándose. Concretamente desde aquella mañana —¿recuerdan?— en la que Marisa fue a casa de Julia con la excusa de que necesitaba hablar con ella. Podríamos decir que se habían enamorado, pero yo les aconsejo que no lo digamos... todavía. En estas cuestiones de amor —especialmente cuando están tan señalizadas de cintura para abajo— toda prudencia es poca. Limitémonos, si les parece, a resaltar que a Germán le encantaban el desparpajo y el trasero de Marisa, y que a esta le divertía usufructuar durante algún tiempo al marido de Julia. Lo malo —lo peor— fue que su madre, doña Eulalia, se mosqueó.

—Acababa Mercedes de la Merced de poner en su sitio a Ramoncín en el programa de Hermida, cuando fue doña Consuelo y me lo largó.

—¿Qué es lo que te largó?

—Doña Consuelo lo sabe todo porque vive en el entresuelo derecha y porque tiene insomnio y, claro, se pasa las noches detrás de la ventana.

Marisa tenía abierta la maleta sobre la cama de su dormitorio mientras iba y volvía del armario con la ropa necesaria para su próximo vuelo a Londres, de donde saldría en conexión hacia otras ciudades. Doña Eulalia la miraba sentada en una silla y comiéndose minuciosamente un yogur con sabor a plátano.

—Yo no quería ir al programa de Hermida porque es muy tarde y me da sueño, pero doña Consuelo consiguió que nos invitaran y no iba a hacerle un feo. De modo que, en la pausa para la publicidad, me lo dijo.

—¿Qué te dijo?

—Pues ¿qué me iba a decir? Lo que yo me sospechaba: que tú tienes un lío con un señor.

—¿Con qué señor?

—Con uno: ese que te acompaña por las noches con un automóvil rojo; que, por cierto, ya podía haber buscado un color menos llamativo.

Como Marisa estaba doblando cuidadosamente un pijama para meterlo en la maleta, su madre se sintió en el deber moral de llamarla al orden.

—¿Por qué no duermes con camisón?

—Porque duermo con pijama.

—¿Qué pasa?: ¿que a él le gusta que duermas con pijama?

—No: él prefiere que duerma con camisón.

Doña Eulalia no se había levantado tan rápidamente de una silla desde una tarde que estaba leyendo el *¡Hola!* y anunciaron por la tele que iba a salir Julio Iglesias. Fenómenos de la naturaleza, imagino. El caso es que dejó el yogur en el suelo, se fue como una flecha hacia su hija y le dio una bofetada.

—A mí no me contestes, ¿me oyes?; no me contestes.

—Mamá, que tengo veintisiete años.

—Para mí como si tuvieras cincuenta y ocho. Ese lenguaje no te lo tolero.

Y sin solución de continuidad, prosiguió:

—Porque es lo que explica doña Consuelo: «Si su hija de usted —o sea, tú— no tiene nada que ocultar, ¿por qué no le ha dicho que sale con ese señor?» De modo que, venga: ¿por qué no me lo has dicho?

—No tengo nada que decir.

—Pero sales con él.

—Sí; salgo con él.

—¿No estará casado?

—No; no está casado.

—¿Seguro?

—Seguro.

—Mira que me podría dar algo.

—Descuida.

—Y si me da algo te quedarías huérfana.

—Lo sé.

—¿Y tú no querrás quedarte huérfana?

—No.

—Bueno, pues la próxima vez que te acompañe le dices que suba, que ya tengo yo ganas de verle la cara a ese señor.

Marisa cerró la maleta como pudo y su madre recogió el yogur de donde lo había dejado.

Casi al mismo tiempo, en el despacho de consultas y estudios psicológicos que Julia tenía —e intuyo sigue teniendo— con Rosa, nuestra protagonista estaba mirando una ficha cuando su amiga abrió la puerta para anunciarle:

—Llaman de Provesa, ¿te pones?

—Diles que he salido de viaje. Les telefonearé mañana.

—Quedamos en contestarles el lunes.

—Sí, ya lo sé; pero no he tenido tiempo.

—Tienen prisa.

—Mañana.

Rosa —actitud nada habitual en ella— decidió preocuparse seriamente.

—No puedes seguir así, ¿sabes?

—Así, ¿cómo?

—Siempre hemos hecho un trabajo serio.

—Se han presentado treinta candidatos. No quiero equivocarme.

—¿Ese chico es uno de ellos?

—¿Qué chico?

—Ese..., no sé cómo se llama.

Julia le aclaró despacio, paladeando las sílabas:

—Carlos... Se llama Carlos. Y sí..., es uno de ellos.

Rosa, sin hacer comentario alguno, se marchó y, cuando se hubo ido, Julia retomó la ficha que tenía antes en la mano y, consultándola, marcó un número de teléfono.

* * *

Siento una cierta fascinación por algunos barrios de algunas ciudades. Quizás porque soy, como casi todo el mundo, una persona contradictoria que no acaba de poner de acuerdo lo que dice con lo que piensa. Por un lado, aseguro que me gustaría vivir en el campo, paseando al aire libre —e incontaminado— oliendo a flores —o a vaca—, tumbado al sol o debajo de un árbol, pero... ¿de veras sería capaz de resistirlo? Puede que la ciudad sea un invento desagradable, pero... ¿la naturaleza no es horriblemente monótona, aburridamente repetitiva e insoportablemente fastidiosa? Es cierto que hay mareas altas y bajas, plenilunios y cuartos menguantes, solsticios y equinoccios, pero ¿cuánto aguanta la contemplación del mar, de la luna y de la primavera si uno no toma un papel y un bolígrafo y le escribe un soneto a la mujer amada? La literatura nace de la angustia, de la intranquilidad, del frenesí y del desgarro, y para esto, para curvarse y romperse en la desesperación, las ciudades son tremendamente necesarias. Entre la novela pastoril y *La Celestina* no hay color. Los hombres —y las mujeres— amamos el bajo vientre de la ciudad, esa frontera penumbrosa en donde las calles empiezan a ser indignas.

Lo que ocurre es que, en ocasiones, la degradación de las aceras se produce por un proceso socialmente comprensible y magnífico —los callejones, los adoquines y las tapias de los puertos— y otras veces, en cambio, el encanallamiento es fingido y la vileza inventada. Lo menos que se le puede pedir a un vicio es que sea auténtico. Los falsos vicios son los peores. Es posible que consigan librarse de las excomuniones de la Santa Madre Iglesia y de las inclemencias de los servicios sanitarios de la Seguridad Social, pero su alma —miserable— se la comerán las ratas.

Intento explicar con estos elevados pensamientos que Madrid, durante los venturosos idus de Tierno Galván, imaginó el barrio de Malasaña para refugio de pecadores sin carné. Un clérigo que pasaba por allí del brazo de Almodóvar bautizó el fenómeno como «movida» y Moncho Alpuente —que no quería discutir— dijo que bueno.

—De modo que usted no sabía dónde estaba la plaza del Dos de Mayo.

—Bueno, sabía que caía por aquí.

—Por aquí.

—Sí, más o menos. Nunca vengo por esta zona.

—Claro, usted vive en otros barrios.

—Sí.

—Más finos.

—No sé... Más finos, no sé: otros.

Julia caminaba con Carlos —el chico de los tests psicológicos, no se me distraigan— camino de algún sitio que ella desconocía. No me atrevo a escribir que estuviese emocionada porque, claro, eso sería sin duda un sentimiento desproporcionado, pero sí puedo decir que notaba la estimulante erosión de su ropa interior sobre la piel. Un síntoma, ¿no creen?

Como si lo hubiera advertido —¿cómo lo iba a advertir?—, Carlos preguntó:

—¿Le gusta el barrio?

—Está de moda, ¿no?

—Yo no vengo porque esté de moda.

—Lo supongo.

—¿Qué creía que iba a encontrar? ¿Drogadictos pinchándose en los portales? ¿Muertos por sobredosis en los lavabos públicos? ¿Maricones ofreciéndose en las esquinas?

—No soy imbécil.

—No; usted es psicóloga, ya me he enterado.

Llegaron a la puerta de un bar —o café, depende de cómo se mire— que luego se hizo famoso porque por allí empezaba a cantar Joaquín Sabina. No han puesto placa, pero vaya.

—¿Entramos?

—Claro.

Era un local que cumplía con todos los tópicos: humo, música, risas, jóvenes hirsutos, muchachas encendidas, camareros somnolientos, vasos mal lavados, botellas iniciadas, mesas panfletarias, canutos chupados, papelinas manoseadas y un áspero olor a pipí veinteañero. Demasiados ingredientes para un cóctel tan insulso.

Afortunadamente —estaban sentados cerca de la barra, al borde de los cuba libres exprimidos—, Carlos tardó muy poco en decidirse:

—¿Le ha costado mucho?

—¿El qué?

—Llamarme por teléfono.

—No; no mucho.

—¿Por qué lo hizo?

—¿Le importa?

—Me sorprende.

Para que la sorpresa de Carlos no aumentase —las personas sorprendidas son impredecibles—, Julia le confesó:

—Me dijo usted algo que me hizo pensar.

—Qué raro. Nunca digo cosas que hagan pensar.

—Dijo usted que a lo mejor la psicología no tiene el menor sentido.

—Bueno, ¿y qué?

—Que sí, que lo tiene.

—¿Y para decirme que la psicología tiene sentido está usted conmigo esta noche?

—No quiero que piense que mi trabajo es absurdo.

—¿Y no lo es?

—No. Los tests no se equivocan. Y aunque se equivocaran..., yo no.

—Me alegro.

—Le voy a recomendar para ese trabajo.

—¿Por qué?

—Mañana por la mañana he de entregar mi informe. De todas las personas que se han presentado usted es la más inteligente.

—No, no; se equivoca. Yo no sirvo..., no sirvo.

—Lo haré.

—No; no lo hará.

—¿Por qué?

—Porque sería terriblemente injusto y porque, además, yo no iba a agradecérselo.

—No lo hago para que me lo agradezca.

—Por si acaso.

La advertencia de Carlos —¿innecesaria?— le sentó a Julia como un tiro. No fue lo único. Ya antes, cuando encargaron las bebidas y él pidió un *gin-tonic* con media tónica —como su marido, ¡qué barbaridad!—, se había sentido profundamente incómoda.

* * *

Aproximadamente a la vez que Germán adquiría la costumbre —¿buena?, ¿mala?— de acostarse con Marisa y Julia empezaba a pensar en la posibilidad de irse a la cama con Carlos, doña Eulalia hizo el esfuerzo de no ver la televisión durante media hora para recibir al amante de su hija —ella no sabía entonces que lo era— en su casa. Estaban los tres sentados en el mismo sofá tomando el té —a la manera de los intérpretes españoles cuando imitan (mal) a los actores ingleses— y doña Eulalia se arrancó con muchísima retranca:

—De modo que usted es ese señor que sale con mi hija.

—Mamá, lo dices de una manera...

—No sé cómo quieres que lo diga.

—Sí, sí señora; yo salgo con Marisa.

—¿Y cómo ha dicho usted que se llama, señor mío?

—Germán... Germán Hernando.

—No me suena.

—¿Por qué te va a sonar? No sale en la tele.

—Digo que no me suena que me hayas hablado de él.

—No ha habido ocasión.

—Eso será.

Era un *fruit tea* que, aunque venía en una lata de color burdeos bastante aparente y, además, en su composición entraban unas hojas de té mezcladas con unas porciones de mango, la verdad es que tenía un sabor tirando a repugnante. A pesar de lo cual, doña Eulalia preguntó sin mover un músculo:

—¿Otro poquito de té?

—No, gracias.

—Yo tampoco.

Para casi inmediatamente volver al ataque:

—Así que llevan ustedes saliendo juntos...

—Poco..., casi nada... Unos tres meses.

—No vaya usted a pensar que soy una madre fisgona que se mete en todo...

—No, no señora.

—Además, Marisa ya es mayorcita... Ella sabrá lo que hace, ¿verdad hija?

—Desde luego, mamá.

—Ya ve usted, es azafata. ¿Puede haber algo más disparatado que una azafata? Todo el día entre extraños... y en el aire.

Sin tomar aliento, prosiguió su investigación policiaca:

—Usted es arquitecto.

—Sí.

—Soltero... Es usted un arquitecto... soltero.

—Mamá...

—Yo conocí una vez un arquitecto soltero que se casó en seguida. Claro que era otra época. Fue uno de los que construyeron los Nuevos Ministerios.

—Germán y yo no pensamos casarnos... de momento.

—Claro, claro: los jóvenes tienen que vivir antes que nada. A propósito: ¿Qué edad tiene usted, joven?

—Treinta y cuatro.

—Ah, ¿ya treinta y cuatro? Pues nadie lo diría. Se conserva usted estupendamente.

Doña Eulalia se retocó el moño con la mano izquierda mientras con la derecha cogía la taza de té.

—¿De veras que nadie quiere un poco más? Está riquísimo.

Bebió un trago generoso para demostrarlo y lo pagó: aquella noche tuvo que levantarse para ir al baño al menos cinco veces.

* * *

Como acostumbra a suceder en estos casos, desde que Julia conoció a Carlos se cuidaba más. Ya me entienden: más cremas, más lociones, más suavizantes, más perfumes y menos pan, menos dulces, menos patatas y menos alcohol. Mucha gente cree que el amor es una cuestión de kilos. Ignoro si es verdad, pero funciona como si lo fuese. De forma que —como, por otra parte, también Marisa estaba obsesionada con su físico desde que se acostaba con Germán— nada tiene de extraño que ambas volvieran a coincidir en el gimnasio.

—Hacía tiempo que no te veía. ¿Dónde te metes?

—París, Roma, Londres, Nueva York, Leopoldville...

—¿Leopoldville? ¿Dónde cae eso?

—Por allá abajo.

—Vaya vida.

—No creas. Sólo veo los *duty free shops* de los aeropuertos. ¿Y tú? Siempre que estoy en Madrid vengo al gimnasio y no te encuentro.

—Trabajo mucho. Apenas salgo de casa.

—Ah, pues deberías divertirte un poco.

—Sí, sí; eso estoy pensando.

Se habían subido a una de esas bicicletas estáticas tan torturadoras y estaban pedaleando como si tuvieran que ganar —y no— la vuelta a Francia. En el denodado esfuerzo de subir unos hipotéticos Pirineos, Julia tuvo una ocurrencia muy poco feliz:

—Oye, deberíamos vernos más, ¿no crees?

—Sí, claro.

—¿Cuándo vuelves a volar?

—El lunes de la semana próxima.

—¿Por qué no cenamos el viernes?

—De acuerdo.

—¿Te importa que venga mi marido?

—No... ¿Por qué me va a importar?

—Tengo la impresión de que no te gusta.

Marisa dudó antes de contestar y el cuentavelocidades de la bici —¡tan sensible!— lo registró de inmediato.

—¿Tu marido? Sí...; sí me gusta.

—Te cae mal. Y eso es porque lo conoces poco. Deberías tratarlo más.

—¿Tú crees?

—Estoy segura.

—Bueno.

—No quisiera que nuestra amistad se enfriara por culpa de Germán.

—No, claro.

—Entonces el viernes.

—El viernes.

—Y tráete a algún amigo. ¿Sigues sin novio?

El indiscreto contador de kilómetros volvió a registrar una vacilación de Marisa al responder.

—Sí.

Entonces Julia declaró con una insensatez sólo perdonable cuando se está montando en bicicleta:

—Pues, vaya, ¡qué aburrimiento!

Y descendió hacia el Valle de Arán a tumba abierta, seguida, a una prudente distancia, por Marisa.

* * *

Normalmente las parejas van a los cinematógrafos cuando se produce una de estas dos circunstancias: o llevan tanto tiempo acostándose juntos que prefieren ver una película o, mientras deciden irse a la cama, fingen que les apetece meterse en el cine. Esto es lo que les ocurrió a Julia y Carlos, y esto es lo que Carlos comentó, ya en la calle, después de haber visto una de las últimas películas de Rohmer:

—No la he entendido.

—¿Cómo que no la has entendido? No había nada que entender.

—Por eso digo que no la he entendido. Cuando se da tantas vueltas a una cosa, lo menos que puede ocurrir es que no se entienda.

—Pero se entiende.

—Sí, pero yo no entiendo que se entienda. Me parece una pérdida de tiempo.

—No te gusta Rohmer.

—Me aburre. Es un pedante.

—Pues a mí me encanta. Se nota que conoce muchísimo a las mujeres.

—Nadie conoce a las mujeres. Ni las mujeres.

—Entonces, ¿por qué sales conmigo?

—¿He dicho que saliera contigo para conocerte?

Llegaron, caminando, a un semáforo y allí se detuvieron esperando que el disco se pusiera verde. Obedeciendo las reglas de un mecanismo absolutamente idiota, también dejaron de hablar. Luego...

—¿Cruzamos?

—Bueno.

—El cine es Spielberg y lo demás son ganas de mirarse el ombligo.

—Todas las historias son historias de hombres y mujeres: es lo único que interesa.

—Eso no es cierto.

—Sí lo es: todos vivimos pensando en el amor.

—No; yo no vivo pensando en el amor.

—¿Ah, no?

—No.

La frase de Carlos dejó a Julia herida, estupefacta y a la mitad del paso de peatones. Sin tener en cuenta el riesgo que suponía esta posición, Carlos continuó imparable:

—El amor es un accidente. Estupendo, maravilloso, fenomenal y flipante, pero un accidente.

—El amor lo es todo.

—No: el sexo lo es todo.

—Sí; también el sexo lo es todo.

—Ah, bueno: si tú lo que quieres es acostarte conmigo, haberlo dicho.

Los claxon de los coches que amenazaban con atropellarla, devolvieron a Julia a su inédita realidad.

* * *

Aquella misma semana en la que Julia, como hemos comprobado, convenció a Carlos para ir al cine, también Marisa arrastró a Germán a ver una película: la misma de Rohmer, que pasaban en una de las salas del Alphaville. ¡Uf, qué susto!: no coincidieron los cuatro de milagro. Con tal antecedente, no es de extrañar que el argumento de la historia fuese tema de conversación durante la cena que Julia, Germán y Marisa celebraron el viernes. (Para llegar a interesarse por el diálogo que sigue, conviene saber que Julia había confesado que había visto la película con «alguien»—sin precisar—, y Marisa igualmente. Esta circunstancia explica que fueran las mujeres quienes iniciaran la discusión.)

—Yo creo que ella no hizo bien cogiendo ese apartamento.

—¿Por qué no? Tenía derecho a vivir su vida.

—Sí, pero estaba casada.

—¿Y eso qué tiene que ver? El matrimonio no es una clausura, que yo sepa.

—No, claro; pero cuando se tiene un marido hay que ocuparse de él.

—¿Tú qué opinas?

Germán —al que no le gustaba nada el cariz que iba tomando el asunto— reaccionó mintiendo malamente:

—¿Sobre qué? Estaba distraído.

—De la película de Rohmer que echan en el Alphaville.

—No la he visto.

—Se trata de un matrimonio que vive en las afueras de París. Ella tiene que desplazarse todos los días a la ciudad para trabajar. Por otra parte, no se lleva muy bien con su marido.

Julia se volvió hacia Marisa dispuesta a defender su teoría al precio que fuese:

—Esto no me lo negarás, supongo.

—No, no te lo niego.

Ante lo cual, pudo continuar cada vez más animada:

—Entonces decide alquilar un apartamento en París.

—Y allí tiene varias historias.

—Sin importancia.

—Sin importancia, pero las tiene.

—Puramente sexuales.

—Si para ti el sexo no es importante...

—Yo no digo que no sea importante, pero el marido es otra cosa.

—¿A ti qué te parece?

De nuevo la pregunta de su mujer le pilló a Germán a contrapié.

—Pues no sé...; no acabo de enterarme.

—Según Marisa, cuando se tiene un marido hay que ocuparse de él.

—¿Eso dice Marisa?

—Más o menos.

—Ah, pues nada, si lo dice Marisa...

—Lo que yo digo es que no se puede vivir con el marido en las afueras de París para luego acabar alquilando un apartamento sola en París. Es decir, se puede, pero se paga.

—¿Por qué?

Nunca debió Germán preguntar algo tan peligroso.

Me inclino a pensar —por su bien— que se dio cuenta del error que acababa de cometer, pero demasiado tarde, porque ya Julia estaba pronunciando las palabras comprometedoras:

—El marido acaba engañando a la mujer con una amiga.

Germán continuó enfangándose hasta la rodilla:

—¿Una amiga..., de quién?

—¿De quién va a ser?: de su esposa.

—¡Ah!

—Y yo opino que la culpa es de él.

La intervención de Marisa fue una pequeña —aunque valiosa— ayuda:

—Pues no; yo creo que la culpa es de ella.

Estaban tirando con bala y Germán cometió la imperdonable temeridad de asomar la oreja:

—En cualquier caso, el marido acaba divorciándose.

Lo que provocó que Julia girara la cabeza como un tigre. (Razonablemente desconozco cómo giran la cabeza los tigres, pero confío en que esta no sea una razón para que ustedes dejen de saludarme.)

—¿Cómo lo sabes? ¿No has dicho que no has visto la película?

—¿Qué? No, no la he visto; pero se deduce... Es algo que se deduce.

La metedura de pata de Germán no pareció afectar a Julia, quien continuó su razonamiento:

—A mí me gustó; pero eso de que el marido engañe a la mujer con una amiga de ella me pareció una tontería.

Marisa no pudo contenerse y fue al grano directamente:

—¿Ah, sí? ¿Por qué?

—Porque está muy visto.

—Estará muy visto, pero pasa.

—¿Tú qué dices?

¡Qué mala suerte! Justo cuando Germán creía que había logrado escabullirse...

—No sé... A mí este tipo de conversación...

Afortunadamente para él, Julia volvió a enzarzarse con Marisa:

—También pasa que las mujeres engañan a los maridos.

—Sí, y también esto está muy visto.

—A lo mejor es que Rohmer ya está pasado. Como he leído no sé dónde, «el cine es Spielberg y lo demás son ganas de mirarse el ombligo». ¿No crees?

Germán no había oído algo semejante desde que los del PP descubrieron a Azaña, de modo que murmuró con dificultades:

—¿Spielberg? ¿Quién es Spielberg?

El camarero llegó para saber si iban a tomar algún postre. Los tres miraron detenidamente la carta y, por fin, todos pidieron café.

* * *

Carlos tenía un amigo —no importa el nombre— quien, a su vez, tenía un padre —tampoco es necesario saber cómo se llamaba— el cual —y esto sí conviene explicarlo— tenía un piso en Madrid que Carlos y su amigo usaban de cuando en cuando para acostarse con sus novias. Es una vieja costumbre a la que quizás se le puedan oponer algunos reparos morales pero que nadie en su sano juicio negará su apreciable utilidad. Era un sitio feo y descuidado —se supone que la exaltación erótica no se fija en esos detalles— aunque no me atrevería yo a calificarlo como cochambroso. Digamos, sin embargo, que cualquier parecido entre aquel lugar y un espacio medianamente acogedor podría considerarse como pura coincidencia. Disponía, eso sí, de lo mínimo: cuatro sillas, dos lámparas, una mesa, un sofá-cama y un mueble-bar con media docena de copas, tres botellas vacías y una semillena.

—Queda un poco de ron. No sé de cuándo, pero en fin... ¿Quieres?

—No, gracias.

Estaba bastante ridícula —¿o era más bien patética?— con su traje de chaqueta gris clarito, sus zapatos de tacón mediano y su bolso de piel —buena— apretado contra el pecho como una santa Juana de la virginidad perdida. (O próxima a perderse.)

—¿No te sientas?

—Sí.

Eligió una de las cuatro sillas porque le pillaba más a mano y porque le pareció un territorio menos beligerante. Pero no tuvo suerte.

—No hay que fiarse de esas sillas: mejor en el sofá.

Supuso que sería absurdo —e inconveniente— discutir, de modo que Julia se sentó en el sofá —¿debo recordar que convertible en cama?— mientras Carlos se servía un poco de ron.

—No es un sitio muy confortable, pero sirve.

—¿Es tuyo?

—No, de un amigo. Bueno, en realidad de su padre. Dirigía una sucursal de no sé qué banco y lo trasladaron a otra ciudad. ¿De veras no te apetece un poco de ron?

—No.

Carlos cerró la botella. El tapón —de rosca— ofrecía algunas dificultades. Quizás por no haber sido utilizado últimamente. Después, Julia hizo una pregunta nada fácil:

—¿Te lo presta?

—¿El qué?

—El sitio.

—Bueno..., a veces.

—¿Para esto?

Carlos tardó en contestar, en el caso de que lo que dijo pueda considerarse como una contestación:

—¿Era una pregunta inevitable?

A Julia le faltó valor para responder y esta cobardía fue inmediatamente aprovechada por Carlos sin muchos miramientos:

—¿Nunca has engañado a tu marido?

—Tampoco esta pregunta era inevitable.

Bravo. La respuesta de Julia fue estupenda. En ocasiones, la gente acorralada reacciona muy bien. Aunque, claro, entonces a Carlos no le quedó otro remedio que llamar a las cosas por su nombre:

—¿Nos acostamos?

Julia, como era de suponer —y de desear—, aceptó su destino con una sonrisa:

—A eso hemos venido, ¿no?

Carlos le apartó el bolso que aún tenía agarrado, le quitó la chaqueta, le desabrochó la blusa... A Julia aún le quedó un murmullo para decir:

—¿Te gusto?

—Nunca me acuesto con alguien que no me gusta.

Y cuando la falda cayó al suelo, enganchándose un poco con el tacón —mediano— del zapato, Carlos tuvo una coquetería de vencedor:

—¿Y yo? ¿Te gusto yo?

Julia le respondió con algo imposible de comprobar:

—Siempre me acuesto con alguien que me gusta.

Se sonrieron, se besaron en la boca y el sofá comprendió que era su obligación convertirse en una cama. En un cojín desteñido había un pájaro bordado.

* * *

Lo mejor de las azafatas —deben tener más cosas buenas pero a mí, por desgracia, no se me ha dado posibilidad de averiguarlo— es que siempre vienen de algún sitio para marcharse volando —iba a escribir «corriendo»— a algún otro. Esta admirable condición de transitoriedad aumenta sus ventajas y disminuye sus inconvenientes. Dicho de un modo vulgar y, sin duda, grosero: como siempre están de paso, apenas les queda tiempo de ponerse pesadas. En este sentido, pues, se las podría considerar prácticamente perfectas de no ser porque muchas de ellas

—realmente, todas— tienen una madre. Y a veces —como en el caso de Marisa— una madre decidida a ejercer su condición a cualquier precio.

—No tienes derecho a leer mis cartas, mamá.

—No la leí: la miré.

—Sí, la miraste y luego la leíste.

—Bueno, claro, después de mirarla, ¿qué iba a hacer?

—La robaste de mi maletín.

—No es verdad. Te asomaba de un bolsillo y creí que sería el recibo del gas.

—Pero, ¿cómo va a ser el recibo del gas una carta con el sobre de avión?

—¿Y yo qué sé? No me líes, que siempre me estás liando. Además, que no se trata de esto.

—¿Ah, no? ¿Y de qué se trata?

—Pues de que sales con un hombre casado, ya ves tú.

Lo que sucede es que los deberes de madre tiran mucho y por eso doña Eulalia —la escena ocurría en la cocina y Marisa estaba intentando hacerse un huevo pasado por agua— se sintió en la obligación de advertirle a su hija:

—Ese huevo no está hecho.

—¿Y qué?

—Que le falta un minuto.

—Bueno, pues es igual.

—Sí, es igual, pero te sentará como un tiro.

—¿Me vas a dejar en paz?

—No, no te voy a dejar en paz, porque luego pasa lo que pasa. Ahora resulta que ese señor tan modosito que vino aquí a tomar el té, está casado.

—Si no hubieras leído esa carta, nunca te habrías enterado.

—Pero la leí, mira tú por dónde. Y me enteré de que lleváis tres años dale que te pego. Y de que encima es el marido de una tal Julia, amiga tuya.

—No digas «una tal Julia» en ese tono. Te he hablado varias veces de ella.

—Me hablabas del gimnasio, no del adulterio.

—Mamá, por favor, no seas antigua.

—El adulterio no es antiguo ni moderno: es de toda la vida.

—Pues por eso.

Marisa procuró tomarse el huevo pasado por agua —era una mezcla suicida, desde luego— con una taza de café con leche, pero le costó porque estaba quemando.

—No te tomes el café tan caliente: te vas a agujerear el estómago.

—Es mío.

—Está bien, está bien: haz lo que quieras, pero luego no te quejes. Tonta, que pareces tonta.

—¿Por qué?

—Porque te está utilizando; ese hombre te está utilizando. Es muy mayor: tiene treinta y nueve años.

—Treinta y cuatro.

—Treinta y cuatro pero parecen cuarenta y cinco. Y nunca se separará de su mujer.

—¿Tú cómo lo sabes?

—Lo sé porque un hombre que lleva tres años saliendo con una chica sin separarse de su mujer, ya no se separará nunca.

—¿Ah, no?

—No. Primero porque es un cobarde y segundo porque a ti ya te tiene muy vista.

Marisa se levantó furiosa porque, en su interior, tuvo que reconocer que quizás su madre tuviese razón, y eso es algo que cualquier hijo o hija normalmente constituido o constituida nunca tiene el coraje de aceptar.

—Me voy.

—¿A dónde?

—A Estocolmo.

—¿Ya te llevas el bicarbonato?

—¿Por qué me voy a llevar el bicarbonato a Estocolmo?

—Porque para mí que ese huevo te va a sentar fatal; lo que yo te diga.

* * *

Sí, lo que doña Eulalia le dijo a Marisa estuvo bastante bien, pero ni punto de comparación con lo que Julia le confesó a su amiga Rosa:

—Me he acostado con Carlos.

—¿Con quién...?

—Con Carlos... Ese chico..., ya sabes.

—Hija, ¡qué estómago! ¿Cuándo fue eso?

—La semana pasada.

—¿Y qué tal resultó?

—Bien..., resultó bien.

—Ya, ya. Pero... ¿cuánto de bien?

—Digamos que se me había olvidado qué era eso.

—¡Coño! ¡Ay, chica, perdona!

—No, no, si no es para menos.

Rosa se había quedado tan impresionada que poco le faltó para que diese a luz allí mismo, en el despacho de psicología que tenían a medias y que ustedes podrían recordar si hiciesen un pequeño esfuerzo.

—Pero Julia..., ¿te quiere?

—Le gusto.

—¿Y él a ti?

—Me encanta. Lo sabía...; sabía que me iba a encantar.

—Bueno, pero, en fin... no tiene por qué ser algo importante. Te has acostado con él un día y ya... ¡Puerta!

—Hablas como un hombre.

—¿No actúas tú como un hombre?

—No es tan fácil eso de... ¡puerta!

—¿Por qué?

—Porque a lo mejor no quiero.

—¿Y tu marido?

—No sabe nada.

—Ya me imagino que no sabe nada.

—¿Por qué te lo imaginas? Si esto sigue así acabaré contándoselo.

—Ni se te ocurra: un hombre nunca haría eso.

—Sí, bueno, pero yo no soy un hombre... a pesar de todo.

* * *

Uno se acostumbra a cualquier cosa. O casi. El ser humano tiene una admirable facilidad para adaptarse a las situaciones y ambientes más hostiles. Es lo que explica, por ejemplo, las efervescencias patrióticas de los soldados cuando van a morir —o a matar— en el frente y el espasmódico frenesí de los jóvenes desternillándose en las discotecas. Con tal de sobrevivir —sin llegar a plantearse si algunas supervivencias tienen sentido— somos capaces de todo: hasta de encontrar simpático y acogedor lo que, en otras circunstancias, nos parecía inhóspito y repugnante.

Bueno, pues esto fue precisamente lo que le sucedió a Julia: a la décima vez de acostarse con Carlos en aquel piso helado, insalubre y horrendo, acabó por parecerle «un rincón lleno de encanto». Lo cual de todas formas no pudo evitar que una tarde le dijese a su amante incorporándose, con dificultades, en el sofá-cama:

—Creo que se lo voy a decir a Germán.

—¿Germán es tu marido?

—Sí.

—¿Por qué?

—Nos casamos.

—No... ¿Por qué se lo vas a decir?

—Me sentiré mejor.

—¿Mejor? ¿Qué quiere decir «mejor»?

—Mejor. Más cómoda..., más libre..., menos culpable.

—No sé qué es eso de la culpabilidad.

—Yo sí.

—Es tu problema.

—Desde luego.

Carlos estaba fumando un cigarrillo. Y Julia también. (No sé por qué «hago» fumar a los personajes de estas escenas cuando yo no soy fumador y, además, detesto el tabaco. Debe ser influencia del cine americano, aunque, para mi desgracia, carezca del talento que tenían sus guionistas.) El caso es que fumaban cuando Carlos comentó:

—Total, para un par de veces que nos vemos a la semana...

—Tres, tres veces.

—Bueno, tres.

—No me gusta engañar.

—A nadie le gusta engañar, pero todo el mundo engaña.

—No; todo el mundo, no.

—¿Crees que si tu marido te engañara te lo diría?

—Eso no tiene nada que ver.

Pero se quedó pensando. Era algo que no se había planteado: si Germán la engañara —se lo había preguntado a sí misma varias veces—, ¿tendría la sinceridad de confesárselo? ¿Cómo saberlo? La sola idea de que pudiera producirse esta situación la puso nerviosa y sintió la necesidad de refugiarse en su amante. Sin duda por este motivo le dijo con su más convincente coquetería:

—Además, si él lo sabe tendré más tiempo para estar contigo. ¿No te gustaría?

Carlos no contestó porque estaba muy distraído contemplando cómo el humo del cigarrillo subía hacia el techo.

* * *

Lo había planeado a la perfección. Es algo que todos los criminales intentan, pero que casi nunca les sale. O, bueno, eso es lo que dicen los policías. Desde luego a mí no me consta. Ni a nadie. Nos enteramos de lo que los periódicos publican, de lo que las radios y las televisiones informan —con el propósito, supongo, de tranquilizarnos—, pero, ¿de veras se descubren todos los crímenes que se cometen? Probablemente, no. Si todos los delitos se castigaran, a mí me parece que nadie —excepto en un caso de desesperación— se atrevería a ser delincuente. Debe de haber un cálculo de probabilidades que establezca un sensato margen de impunidad por el cual la delincuencia pueda contemplarse como un negocio rentable. Esto explicaría algunas vocaciones asesinas y el modo —calculado, frío y contundente— con el que Julia le preparó aquella noche la cena a su marido.

—Está muy rico. ¿Qué es?

—*Bavaroise* de chocolate.

—Bava... ¿qué?

—*Bavaroise.* Se hace con chocolate, leche, azúcar, yemas de huevo, un pellizco de sal y hojas de cola de pescado.

—¿De pescado? Qué curioso.

—Le da sabor.

¿Desde cuándo Julia no se metía en la cocina para algo más que no fuese para abrir la nevera y tomarse una coca-cola? Ni se sabe. Al principio de su matrimonio había hecho algunos esfuerzos —unos macarrones al gratín, un pescadito al horno, algún simulacro de paella...—, pero luego..., entre que trabajaba mucho y la pesadez de meter y sacar los platos y los cubiertos en el lavavajillas... Por eso Germán estaba tan extrañado. (¿Agradablemente extrañado? Como quieran. Piensen ustedes lo que les apetezca.) También Julia administraba una considerable dosis de sorpresa: su marido le había hecho un regalo. ¿Desde cuándo Germán no le regalaba a Julia..., etc.? Un centro. De cristal. Un poquito *kitsch,* pero de cristal.

—¿Y este centro? Gracias.

—Pensé que te gustaría.

—Es un detalle.

—Hacía tanto tiempo que no cenábamos juntos... en casa.

Se acabaron la *bavaroise,* que estaba riquísima, y Julia dijo con un mohín que ella consideró, como siempre, gracioso (yo aseguraría que le salió algo forzado, pero...):

—Bueno, ¡ya! Habré engordado por lo menos un kilo.

—Eso se arregla en el gimnasio.

—Apenas voy. Antes me arrastraba Marisa, pero como últimamente casi no la veo...

—Estará volando.

—Sí, supongo. ¿Te traigo el café? Ya está hecho.

—Gracias.

Julia desapareció en dirección a la cocina y Germán se quedó solo. Luego se levantó, encendió un cigarrillo y se asomó a una ventana a través de cuyos cristales se podía ver la televisión —encendida— de la casa de enfrente. Casi en seguida regresó Julia con una bandeja en la que estaban la cafetera, las tazas y todo lo demás.

—¿No te importa que recoja la mesa después?

—No, claro.

—¿Vienes?

Había colocado la bandeja sobre una mesa baja delante del sofá. Sirvió el café en las tazas, se sentaron los dos y Julia, con una actitud aparentemente relajada, inició la conversación.

—Necesito hablar contigo.

—¿Por eso quisiste que cenáramos en casa?

—En parte.
—Bueno, pues yo también he de hablar contigo.
—¿Por eso compraste el centro de cristal?
—Puede ser.
—Siempre que te remuerde la conciencia me compras algo.
—Yo no he dicho que me remuerda la conciencia.
Hubo un silencio. Se miraron, se estudiaron... y cometieron el error —o el acierto— de seguir hablando.
—¿Quién empieza?
—Tú has empezado.
—Está bien.
Julia se tomó sólo el tiempo para respirar. No parecía dispuesta a perder un segundo.
—Tengo un amante.
Germán lo encajó como pudo: o sea, mal.
—¿Desde cuándo?
—Un par de meses.
—¿Le conozco?
—No, no le conoces.
—¿Es una aventura?
—No lo sé, pero sospecho que no.
Germán se levantó para acercarse a una mesita —que ya ha salido otras veces en estas escenas conyugales que estoy escribiendo— en la que estaban las bebidas.
—¿Quieres una copa?
—No.
Hábilmente, Julia dejó que Germán terminara de servirse su copa, para preguntar decidida a todo:
—¿Y tú?
—¿Yo?
—¿No tenías que decirme algo?
—Es que ahora resulta tan forzado y, sobre todo, tan inútil...
—Te voy a ayudar: también tú tienes una amante.
—Sí.
—Se veía venir.
Germán regresó con su *gin-tonic* —media tónica, como de costumbre— a sentarse en el sofá, cerca de su mujer. Ella insistió, punzante:

—¿Tampoco es una aventura?
—Tampoco.
—¿Lleváis mucho tiempo?
—Unos tres años.
—¡Vaya! No, no es una aventura... está claro.
Julia sacó un paquete de tabaco y se dio cuenta de que estaba vacío.
—¿Tienes un cigarrillo?
—Sí.
Germán le acercó un pitillo e incluso —si mal no recuerdo— se lo encendió. Entonces Julia dio el paso que le faltaba dar:
—¿Quién es?
—Marisa.
Julia no pudo evitarlo y se levantó. Fue un movimiento instintivo que, comprensiblemente, la traicionó.
—Marisa, por supuesto... Marisa..., una amiga... Como en las películas de Rohmer... Tiene gracia.
—Esto no es una película.
—No; esto no es una película.
Luego Julia murmuró, casi más para ella que para su marido:
—Tres años saliendo con Marisa... Mucho, ¿no?
—Tres años o dos meses. ¿Qué más da?
—Me cuesta imaginarlo. Marisa es tan inconsistente... tan... ¿Qué pasa?: ¿te gusta acostarte con ella?
—¿Y a ti? ¿Te gusta acostarte con tu amante?
Julia tuvo el buen gusto de no contestar. Se limitó a establecer una hipotética tierra de nadie mientras se servía un poco de whisky seco en un vaso bajo. (No había tiempo para prepararse un zumo de tomate como a ella le gustaban.) Luego escuchó la voz de su marido que, por primera vez en muchos años, le pareció extraña y desconocida:
—¿Qué vamos a hacer?
—Quiero separarme. Tú, también..., supongo.
—No lo había pensado, pero... Sí..., será lo mejor.
Y llegaron a ese punto gélido y pordiosero en el que el amor no tiene otra medida que el precio de una alfombra, un cuadro, una lámpara o un reloj. Cuando no queda ni una sola caricia que devolverse y todos los suspiros de las almohadas y todos los

olores de las colchas se refugian en la ácida enumeración de los inventarios. Ese momento sin retorno que casi todas las parejas viven algún día impúdicamente.

—No pienso moverme de este piso.

—Lo suponía.

—A cambio, si te apetece el apartamento de El Escorial, te lo cedo. Puede que lo necesites.

—Quizás.

Después de haber ganado sin esfuerzo la primera batalla —el piso era, sin duda, mejor propiedad que el apartamento—, Julia comentó con muy mala fe:

—¿Te irás a vivir con Marisa y con su madre?

—No. Buscaré un hotel... de momento. Luego..., no sé... Ya encontraré algo.

—Cuando quieras. No corre prisa.

Era un rasgo de generosidad innecesario. Cualquier observador habría advertido que Julia tenía muy mala conciencia. Y —si ustedes no opinan lo contrario— me parece que su marido también. Es probable que por esta razón decidieran acabar la conversación de un modo irritantemente trivial:

—Gracias por el centro que me has regalado. Es muy bonito.

—Me alegro de que te guste... De veras.

* * *

Retrocedamos un poco. Vayámonos, si ustedes no tienen algo mejor que hacer —ya les he advertido de que estas escenas conyugales deben leerse a ratos—, a aquella cafetería en donde habíamos dejado a Juan Antonio delante de una taza de té con limón y a Germán mojando un dónut en un café con leche. Acerquémonos —el ruido ambiental es tremebundo— para escuchar lo que están diciendo:

—¿Así se separó usted de Julia?

—De hecho, sí. Después, claro, iniciamos los trámites del divorcio..., hasta ahora.

—¿Y el centro de cristal?

—Es el próximo objeto de mi lista.

—¿Van ustedes a seguir con ese juego?

—¿Le molestaría a usted que siguiéramos?
—Esta pregunta prefiero que me la haga Julia.
—Tiene usted razón. Perdóneme.

El camarero de la cafetería —aquel que recomendaba con sumo interés los dónuts de su pueblo— pensó, justificadamente, que una mesa en la que dos individuos conversaban durante tanto tiempo sin una consumición apropiada, era un espacio desaprovechado que podía conducir, de propagarse el ejemplo, a la quiebra definitiva del local. De forma que hizo todo lo posible para evitarlo: movió nerviosamente las sillas de las mesas próximas, pasó varias veces un trapito por la superficie en donde estaban las tazas fingiendo limpiar una mancha imaginaria, tosió a propósito encima de los vasos de agua... Tiempo perdido, porque a Juan Antonio le faltaba un dato fundamental:

—¿Cómo acabó la aventura de Julia con ese chico..., Carlos? Bueno, si es que ha acabado.
—Sí, ha acabado, ha acabado. Tranquilícese.
—¿Cómo?
—Julia cometió un error tremendo.
—¿Cuál?
—Quiso convertir lo que sólo era un episodio apasionante en una relación estable. Ocurre con frecuencia. Nos cuesta aceptar que no todos los amores recorren el mismo trayecto. Hay viajes cortos o largos: depende.
—¿Se fue a vivir con él?
—¿Julia? No exactamente. Aunque algo parecido; en cierto modo, peor: compró una mesa, unas sillas, unos libros, una cadena de música, un televisor pequeño... y se lo ofreció, como si fuese un regalo de Navidad con un lacito rosa, a Carlos en prueba de su eterno cariño.
—¿Se lo ofreció...? No entiendo.
—Muy fácil. En el piso que Julia y yo compartíamos —y que usted conoce perfectamente— había una habitación que yo acostumbraba a utilizar para algunos trabajos que me llevaba a casa —dibujos, planos..., todo eso— y en la que me encerraba de cuando en cuando. Bueno, pues, cuando nos separamos, la usó para que Carlos se instalara allí.
—Qué mal, ¿no?

—Vaya, me alegro de coincidir con usted. Sí, no puede decirse que, por parte de Julia, fuese una decisión muy elegante.

—¿Y qué pasó?

—Algo previsible si los enamorados fuesen capaces de tener algún tipo de previsión: cuando Julia le dijo a su joven amante que aquel cuarto encantador —con su cama calentita, el teja pálido de las paredes y las plantas recién regadas— era suyo, Carlos sonrió, le dio un beso cordial, le recordó que tenía que irse un momento, le prometió que volvería más tarde, le aseguró que dormirían cogiditos de la mano..., y nunca más se supo. Pasó lo que tenía que pasar: Carlos salió de la vida de Julia como había entrado: sin pedir permiso.

—Le noto muy filósofo.

—¡A ver...! Cuando una moto nos pasa por encima, el único consuelo que nos queda es pensar que peor habría sido un tanque.

—¿Cómo tiene usted una información tan detallada de esta lamentable historia?

—Primero, porque me afecta directamente, y después... ¿conoce usted a Rosa?

—¿La amiga de Julia que comparte su despacho de psicología?

—Esa.

—No; nunca hemos coincidido.

—Bueno, pues yo sí. La conozco... a ella... y a su marido... Buena gente. Total: Rosa me lo contó. Julia —parece ser— lo pasó fatal. Si quiere que le diga la verdad, me alegro.

—Hombre, usted la engañaba con Marisa.

—¿Y eso qué tiene que ver? El hecho de que yo la engañara con Marisa no me impide cabrearme porque ella me engañara con Carlos.

—Es usted bastante machista, perdóneme que se lo diga.

—Casi tanto como usted, si me lo permite.

—¿Yo?

—¿No está usted engañando a su mujer con Julia y a Julia con su mujer?

—Son cosas distintas, no confundamos.

—De acuerdo, no confundamos; de manera que ¿le importaría explicarme por qué extraño azar de la vida madrileña tuvo usted la felicísima ocasión de conocer a mi ex mujer cuando legalmente todavía era mi insufrible esposa?

—Si va usted a ponerse gracioso...

—Prometo corregirme. Adelante.

—El camarero nos mira.

—No le haga caso. La semana pasada intentó suicidarse dos veces.

—Ah, bueno: si tiene costumbre...

* * *

El relato de Juan Antonio empezaba así: una noche —en realidad muy a primeras horas de la madrugada— en la que volvía del hospital conduciendo camino de su domicilio, otro coche se le echó materialmente encima. Fue justo en ese instante en que un semáforo pasa del rojo al verde a la vez que otro apaga el verde para encender el rojo. Acostumbran a suceder estos accidentes a partir de las dos o las tres de la mañana, cuando todo el mundo cree, torpemente, que sólo ellos —aparte los taxistas, las prostitutas y los borrachos— están despiertos en la ciudad. El golpe fue aparatoso, aunque no demasiado fuerte. Juan Antonio, haciendo un esfuerzo por mantener la calma, bajó de su Audi 100 y se encaminó hacia la mujer que conducía el otro vehículo y que había sido, a su juicio, la causante del incidente.

—Ha pasado usted el semáforo en rojo.

—No, en rojo no; pero sí casi. La culpa es mía, desde luego.

—Iba usted muy deprisa.

—Sí. Y no sé por qué.

Juan Antonio miró con curiosidad a Julia —porque ustedes habrán adivinado rápidamente que de ella se trataba— a la luz de los faros que seguían encendidos. No me atrevo a escribir que, al hacerlo, sintió algo especial y que, como consecuencia, sus ojos se nublaron y su corazón batió con intensidad. No. A mí me daría mucha vergüenza escribir algo parecido, pero ustedes, desde luego, pueden imaginar lo que prefieran.

—Ha podido ser grave.

—Lo siento.

Luego Julia añadió, abusando de un desamparo que realmente sentía:
—Siempre digo «lo siento» demasiado tarde.
Juan Antonio, ligeramente «tocado», se escapó para inspeccionar los coches.
—Tiene usted un golpe en esta puerta. Es bastante, pero, en fin, cuestión de chapa.
—¿Y el suyo?
—Los dos faros, el parachoques y el frente de la carrocería. No creo que haya afectado al motor. Tendrá usted algún seguro, supongo.
—Sí, claro.
—¿A todo riesgo?
—Sí.
—Yo también. Voy a buscar los papeles. ¿Le importaría darme sus datos?
—No, no.
Juan Antonio fue a su automóvil, Julia se metió en el suyo y buscó en la guantera los documentos de su compañía aseguradora. Cuando volvió a salir, ya estaba Juan Antonio esperándola con unos papeles y un bolígrafo en la mano.
—Ya está. ¿Encontró los suyos?
Julia, verdaderamente apurada, tuvo que reconocer:
—Pues, no. Creí que estaban aquí, en la guantera, pero no.
—¿Ha mirado usted bien?
—Sí, claro.
—Necesitamos estos datos para dar el parte a la compañía.
—¿Qué hacemos? Los debo de tener en casa.
—Bueno, me voy a fiar de usted. Dígame su número de teléfono, yo le llamo mañana por la mañana y me los dicta.
—341 90 94.
—... noventa y cuatro. ¿Su nombre?
—Julia... Julia Andújar.
—Muy bien. Esta es mi tarjeta. Con los datos de mi seguro.
—Gracias.
—¿Qué hora es buena para llamarla?
—Temprano. Alrededor de las ocho y media está bien.

—De acuerdo. Y ahora vamos a ver si los coches funcionan.

Funcionaron. Uno enfiló Castellana abajo y el otro subió hacia Ríos Rosas.

* * *

A la mañana siguiente, Julia estaba desayunando en su casa cuando sonó el teléfono.

—Diga.

—Quisiera hablar con Julia Andújar. ¿Es usted?

—Sí, soy yo: dígame.

—Mi nombre es Juan Antonio Molero. Soy la persona con la que tuvo usted ayer el accidente. Perdone que la moleste, pero ¿podría darme los datos de su compañía de seguros? Quisiera llevar el coche al taller y los necesito.

—Sí, ahora mismo. Espere un momento.

Mientras Julia iba a buscar la documentación que Juan Antonio le había pedido, una enfermera vino a avisar al médico:

—Doctor, llaman del quirófano que el paciente está ya preparado.

—Dígales que ahora bajo.

—Sí, doctor.

Julia regresó para decir por teléfono:

—Mi compañía es AGF. El número de la póliza —no sé si es necesario— es el 53694-0, y el de mi carnet de conducir el 46.107.234 expedido en Madrid. La matrícula M-2026-ED. Y no sé... ¿Hace falta algo más?

—No, yo creo que con eso basta. Su nombre ya lo tengo y las circunstancias del accidente también. Mis datos se los puse en mi tarjeta. No la habrá usted perdido, supongo.

—No, debe de estar por ahí.

—Bueno, pues nada... Ah, se me olvidaba lo más importante; no comprendo cómo no se lo pregunté anoche: no se hizo usted daño, ¿verdad?

—No, no, gracias. Bueno, me duele un poco el brazo derecho, pero no creo que sea nada.

—¿Le ha molestado durante la noche?

—La verdad es que sí: no he podido dormir.

—Entonces hay que hacer algo cuanto antes. Soy médico. Perdone, no se lo había dicho. ¿Por qué no viene usted a verme?

—Pero si no es nada, de veras.

—No se puede jugar con estas cosas. Mire, ahora estoy muy ocupado, tengo una operación, pero esta tarde estaré en la Clínica Los Nardos. La espero a las siete. ¿Le va bien?

—De acuerdo, de acuerdo... Déme la dirección.

Julia anotó el número y la calle de la clínica en una graciosa libreta de tapas verdes y colgó el teléfono.

* * *

Aquella tarde tuvo que terminar con su amiga Rosa un trabajo que tenían pendiente, lo cual, sin embargo, no le impidió llegar a las siete y doce minutos a la cita que tenía en Los Nardos. Inmediatamente, Juan Antonio la acompañó a la consulta de Emilio Fuentes, un traumatólogo amigo suyo.

—Nada: un esguince sin importancia. Duele un poco, pero pasará en seguida. Le voy a recetar unos calmantes, pero no abuse. Si puede pasar sin ellos, mejor.

Mientras el traumatólogo extendía la receta, Juan Antonio le comentó a Julia con cierto sentido del humor que ella, instintivamente, agradeció:

—Está usted en buenas manos. Emilio es el mejor traumatólogo de este país. Cada vez que Ángel Nieto se cae de la moto, le llama a él.

A lo que Emilio contestó con esa sospechosa complicidad que los médicos utilizan entre ellos para entenderse:

—No le haga caso. Soy yo el que llama a Ángel Nieto: me encantan las motos.

Y después añadió, al acabar de escribir unos garabatos como siempre ininteligibles:

—Tenga. Tómese un comprimido antes de acostarse, le ayudará a dormir.

—Gracias.

—Adiós.
—Permítame que la acompañe.
Cuando salieron de la consulta del traumatólogo, y de nuevo en los pasillos de la clínica, Juan Antonio encendió un cigarrillo. Con evidente mala conciencia hizo un esfuerzo —ineficaz— por justificarse:
—Fumo mucho, demasiado.
—Y eso es malo, ¿no?
—Malísimo.
—¿Qué les dice a sus enfermos?
—¿Qué les voy a decir?: que no fumen.
—¿Y ellos le hacen caso?
—No; me temo que no.
—Sí, claro, con este ejemplo...
—Además soy especialista en aparato digestivo. ¡Figúrese! El tabaco es fatal para el estómago.
—Ya, ya lo sé: mi marido tenía gastritis.
—¿Murió?
—¿Quién?
—Su marido.
—No; que yo sepa, no.
—Como ha utilizado usted el pasado...
—Nos separamos.
—Ah, lo siento.
—Yo no.
Todavía antes de que Julia se marchara, Juan Antonio le hizo una pregunta improcedente:
—¿Por eso iba usted anoche tan deprisa?
—No, ¡que va! Aunque..., bueno..., en parte, sí. Había coincidido con él en casa de unos amigos comunes. No fue muy agradable, la verdad.
—Perdone, no quisiera parecer indiscreto.
—No se preocupe. Las preguntas nunca son indiscretas; en todo caso, las respuestas.
—Tiene usted razón.
Se dieron la mano —el médico, escrupulosamente, procuró no apretar— y Juan Antonio advirtió a modo de despedida:
—No descuide su brazo, tómese las medicinas.

De pronto se acordó de que tenía un paciente a punto de ser intervenido de úlcera duodenal y decidió tomar el ascensor que llevaba al quirófano.

* * *

A los treinta días más o menos, sonó el teléfono directo del despacho de Julia y esta, naturalmente, lo descolgó.

—Diga. Ah, hola. Sí, sí; claro que me acuerdo. ¿Cómo iba a olvidarme de usted? Bueno, tampoco ha pasado tanto tiempo. ¿Ocurre algo? ¿Qué? ¿El próximo miércoles? ¿A las ocho y media? Pues... sí...; en principio podría ser, lo que pasa es que..., ya... Ah, que es un concierto muy interesante... No, yo no acostumbro a ir. Me gusta la música, claro, pero... ¿Media hora antes en la puerta de mi casa? Bueno... de acuerdo. Sí, el brazo estupendamente, ya no me duele. Adiós, hasta el miércoles. Ah, oiga, ¿cómo supo el número de este teléfono?

Nunca podremos satisfacer nuestra curiosidad porque Juan Antonio colgó sin dar una respuesta casi al mismo tiempo que Rosa entraba en el despacho de Julia pretendiendo averiguar:

—¿Quién era?

—El médico aquel con el que tuve el accidente... hace ya un mes.

—¿Y qué quería?

—Invitarme a un concierto.

—¿Al cabo de un mes?

—Lo raro no es que me invite al cabo de un mes, sino que me invite.

—¿Vas a ir?

—Pues... sí. Estuvo muy amable. No he podido negarme.

—¿Sabes una cosa?

—¿Qué?

—Pues que te noto muy facilona últimamente.

* * *

Fue un concierto en el Auditorio Nacional de Música dedicado, sobre todo, a la zarzuela: un poco de Chueca, de Vives, de Barbieri, de Alonso, de Chapí... Varios fragmentos brillantísimos seleccionados para el lucimiento de algunos de nuestros divos más populares. A Juan Antonio Molero —Julia lo descubrió aquella tarde— le entusiasmaba esa música. A mí también. Ignoro cuál es la opinión de ustedes acerca de tan polémico asunto, pero me arrebatan —y, en ocasiones, me conmueven— esas melodías. Son, a mi juicio, muy superiores a las que oímos en los musicales anglosajones: entre *La Gran Vía* y *Los miserables,* por ejemplo, no hay color. Ya sé que, en principio, son cosas que no se deben comparar, pero tampoco se debería comparar la coca-cola con el vino de la ribera del Duero, y sin embargo, en cuanto te descuidas, ya te están largando un cuba libre. Lo peor de la zarzuela —todo el mundo lo reconoce en privado— son las letras —insípidas, tontorronas y desfasadas—, pero, afortunadamente, nuestros cantantes tienen la inmensa sabiduría de procurar que no se entiendan. Es un mérito que casi nunca se les valora como merecen. Gracias a nuestros grandes divos de zarzuela —sólo superados por los de ópera, que, curiosamente, acostumbran a ser los mismos—, tenemos la inmensa fortuna de no enterarnos de lo que están diciendo cuando cantan. Tendríamos que elogiar esta actitud tan cívica como benéfica. (Tampoco sería justo olvidarnos de la inapreciable labor que, en este sentido, hacen los coros hasta conseguir que lo que probablemente esté escrito en castellano, acabe sonando como si estuviera escrito en arameo.)

Juan Antonio Molero —persona fina, aunque estomatólogo— era buen degustador de zarzuelas, de mariscos y —¿por qué no?— de mujeres. Así que no hay que extrañarse de que a la salida del concierto —todavía tarareando aquello de «pobres, chicas, las que tienen que servir»— tentara a Julia con:

—¿Puedo invitarla a cenar?

—¿Por qué?

—Porque es lo que pasa siempre en las películas.

—¿Ah, sí?

—Sí: él la lleva a ella a un concierto y después la invita a cenar.

—¿Y ella qué hace?

—Ella acepta, desde luego.

—Bueno, pero eso pasa en el cine.
—¿Y usted no se cree lo que pasa en el cine? Yo sí.
—Yo también.

* * *

Era un restaurante parecido a otros que ya han salido en estas —tal vez— inconexas escenas conyugales, de modo que renuncio a describirlo. Diré solamente —para no desechar del todo el indispensable «sabor local»— que en las paredes había muchas fotos de toros y de toreros y que Juan Antonio estaba acabando de comerse un guiso de albóndigas y Julia una merluza a la plancha.

—¿Por qué me ha invitado a salir con usted?
—¿Por qué no iba a invitarla?
—He preguntado yo primero.
—Si le digo que me he enamorado de usted, ¿se lo va usted a creer?
—No.
—¿Y si le digo que me ha gustado?
—No..., tampoco.
—Pero, ¿si le digo simplemente que me ha interesado?
—Bueno, eso ya es más posible.
—Entonces dejémoslo así.

Pero no; Julia no parecía dispuesta a dejarlo «así».

—¿Acostumbra usted a salir con todas las mujeres que le interesan?
—No, no; sólo las que tienen un esguince en el brazo.
—Pero como yo ya no lo tengo...
—Pero lo ha tenido. Para el caso es igual. ¿Un poco más de vino?
—Gracias.

Es absolutamente fantástico, a la vez pueril y, desde luego, casi patético, comprobar lo cariñosos, solícitos, educados, atentos, cordiales y estupendos que nos ponemos los hombres cuando nos gusta una mujer: abrimos las puertas, acercamos las sillas, colocamos los abrigos, servimos —como Juan Antonio— las botellas de vino... y —siempre sonrientes, amables y empalagosos— pagamos las localidades en los espectáculos, las copas en los bares, los billetes en los viajes, los hoteles en las vacaciones y las joyitas en los cumpleaños. Ellas —¡incluso las feministas, hay que ver!— aceptan nuestros obsequios y nuestras atenciones con la misma indiferencia magnífica con la que las princesas orientales —y occidentales— observan a los monos salidos que se masturban a su paso: injusticias de la naturaleza, que no tiene entrañas.

Bueno, a lo que íbamos: mientras yo estaba escribiendo la profunda reflexión sociológica anterior, Juan Antonio —¿un poquito babeante?— se quiso poner ingenioso y ocurrente:

—Debe usted reservar un poco de apetito para los postres: tienen una tarta de limón espléndida.

—No me gusta la tarta de limón.

—También tienen una de cerezas fenomenal.

—Tampoco me gusta la tarta de cerezas.

—Ah, muy bien. Entonces pediremos una de limón y otra de cerezas y nos las repartiremos.

—Es usted imparable.

—Sí, eso me dicen todos los pacientes cuando les saco la vesícula.

Incomprensiblemente, Julia se rió. Lo que había dicho Juan Antonio no era muy gracioso —más bien nada—, pero Julia, repito, se rió. (Produce verdadero terror darse cuenta de lo idiotas que nos ponemos —mujeres incluidas— en nombre de la continuación de la especie.) Pasado el ataque de risa floja que les invadió a los dos —y que hizo girar la cabeza a algunos clientes del restaurante—, Juan Antonio cambió de tema, aunque, claro, sin dejar de sonreír.

—¿Qué va usted a hacer este verano?

—Aún no lo he decidido. ¿Por qué?

—Por nada; era un tema de conversación. Cuando no se sabe qué decir, lo más socorrido es hablar del tiempo. O del veraneo. Todo el mundo lo hace.

—¿Usted hace lo que hace todo el mundo?

—No, yo no; pero a lo mejor lo hace usted.

—No, yo tampoco lo hago pero, en fin, si usted quiere... Podemos hablar del referéndum sobre la OTAN, del entierro de Tierno Galván, de las próximas elecciones generales...

—¿Esas que van a ganar otra vez los socialistas?

—¿Cómo sabe usted que las van a ganar otra vez los socialistas?

—He operado a un primo segundo de Txiki Benegas.
—¿Y qué le ha dicho?
—Eso: que van a ganar.
—¿Él cómo lo sabe?
—Porque a Txiki Benegas se lo ha dicho Felipe González.
Volvieron a reírse. Decididamente los primeros escarceos eróticos reblandecen las meninges. Porque si no, no se comprende: dos personas que en otras circunstancias podrían parecer serenas, instruidas y hasta normales, haciendo el indio en un restaurante visitado con frecuencia por valerosísimos matadores de reses bravas... ¡Qué vergüenza! Y, además, Juan Antonio continuaba charlando incontinentemente:
—¿Usted quiere que vuelva a ganar el PSOE?
—Yo, sí. ¿Y usted?
—Bueno, yo con tal de variar... Aunque prefiero lo del veraneo: ¿de veras no necesita un hotelito en la sierra, una casa en Galicia, un chalé en Mallorca?
—No. ¿Por qué voy a necesitar todo eso?
—Si lo necesita no dude en decírmelo. Yo le puedo resolver cualquier problema.
—¿Trabaja usted, además, en una agencia de viajes?
—No, pero le he quitado diez centímetros de intestino al director de una de ellas. ¿Qué, nos tomamos la tarta de limón y la de cerezas?
—A ver, qué remedio: nos las tomamos.
Cuando, un poco más tarde, Juan Antonio la acompañó a su casa, Julia se sintió obligada a decir:
—Supongo que debería invitarle a subir para tomar una copa, pero estoy algo cansada.
Juan Antonio —en la etapa fastuosa de la conquista, recuerden— se puso suavemente comprensivo:
—¿Nos llamamos de tú?
—Sí..., claro... Nos llamamos de tú.
—Entonces..., otro día... Me invitas otro día.
Como diría un escritor con más experiencia que yo..., «las cartas ya estaban echadas».

* * *

Las dificultades que normalmente tienen los seres humanos para comunicarse se multiplican cuando dichos seres humanos están en la peluquería. Esta observación —comprobable— acostumbra a ser cierta en el caso de los hombres y un poco menos en el de las mujeres. Desconozco el motivo. Puede que sea porque a nosotros nos resulta profundamente irritante sentirnos en las manos —¿y si fuese un asesino?— del peluquero y a ellas... Pero, ¿por qué a los hombres no nos va a apetecer ser asesinados y a las mujeres sí? (¡Qué tontería! Más vale que deje de escribir y me vaya al cine. Bueno, antes tengo que explicar que Julia y Rosa, en la escena que sigue, estaban, como ustedes ya habrán supuesto, en el salón de Rafa, peluquero de señoras.)

—Es una persona estupenda.

—¿Sí?

—Sí. Tan fino..., tan educado..., tan caballero...

—Ya. De esos que no hay.

—Justo: de esos que no hay. Te abre la puerta del coche..., te envía flores..., te sirve el vino..., te pide tartas...

—Mujer, tartas... ¡con lo que engordan!

—He descubierto una de cerezas increíble. Bueno, y la de limón también está muy bien.

—¿Le ves con frecuencia?

—Esta Semana Santa se marchó de vacaciones... como yo. Por cierto que me encontró un chalé en el Sardinero maravilloso.

—Y te fue a ver, claro.

—Pues no, no me fue a ver.

—¡Qué raro!

—¿Por qué raro?

Rosa no contestó porque acababa de llegar, para atenderlas, Tere, una de las chicas ayudantes de Rafa, el peluquero.

—Buenas tardes señora Andújar, buenas tardes señora Díaz.

—Buenas tardes.

—Hola, guapa.

—¿Lavar y peinar como siempre?

—Sí, y recortar las puntas, por favor.

—Muy bien.

—¿Está Rafa?

—Termina con una clienta y viene en seguida.

Cuando Tere se fue, Julia y Rosa continuaron charlando sentadas en sus sillones, con sus respectivos peinadores alrededor del cuello y mirándose a través del espejo.

—¿Por qué dijiste que te parecía raro?

—¿El qué?

—Que no hubiera ido a verme.

—No sé..., digo yo... Si le gustas...

—A lo mejor tuvo trabajo. Aparte de que...

—¿Qué?

—¿Cómo voy yo a saber si le gusto?

—Hija, por Dios, esas cosas se notan.

—Hasta ahora sólo somos amigos... Eso..., amigos. Y nada más. No había ninguna razón para que fuera a verme a Santander.

—De modo que no se ha insinuado.

—Pero, ¿qué dices? Claro que no. Ya te lo he dicho, es un caballero.

—Sí, bueno, pero también los caballeros...

Tere regresó con otra chica —¿se llamaba Lola?, no recuerdo— y ambas empezaron a lavar frenéticamente las cabezas de Julia y Rosa. A pesar de esta desconsiderada agresión, el diálogo continuó su curso.

—Además es eficacísimo: te puede encontrar un pasaje de avión en el momento justo..., un fontanero cuando hace falta..., un asesor fiscal cuando más lo necesitas...

—¿Y eso qué tiene que ver con el amor?

—Mira que eres pesada; ¿y por qué ha de tener que ver con el amor?

Hubo una pequeña interrupción porque a la tal Tere se le fue la mano.

—Ten cuidado, monina, que me desgracias.

—Usted perdone, señora.

Rosa perdonó caritativamente el tirón de pelo que acababa de recibir porque lo que estaba diciendo Julia le interesó muchísimo.

—Le he citado esta noche.

—¿Ah, sí?

—Para cenar. En mi casa.

—Vaya, ¿así estamos?
—Una reunión amistosa, claro.
—Claro. ¿Es soltero?
—No se lo he preguntado.
—¿Y a qué esperas?
—Es que no pienso preguntárselo.
—Ah, bueno, entonces...
Mientras estuvieron debajo del chorro de agua templada dejaron de hablar, obviamente; pero en cuanto las incorporaron para secarles la cabeza...
—A propósito de cenas: ¿qué vas a hacer la noche de las elecciones?
—No lo sé.
—Mi marido y yo vamos a ir a casa de unos amigos. Si ganan los socialistas lo pensamos celebrar por todo lo alto.
—Es que esos amigos..., si no los conozco...
—¿Y eso qué más da? Va a ir mucha gente.
—¿Tú también crees que van a ganar otra vez los socialistas?
En este mismo instante —justo para poder escuchar las últimas palabras de Julia— apareció Rafa con un peine amenazador en la mano casi gritando:
—¡Huy, los socialistas...! ¿Cómo van a ganar, con la fila que les tiene Ansón en *ABC?*

* * *

Aquella noche, casi recién salida de la peluquería, Julia recibió a Juan Antonio —pantalón gris marengo, chaqueta marrón a cuadros, camisa beige y corbata Ferragamo con elefantitos de colores— en su domicilio.
—¿Esta es tu casa?
—Sí.
—Me gusta.
—Gracias. ¿Qué quieres beber?
—Un martini. Si tienes ginebra, claro.
—Tengo ginebra, vermouth, limón, hielo...
—¿Y una aceituna? ¿Tienes también una aceituna?
—También.

Al abrir Julia la puerta de la cocina para ir a buscar las aceitunas, el perro —¿cuánto tiempo ha pasado desde la última vez que le vimos?— se coló en el salón moviendo la cola como hacen todos los mamíferos de su clase cuando están contentos, cuando tienen hambre o, simplemente, cuando no se les ocurre otra cosa.

—¿Y este perro?

—Se llama *Brandy.*

—Es muy guapo. Me encantan los perros.

—¿Tú no tienes?

—No; yo no tengo.

Juan Antonio respondió con absoluta naturalidad aunque nunca hasta entonces Julia le había hecho una pregunta tan personal.

—Bueno, voy a por las aceitunas. Anda, *Brandy,* ven conmigo.

—No, déjalo aquí. No me molesta.

—Está bien. Sírvete mientras.

El perro correteó —por cumplir, sólo por cumplir— alrededor de Juan Antonio cuando este empezó a prepararse el martini... seco. Casi inmediatamente regresó Julia de la cocina.

—He encontrado una lata... rellenas.

—Fenomenal. ¿Tú qué bebes?

—Pues no sé... Un tomate.

—Yo te lo hago.

—No te molestes.

—Sí, me molesto... muchísimo. Siéntate que yo me encargo de las bebidas.

—Como quieras.

¿Por qué no confesarlo?: Julia empezaba a sentirse fascinada por Juan Antonio. Comprensible, ¿no? Estaba pasando tan deprisa de la traición de su marido y de la fuga de su amante, a la amabilidad seductora de aquel médico tan servicial... Pónganse ustedes —me refiero a las mujeres— en su caso y díganme si no hubiesen sentido lo mismo.

—¿Lo sacas bastante?

—¿A *Brandy?* Menos de lo que debiera. Trabajo mucho.

—Estos perros necesitan correr. ¿Te importará que algún día le dé un paseo?

—No, al contrario.

Juan Antonio preguntó, refiriéndose obviamente al tomate que estaba acabando de preparar:

—¿Picante?

—Casi nada.

Echó un poco de pimienta, movió el hielo con una cucharilla y se acercó al sofá en donde Julia seguía sentada.

—Si no está a tu gusto, dímelo.

Julia probó un sorbo.

—Perfecto, gracias.

Juan Antonio regresó a la mesa de las bebidas para terminar de darle el punto a su martini. Hasta allí le llegó la voz —el tono parecía indiferente, pero...— de Julia atreviéndose a curiosear:

—¿Y tú, tienes tiempo?

—¿De qué?

—De eso que has dicho... de sacar a *Brandy* alguna vez.

—Bueno, es cuestión de organizarse.

Si Juan Antonio pretendía que la indagación de Julia no siguiese más adelante, la verdad es que no lo consiguió.

—Porque entre la clínica de La Paz y Los Nardos...

—Sí, y días alternos tengo consulta en mi casa.

—También tú trabajas mucho.

—Desde luego, pero, al margen de mi trabajo, llevo una vida muy ordenada. Y muy independiente.

Los directores de cine lo tienen más fácil que los novelistas. Un primerísimo plano de Juan Antonio pronunciando de un modo especial la palabra «independiente» nos habría informado clarísimamente sobre sus verdaderas intenciones; pero así... ¿Quería Juan Antonio indicarle a Julia que vivía solo? Probablemente. Al menos esto es lo que ella tradujo o quiso traducir.

—¿Cómo es tu casa? No se parecerá a esta, supongo.

—No, qué va. La tuya es muchísimo mejor, más acogedora.

Estaba ya sentado en el sofá saboreando su martini. Se sentía tan bien que, como les acostumbra a ocurrir a los fumadores, le entraron ganas de encender un cigarrillo.

—¿Tú quieres?

—No; ahora no.

—Definitivamente esta casa es una delicia. Cómoda..., agradable..., útil... Tú tendrás tu rincón, ¿verdad?

—Pues... Bueno, sí... Puede decirse que sí..., que lo tengo.

—Tener un rincón es fundamental: ese sitio con tus libros, tus discos, tus cosas...

—¿Tú no lo tienes?

—A medias, lo tengo a medias. Y debería tenerlo, desde luego que debería tenerlo.

—¡Qué tristeza! No tienes un rincón..., no tienes un perro...

—Sí, ¡qué tristeza!

Y Julia se lanzó sin pestañear:

—¿Vives solo?

Pero fue como si él se hubiese vuelto sordo de repente.

—Me voy a poner un poquito más de martini. ¿Tú quieres otro tomate?

Lo de la sordera debía de ser contagioso porque tampoco ella respondió. Entonces fue Juan Antonio quien interesadamente quiso saber:

—¿Hace mucho que te separaste de tu marido?

—Dos años.

—¿Pensáis divorciaros?

—Por supuesto. Desde la ley de Fernández Ordóñez...

—Sí, ya era hora.

Volvió a sentarse en el sofá en el que estaba Julia, diciendo:

—A propósito de política. El viernes de la próxima semana son las elecciones. Tú estás a favor de los socialistas, ¿no?

—Sí.

—¿Qué vas a hacer esa noche?

—Me han invitado a casa de unos amigos, pero no sé. ¿Y tú?

—Estoy de guardia... Ese día estoy de guardia.

—¿Les vas a votar?

—¿A los socialistas? Quién sabe. No lo tengo claro... todavía. En fin..., ¿brindamos?

—¡Porque te aclares!

—Eso. Vamos a ver.

Decidieron que en la cama lo verían todo mucho mejor y, después del brindis, se acostaron en lo que siempre había sido el dormitorio conyugal. No me parece que Julia se sintiera especialmente impresionada por esta circunstancia, ya que su mayor preocupación en aquel momento era preguntarse si habría elegido la ropa interior más adecuada.

* * *

Fue una noche histórica. (No me refiero ahora a la que pasaron Juan Antonio y Julia en la cama que esta había compartido tantos años con Germán.) Una de las muchas que le ha tocado vivir a este país últimamente. Ocurrió un 23 de junio de 1986 y el PSOE volvió a ganar las elecciones generales aunque, en esta ocasión, perdiendo dieciocho diputados. Coalición Popular —como dicen los cronistas políticos— «tocaba techo» sin posibilidades inmediatas de hacerle sombra a los socialistas, el CDS de Adolfo Suárez asomaba valientemente la cabeza y a Miquel Roca —elogiable cóctel del Seny y la ironía catalana— le hundía, lastimosamente, una sonrisa imposible.

En la casa adonde Julia, Rosa y su marido habían sido invitados, todo el mundo contaba los acontecimientos entre un barullo apresurado de frases, risas, noticias de televisión, descorche de botellas y asalto de canapés.

Alguien que acababa de llegar del Hotel Palace, daba el parte de lo ocurrido:

—Ha sido fantástico. No cabía un alma. Y, bueno, claro, en cuanto ha llegado Felipe se ha armado el número. Todo el mundo se ha puesto a gritar: «¡Presidente! ¡Presidente!» Como en el ochenta y dos, ¿recordáis?

—¿Y Alfonso?

—¿Qué?

—Alfonso.

—Ah, pues Alfonso, detrás. Felipe se ha colocado frente a los micrófonos y ha dicho cosas fenomenales: que conseguir de nuevo mayoría absoluta significa que los españoles siguen teniendo confianza en el socialismo, que nuestra entrada en la Comunidad Económica Europea acabará con siglos de aislamiento y ceguera, que, como expresaba el eslogan de la campaña de este año, estamos en «el buen camino»... En fin, todo esto. Imparable, Felipe ha estado imparable.

—¿Y Alfonso?
—¿Qué?
—Alfonso.
—Ah, pues Alfonso, detrás. Felipe ha dado las gracias a todos y ha pedido la colaboración, otra vez, de los españoles. No ha olvidado a nadie: las fuerzas políticas, las instituciones, las autonomías, las diputaciones, los ayuntamientos, los sindicatos, los empresarios, los encargados del orden público, los militares... Ni uno, no se ha dejado ni uno.
—¿Y Alfonso?
—Oye, pero, bueno, ¿a ti es que sólo te preocupa Alfonso?
—No es que me preocupe: me interesa. ¿Seguro que estaba detrás?
—Seguro.
—Bueno, pues eso.
—Otro triunfo de la izquierda: tenemos PSOE para rato.
Nadie sabía —y si lo hubiese sabido no le habría dado importancia— que, cuatro meses más tarde, el Gobierno iba a nombrar a Luis Roldán director general de la Guardia Civil.
Julia, que estaba de pie junto a Rosa y su marido, decidió tomarse otra cerveza porque —afortunadamente, desde el punto de vista político— la noche se presentaba larga.
—Voy a servirme otra copa, tengo sed.
—Deja, yo te la traigo. ¿Qué bebes?
—No te molestes. Tú sigue hablando.
—¿Te acompaño?
—No, ¿para qué? Vuelvo en seguida.
Julia llegó a una larga mesa en la que se amontonaban el jamón, el queso, el lomo, las croquetas, las patatas fritas y los pinchos de tortilla española. También, claro, las botellas de vino —blanco y tinto— y las latas de cerveza. Cuando terminó de servirse una —a punto estuvo de que la espuma desbordara el vaso— dio la vuelta para irse y tropezó con un hombre que estaba a su espalda: Juan Antonio, naturalmente.
—¿Cómo? ¿Tú por aquí?
—Hola, Julia, ¿qué hay? Pues..., verás..., he venido con unos amigos. ¿Y tú?
—Yo también. Pero... ¿no me dijiste que tenías guardia?

Una mujer —¿había escuchado la última frase de Julia?: ¿cómo saberlo?— se acercó a Juan Antonio y le dijo tomándole del brazo:

—Ya es muy tarde. ¿Nos vamos?

A Juan Antonio entonces no le quedó otro remedio que presentar:

—Julia... una amiga... Paula..., mi mujer.

Alguien tuvo la malísima idea de empezar a cantar *La Internacional*. No venía a cuento.

* * *

—De manera que tuvo usted el tupé de engañar a mi esposa.

—¿Cómo dice?

—Lo ha oído perfectamente. Permítame que le diga que sus comportamientos morales dejan mucho que desear.

—Escuche, no le tolero este tipo de observaciones.

—Ah, ¿no? ¿Y cómo calificaría usted a un hombre que le oculta a su amante que está casado?

—No se lo oculté: simplemente ella no me lo preguntó. Además, también usted la había engañado con Marisa.

—No insista en este tema, hágame el favor. No son cosas comparables.

—¿Por qué?, ¿por qué no son comparables?

—Porque no y basta. Y porque Marisa no es su mujer y Julia sí es la mía.

—Ya no: están ustedes divorciados.

—¿Y eso qué importa? Primero, cuando usted se acostó con ella —¡y en mi misma cama, joder!— no lo estábamos y, segundo, me duele que la haya usted tomado el pelo, aunque estemos divorciados, separados o bebiendo una piña colada en Puerto Rico.

—Está usted muy equivocado, yo no la engañé.

—¿No?

—No. Yo..., yo..., la quiero.

—¡Pues cásese con ella, coño, o déjela en paz!

Germán estuvo espléndido. Hizo un amplio gesto con la mano, colocó la voz en su sitio —se recomienda el diafragma—

y la frase le salió redonda. Como se había formado un corrillo a su alrededor —estaban en la calle, cerca de la cafetería de los dónuts—, dos o tres señoras aplaudieron con entusiasmo y un señor de derechas, loden y reloj de oro, se quitó admirativamente un sombrerito tirolés que se había comprado en Salzburgo bajo la égida de Von Karajan.

Con la mayor discreción posible —poca— dadas las circunstancias, los dos hombres se refugiaron en un portal y abrieron un paraguas. No llovía, pero los paraguas —ustedes coincidirán conmigo— siempre protegen. Convenientemente resguardados, Juan Antonio intentó retomar la iniciativa.

—Bueno, y ahora... ¿qué va usted a hacer?

—¿Cómo que «qué voy a hacer»?: lo mismo de antes.

—¿Piensa seguir con la lista?

—Desde luego. Le voy a reclamar el centro de cristal.

—Está loco.

—Puede ser, pero eso es cosa mía.

—Muy bien; pues, nada, adiós.

—Adiós.

Juan Antonio cerró el paraguas —tenían ustedes razón: era suyo— y salió del portal. Aún le dio tiempo a Germán para preguntarle:

—¿De veras no va usted a casarse con Julia?

Aunque estuvo a punto de sacarse un ojo con una varilla, Juan Antonio respondió siguiendo una excelente táctica:

—¿Y usted? ¿De veras no va a volver con ella?

Germán, bastante descolocado, tuvo una debilidad de la que después —pensó— podría arrepentirse, pero como ya había iniciado la frase...

—¿No nos vamos a tutear?

—Sí. ¿Por qué no?

* * *

Julia, como creo que ya les he dicho, viajaba mucho. Siempre viajes cortos de ida y vuelta, con el tiempo cronometrado para pasar del aeropuerto al hotel, del hotel a una reunión, de la otra reunión —la última— a una cena obligatoria y de nuevo al hotel

—desayuno incluido continental—, al aeropuerto, al avión y a los atascos irrespirables de Madrid. Casi nunca le quedaba un hueco en las ciudades que visitaba para pasear un poco, para detenerse frente a unos escaparates o para tomar el sol y un aperitivo en alguna terraza. Era algo que sufría pacientemente, con esa resignación cristiana que los colegios de monjas y curas se han encargado de inculcar a los hijos de buena familia, de los que ya se sabía que iban a ser mártires del coche, el IVA y las rebajas de enero.

Aunque, por supuesto, desconozco la opinión que ustedes habrán ido formándose de la protagonista de estas escenas conyugales, me permito añadir para su conocimiento que Julia era —y es— una persona patológicamente ordenada, uno de esos seres enfermizos que no soportan que los ceniceros no estén en su sitio y que la figurita china regalo de boda de la abuela no continúe en el segundo estante —a la derecha— del aparador donde estuvo toda la vida. Estos individuos tan minuciosos en lo externo acostumbran a padecer —no es contradictorio— graves desórdenes anímicos. Si ustedes aceptasen esta indemostrable teoría, me resultaría bastante más fácil escribir que la mañana en que Julia salió de su casa —después de haberle dado instrucciones precisas a la chica de servicio sobre cómo tenía que encerar el suelo, poner en marcha la lavadora y darle la comida al perro— se llevó un disgustazo terrible al descubrir que Germán la estaba esperando en el portal al pie del ascensor. Como, además, tenía el tiempo justo para encontrar un taxi porque había dejado el coche pasando una revisión...

—¡Qué barbaridad! ¡Qué susto me has dado! ¿Qué haces tú aquí?

—Te estaba esperando.

—¿Por qué?

—Tenemos que hablar.

—No, no tenemos que hablar. Además, tengo prisa.

—¿Adónde vas?

—A Vigo. Cosas de trabajo.

Julia —la esperanza es lo último que se pierde— intentó dar por terminada la conversación caminando hasta la calle implacablemente perseguida por Germán, quien procuraba —sus motivos tendría— extremar su cordialidad.

—Si quieres te acerco al aeropuerto.

—No te molestes.

—No es ninguna molestia.

—Aunque no lo sea. No necesito que me acompañes, ¿está claro?

—Clarísimo. Pero hay huelga de taxis, no sé si lo recuerdas.

No lo recordaba. ¡Qué fatalidad! Por un momento Julia pensó que estas desafortunadas bromas del destino sólo ocurrían en las tragedias clásicas, pero después...

—No será una trampa.

—¿Lo de la huelga?

—Lo de querer acompañarme.

—¿Por qué va a ser una trampa?

—Está bien, tú ganas.

Se metieron en el coche de Germán —lo había dejado a propósito aparcado en segunda fila— y en cuanto iniciaron la carretera de Barajas, este abordó el tema sin perder un minuto:

—Oye, ¿qué vamos a hacer con nuestra lista?

—Nada, no vamos a hacer nada. Se acabó.

—Aún quedan cosas por repartirnos: un centro de cristal, por ejemplo. Es lo próximo.

—¿Ves cómo era una trampa? Siempre es una trampa. ¿Para hablarme de esto me estabas espiando?

—No te espiaba, solamente te esperaba.

—Pues no tienes por qué esperarme.

—Como nunca te pones al teléfono...

—Porque estoy harta de esa dichosa lista de recuerdos. No me ha traído más que problemas.

—Ah, ¿Juan Antonio vuelve a estar celoso?

—Eso tú sabrás, que a lo mejor lo ves más que yo.

—¿Yo?

—Tú.

—Bueno, tanto como eso... Somos amigos.

—Ya, ya..., amigos...

Germán condujo un ratito —casi nada— en silencio. Luego no pudo resistir el impulso de hurgar en la herida:

—A mí no me lo parece.
—¿El qué?
—Que esté celoso... Juan Antonio.
—Ni a mí. Y esto es lo peor.
—¿Por qué?
—Empiezo a sospechar que le gustaría que tú y yo volviéramos a juntarnos.

Germán hizo una brusca maniobra —innecesaria— para adelantar a un Seat Ibiza que tenía delante mientras aparentaba una frialdad que estaba muy lejos de sentir:

—¿Tú crees?
—No lo sé.
—No tendría sentido.
—No, no tendría sentido, pero no lo sé. En cualquier caso, la culpa es tuya.
—¿Cómo que la culpa es mía?
—Naturalmente; hasta que tú reapareciste, mi relación con Juan Antonio era perfecta.
—No digas que reaparecí como si fuera un actor de teatro. Además, las cosas no se estropean de repente.
—En este caso, sí.
—En este caso, tampoco. Juan Antonio y tú ya os llevabais mal.
—Eso no es cierto.
—¿Ah, no?
—Por supuesto que no.

Llegaron a la salida de los vuelos nacionales de Barajas y Germán dijo al detener el coche:

—Te llevo la bolsa.
—No, no me llevas la bolsa. Además, podríamos encontrarnos con Marisa y no quiero comprometerte.
—Marisa está volando a Bruselas.
—Bueno, pues me da igual.
—Déjame la bolsa.
—No te la dejo y, por favor, ¡no te pongas pesado!
—Pero Julia...
—Escucha: no quiero volver a verte, ¿sabes? Sí, ya sé que no es la primera vez que lo digo, pero ahora va en serio.
—Pero, ¿por qué? No lo entiendo.

—Estoy decidida a defender mi vida con Juan Antonio.
—¿Tienes miedo?
—Es posible.
—Si te quiere dejar, te dejará de todas formas.
—Quizás, pero no me apetece que tú le sirvas de pretexto.
—¿Te importa mucho?
—Lo suficiente como para querer averiguar la verdad. ¿De acuerdo?
—Tú mandas.
El aeropuerto de Vigo estaba bajo mínimos, el despegue del avión se retrasó cincuenta minutos y Julia maldijo el clima, la compañía Iberia, el matrimonio, el Código Civil y —lo que es más raro— el caldo gallego.

* * *

A los pocos días —ya de regreso en Madrid, por supuesto— Juan Antonio pasó a recogerla para ir a la ópera. La conversación se inició con algunas dificultades porque él tenía prisa —todos los hombres cambian de velocidad, en sentido inverso, cuando disminuye el arrebato erótico— y ella continuaba de malhumor como si aún estuviera en Vigo.
—Hola, ¿todavía sin vestir?
—En seguida me arreglo. Es pronto.
—No creas. Empieza a las ocho. Entre que dejamos el coche en el *parking* y nos tomamos algo... Tengo hambre.
Pero Julia no parecía dispuesta a precipitarse. Al contrario. Había adoptado esa quieta postura de algunos toreros cuando se preparan para una faena larga.
—¿Quieres una copa?
—No; no quiero una copa. ¿Qué te pasa?
—Hace una semana que no te veo.
—Trabajo mucho: el hospital..., la clínica...
—Sí, pero no te veo.
—Bueno..., en cuanto tengo un hueco... ya ves, hoy te llevo a la ópera.
—Necesito hablar contigo.
—¿Ahora?

—¿Por qué no?
—Es que empieza...
—Sí, ya sé que empieza a las ocho. No te preocupes, llegamos.
—Está bien. Tú dirás.
—¿No te sientas?
—Bueno.
Se sentaron. Él con una cierta aprensión —algo grave sucede cuando una mujer decide conversar en vez de cambiarse de vestido— y ella con una seguridad altamente preocupante.
—El jueves estuve con Germán.
—¿Ah, sí?
—Me acompañó al aeropuerto.
—No sabía que tuviera esa costumbre.
—No la tiene; fue una casualidad.
—¿Una casualidad?
—Llamémoslo así.
—¿Y qué ocurrió?
—He decidido no volver a verle.
—¿Seguro?
—Seguro. Y he roto la lista de recuerdos: se acabó.
Hubo una pausa en la que Julia esperó —infructuosamente— que Juan Antonio hiciese algún comentario. Al cabo de unos segundos se sintió obligada a añadir:
—Te alegras..., supongo.
—Desde luego.
—Germán y yo hemos terminado para siempre.
—Estupendo. Estaba seguro de que iba a ocurrir así.
Miró su reloj con mal disimulada impaciencia. Era evidente que lo único que parecía importarle en aquellos momentos era el inicio del espectáculo que iban a ver. La sola idea de perderse la obertura le ponía incontrolablemente frenético. Es un fenómeno psicológico muy frecuente entre algunos espectadores de ópera que han cambiado a San Pascual por Verdi y a Santa Águeda por Puccini. No me atreveré yo a enjuiciar si ganan o pierden en el trasvase.
—Julia, por favor, ¿no piensas arreglarte?
—Es que aún queda algo por resolver.

—¿Qué?
—Que no estoy dispuesta a que todo siga igual.
—¿Qué quieres decir?
—Esta disparatada idea de Germán y de su lista ha conseguido remover algunas cosas.
—¿Como cuáles?
—Como que me he cansado de que sigas viviendo con tu mujer.
—¿Y me lo dices así..., de pronto?
—O te lo digo así, de pronto, o no te lo digo.
—Nunca me lo habías planteado.
—Hay situaciones que no necesitan ser planteadas.
El golpe había sido durísimo y Juan Antonio se quedó tan grogui que ni siquiera la habanera de *Carmen* cantada por Teresa Berganza bajo la batuta de Ros Marbá hubiera conseguido reanimarlo.
—¿De modo que quieres vivir conmigo?
—Lo que no quiero es que vivas con ella.
—No me voy a ir a vivir solo a estas alturas de mi vida.
—Germán vive solo.
—Sí, pero yo no soy Germán.
—No, tú no eres Germán.
—Entonces...
—Entonces... te separas de tu mujer y luego veremos lo que hacemos.
Juan Antonio se extrañó de descubrirse reflexionando en voz alta.
—No va a ser fácil. Se resistirá. Nunca aceptará divorciarse.
—¿Tú crees?
—No la conoces.
Después Julia se vengó sin piedad a la manera de Oscar Wilde en algunas comedias de costumbres perniciosas:
—¿Me visto?
—¿Qué?
—Que si me visto; no quisiera llegar tarde.
La respuesta de Juan Antonio llegó desde una nube wagneriana:
—Ah, sí, sí, vístete.

—No tardo; cinco minutos.

Y Julia se metió en el dormitorio para ponerse un vestido negro con mucho escote que había previamente seleccionado.

* * *

—Papá, ¿tú crees que Colón descubrió América?

—Sí, hijo, sí; Colón descubrió América: todo el mundo lo sabe.

—Pero si Colón descubrió América, ¿por qué América no se llama Colombia?

—No, América no se puede llamar Colombia porque tambien Colombia se llama Colombia.

—¿Y no sería más lógico que América se llamara Colombia y que Colombia se llamara América?

—No, porque Américo Vespucio —que es de donde viene el nombre de América— no era colombiano.

—¿Y Colón era colombiano?

—¡Qué disparate! ¿Cómo va a ser Colón colombiano?

Habían acabado de cenar —ensalada y lenguado a la plancha con patatas supuestamente al vapor— y Juan Antonio leía por quinta vez una biografía de Rossini; Paula seguía dale que te pego con una bufanda para su sobrina Pili que iba a hacer la primera comunión y Paquito —como ya he contado en algún otro momento— se enfrentaba a su futuro en forma de algún surrealista deber escolar.

—Papá, ¿y el Américo ese era americano?

—No, no era americano.

—Pues no lo entiendo.

Era más de lo que un médico aficionado a la ópera y amante de una psicóloga divorciada de un arquitecto liado con una azafata podía tolerar sin exaltarse.

—¡No hay nada que entender, y haz el favor de irte a la cama ahora mismo!

Gritó tanto que Paula, su señora, tuvo que intervenir en previsión —la bofetada, ya saben— de otras agresiones menos dialécticas.

—No le chilles al niño.

—No, si no le chillo.

Paquito aprovechó los vientos favorables para certificar:

—Siempre que te pregunto algo me mandas a la cama.

—Está bien, perdona. Ven, dame un beso.

Juan Antonio hizo un admirable esfuerzo de comprensión en nombre de su juventud creyente y piadosa.

—Mira, hijo, América se llama América y no Colombia de la misma manera que Colombia se llama Colombia y no América. ¿Está claro?

—¿Tú qué quieres que diga?

Le hubiese apetecido matarlo, descuartizarlo y meterlo en la nevera como hacen algunos asesinos norteamericanos cuando se les acaban los chicles y el mariquita que vive con ellos se resiste a acercarse al *drugstore* del señor Powell para comprar una nueva caja con sabor a fresa. Todavía con el deseo del crimen en su imaginación —¡la sangre del hijo derramada...!, para escándalo de la Biblia—, se limitó a murmurar entre dientes:

—¿Te vas a ir a la cama?

—Bueno, pero para esto no hacía falta que hubiesen ganado los socialistas.

Misteriosa frase que, pronunciada por Paquito, ni el propio Ludolfo Paramio fue capaz de descifrar y que, en mi opinión, contribuyó decisivamente al resquebrajamiento del Partido Socialista Obrero Español.

En cuanto el niño se fue a dormir, su madre comentó, volviendo a la bufanda:

—Es muy inteligente.

—Mucho.

—Tiene a quién salir.

—Gracias.

Por asombroso que parezca, en ningún momento se planteó Juan Antonio la posibilidad más o menos remota de que la inteligencia de su hijo «saliera» de otra fuente que no fuese la suya, la que venía por línea directa —y masculina— de todos los Molero que le habían precedido: desde un cortesano de Felipe V hasta un diputado de la CEDA con Gil Robles. La familia de su esposa no tenía nada que ver —estaba seguro— con aquella delicada herencia genética.

—¿Y tú?, ¿no te acuestas?

La pregunta de su mujer le pilló cuando dudaba entre regresar a la biografía de Rossini o darle un tiento al programa de Elena Ochoa.

—Sí, ahora voy. ¿Por qué?

—Como te levantas tan temprano...

—Sí.

Algo que flotaba en el ambiente —¿qué sería?— le forzó a quedarse. Mal negocio, porque ya su mujer estaba diciendo:

—¿Qué tal cantó Plácido?

—¿Cómo?

—¿No estuviste en la ópera el miércoles?

—Ah, sí, estuve.

—¿Qué tal cantó?

—Bien, muy bien.

—Te vieron.

A Juan Antonio se le cayó el libro de las manos. Qué menos. Después, inesperadamente, confesó antes de que le torturaran:

—Escucha...

—Dime.

—Estuve con Julia en la ópera.

—Lo sé.

—¿Te molesta?

—No. En todo caso me molesta que no me hayas llevado a mí, pero, por lo demás, no, no me molesta.

—Pues debería molestarte.

—¿Por qué?

—Esta situación es insostenible.

—¿Qué situación?

—Esta: la tuya y la mía... esta.

—¿Consideras que es insostenible porque tú no estás dispuesto a seguir sosteniéndola?

—Más o menos.

—¿Y qué piensas hacer?

Juan Antonio se levantó para colocar el libro en una estantería junto a los dos volúmenes del diccionario Oxford de la música. Desde allí contestó con una sinceridad poco creíble:

—No lo sé.

—¿No lo sabes o no te atreves a decírmelo?
—No quisiera seguir engañándote con Julia.
—No lo hagas, es muy fácil.
—Pero es que tampoco estoy dispuesto a renunciar a ella.
—En este caso... ¿Qué es lo que prefieres? ¿Qué nos separemos?: nos separamos. ¿Qué nos divorciemos?: nos divorciamos.
—Lo dices con una tranquilidad...
—No me gustan los melodramas. Por supuesto que habrá que resolver algunos problemas, pero de la forma más sencilla posible.
—¿Y el niño?
—Puede pasar unas temporadas contigo y otras conmigo. Se acostumbrará. No ocurre nada, de veras.
—O sea, que no te opones.
—No: ¿por qué iba a oponerme? ¿O tú esperabas que me opusiera?
¿Qué podría contestar Juan Antonio? ¿Qué hubiesen contestado ustedes —los lectores— en su caso? ¿Cómo? No, no, por favor, no me lo digan.

* * *

Julia y Juan Antonio habían hecho aquel día el amor bastante bien. Me refiero a que habían puesto en el asunto un poco más de afición que otras veces. Nadie podría asegurar que se aburriesen en la cama, desde luego, pero, después de tres años de intimidad sexual, Julia continuaba acordándose de Carlos, su jovencísimo amante, y Juan Antonio seguía pensando que, por desgracia, nunca podría acostarse con Maribel Verdú.
Encendieron ambos un cigarrillo y el lecho conyugal —bueno, no tanto— agradeció que no lo continuaran aporreando.
—¿Has hablado con tu mujer?
—Sí.
—¿Cuándo?
—Anoche.
—¿Cómo fue?
—Alguien nos vio el miércoles en la ópera.
—No, no te pregunto eso. ¿Cómo fue de... de... todo? ¿Cómo reaccionó?

—Pues como era de esperar. Se puso violenta, claro. Tuvimos una escena muy desagradable.

—Pero, ¿por qué? Yo creí que era una persona comprensiva.

—Y lo es, pero estas cosas, ya sabes, cuando le tocan a uno...

—Además, vuestro matrimonio está acabado desde hace tiempo. Bueno, por lo menos eso es lo que tú siempre me has dicho.

—Sí, sí; acabado..., acabado.

—En ese caso...

—Son muchos años de vivir juntos.

Julia —que había alcanzado aquel día un orgasmo bastante satisfactorio y había hecho todo lo posible para complacer del mismo modo a su pareja— no quiso perder la ocasión de ir directamente al grano:

—¿Te quiere?

—No... No creo que me quiera.

—Entonces..., ¿dónde está el problema?

—Bueno, Paula tiene un sentido muy fuerte de la propiedad: su padre es abogado.

—Ah, ¿se trata de eso?

—Sí. Quiere quedarse con el piso, con el niño... Que le pase una determinada cantidad todos los meses... Y, por supuesto, no piensa divorciarse.

—Te puedes divorciar aunque ella no quiera.

—Sí, ya, ya, pero es más difícil. Y más engorroso, naturalmente.

Si Juan Antonio pensaba salir ileso de aquella situación, estaba muy equivocado. Y además —¡joder!— la luz de la lámpara de la mesilla de noche se le metía en los ojos. Como, por otra parte, Julia insistía en lo mismo...

—Te irás de tu casa, supongo.

—¿Qué? Sí, bueno, me tendré que ir.

—Vente aquí..., a la mía.

—No; a la tuya, no. No me gusta.

—Nunca he entendido estos escrúpulos, pero en fin... Tendrás que tomar un apartamento..., o irte a un hotel.

—¿Cómo voy a ir a un hotel? ¿Qué dirían en el hospital?

—No se me ocurre otra solución.

—Me horroriza la idea de vivir solo, ya te lo he dicho.

Por muchos años que tarde en morirme —no estoy mentalmente preparado, compréndanlo—, jamás le agradeceré suficientemente a Julia la luminosa idea que tuvo de pronto y que, con un poco de suerte, me va a permitir continuar —e incluso concluir— estas escenas conyugales, de forma que ustedes dejen de leer a ratos —no es aconsejable— y yo pueda hacer efectivo el talón nominal que me extenderá, supongo, Espasa Calpe.

—¿Sabes lo que te digo?

—¿Qué?

—Pues que me resistía a dejar esta casa, pero que, nada, ya está: buscamos un piso y nos vamos a vivir juntos. ¿Te parece?

—Me parece.

—Cuanto antes mejor, ¿no crees?

—Sí, bueno, pero sin precipitarse.

—Yo lo decía por ti..., para que no estuvieras solo.

—Claro, claro, pero con cuidado. Después de todo, un piso es algo importante, ¿verdad?

Si por casualidad mi amigo Manuel Gutiérrez Aragón estuviera leyendo estas líneas —cosa que me sorprendería muchísimo—, le aconsejaría que hiciese un plano corto del gesto inefable con el que Juan Antonio subrayó sus últimas palabras. De nuevo la colaboración del cine sería estupenda.

* * *

A partir de los sucesos ocurridos en la escena anterior, Julia —con la eficaz ayuda de su amiga y compañera Rosa— se lanzó a la trepidante carrera de buscar un piso. Lo malo fue que, como era de temer, ninguno acababa de gustarle.

—¿Qué te ha parecido? Feo, ¿no?

—Triste, tiene poca luz.

—De tamaño está bien: más de doscientos metros.

—Sí, para ti y para Juan Antonio, perfecto.

—No me gusta. La distribución es espantosa.

—Bueno, eso con tirar unos tabiques...

—No sé..., algo le pasa. Además, las habitaciones interiores dan al patio de un colegio. ¡Figúrate!

—Sí, eso es lo peor.

Acababan de salir de uno de esos bonitos edificios del barrio de Salamanca en donde se refugia —en ocasiones incluso se parapeta— lo más florido de nuestra alta burguesía. Nada que objetar. Julia —también Rosa— era mucho más conservadora de lo que ella misma sospechaba. Se detuvieron aproximadamente a la altura de la calle Castelló con Hermosilla.

—¿Qué hacemos?

—¿No tenías otra dirección?

Julia sacó de su bolso un recorte de periódico.

—Aquí hay uno en la calle Juan Bravo, pero tiene sólo ciento dieciséis metros.

—No vale, es muy pequeño.

Como el diagnóstico de Rosa no admitía réplica, Julia continuó leyendo:

—Este tiene buena pinta: Menéndez y Pelayo frente al Retiro, dos dormitorios, cocina con *office,* amplísimo salón, magníficas calidades, calefacción, garaje opcional, dos cuartos de baño... ¿Nos acercamos?

—Bueno.

Echaron a andar camino del aparcamiento en donde habían estacionado el coche. Rosa —sorprendida por las características del piso que Julia quería ver— no pudo contenerse:

—Aunque eso de los dos dormitorios... ¿Para qué quieres tú dos dormitorios?

—Nunca se sabe.

—¿No vas a dormir con Juan Antonio?

—Sí, claro que voy a dormir con Juan Antonio; pero, nada, nunca se sabe.

Y siguió hablando como si la aguda observación de Rosa no le hubiera afectado en absoluto.

—Lo malo es que si este de Menéndez y Pelayo no sirve, no tengo anotado nada más.

—¿Por qué no vas a una agencia?

—No me fío.

—Creo que hay una buenísima.

—¿Ah, sí? ¿Dónde?

—En la calle Quintana: podrías probar.

Julia se detuvo perpleja:

—¿Quintana? ¿Quién me ha hablado a mí de una agencia en la calle Quintana?

* * *

El individuo que estaba sentado a la mesa diminuta, junto a la puerta de entrada, era también un hombrecillo pequeño. Siempre he sospechado que este tipo de personal subalterno se elige, sobre todo, por su tamaño: primero, se estudian las medidas del espacio de que se dispone; luego, se compran los muebles que quepan en esas dimensiones y, finalmente, se contrata a los funcionarios que mejor proporcionados resulten con el volumen del material adquirido. Este razonamiento tan simple justificaría, verbigracia, que para los amplios despachos de los ejecutivos importantes, se requieran los servicios de secretarias de pierna larga, tacón alto y peinado piramidal, del mismo modo que, para atender las necesidades de la consulta de un dentista de barrio periférico, basta con una enfermera enclenque, mal alimentada y con gafitas de concha sujetas precariamente con una cinta adhesiva que tiende a despegarse. El mundo es un lugar en el que cabemos todos a condición de que cada cual encuentre el sitio en que menos moleste.

El empleado de la agencia de la calle Quintana lo había encontrado y no estaba dispuesto a soltarlo.

—Apellidos.

—Molero Rubio.

—Nombre.

—Juan Antonio.

—Domicilio.

—General Díaz Porlier, veinticinco.

—Teléfono.

—259 75 57.

—Muy bien. ¿Quieren sentarse, por favor? En seguida les recibirá el señor Vega.

En la reducidísima sala de espera —si se puede llamar «sala» a los escasos metros cuadrados en los que cabían malamente cuatro sillas, una lámpara de pie y un revistero por el que asomaban los pringosos números atrasados de *¡Hola!* y *Diez Minutos*— había otra pareja de mediana edad. Julia y Juan Antonio se sentaron a su lado intentando mantenerse por encima de la poco estimulante situación. Al cabo de unos minutos se abrió la puerta de una habitación interior y por el escurrido pasillo apareció el presunto señor Vega acompañando —¡oh, ironías del destino!— a Germán, nuestro paciente compañero en estas escenas más o menos conyugales.

—Le espero pasado mañana.

—Sí, eso es, pasado mañana.

—De acuerdo, adiós.

—Adiós.

—Señores Navarro, por favor.

Los señores Navarro —que así se llamaba la pareja a la que antes hice referencia— se levantaron para seguir al señor Vega hasta su despacho y fue entonces cuando, inevitablemente, Germán descubrió a Julia.

—Ah, hola.

—Hola.

—¿Cómo tú por aquí?

—He venido con Juan Antonio.

Juan Antonio se limitó a salir del paso.

—Hola.

—Hola.

Se miraron los tres, se observaron y estuvieron a punto, casi al mismo tiempo, de morderse la lengua. Hay que reconocer que, al menos a primera vista, Germán fue el que demostró mayor presencia de ánimo.

—¿Estáis bien?

—Perfectamente.

—Yo también estoy bien.

—Me alegro.

Julia se sintió en la tontísima obligación —¿por qué?— de preguntar:

—¿Y Marisa?

—Muy bien, muy bien, estupendamente.

—Qué bien.

Antes de seguir representando una escena más estúpida de

las habituales (con más «Qué bien, qué bien», seguidos), Germán decidió marcharse.

—Bueno..., he de irme... ¡Hasta la vista!

—Adiós.

—Saludos.

—Sí.

En la exacta décima de segundo que necesitó Germán para abrir la puerta de la calle, fue cuando a Julia se le encendió la bombilla:

—Ah, claro, ¡ya sé quién me habló de esta agencia!

Germán, dándose por aludido, volvió rápidamente la cabeza; Juan Antonio, como de costumbre, no se enteró de nada; Julia se puso un poquito nerviosa y al hombrecillo de la mesa y los papeles le dio un acceso de tos porque fumaba demasiado.

Mientras, en la calle y mal aparcada —estoy hablando del coche, no de ella—, Marisa se encontraba de un humor de perros. De modo que nada tiene de extraño que la emprendiera con Germán en cuanto le vio aparecer:

—Oye, llevo esperando más de media hora.

—Había mucha gente.

—Ha venido un guardia y le he tenido que decir que estaba escayolada.

—¿Y se lo ha creído?

—No, pero me ha dado su número de teléfono.

—Me alegro.

Marisa estaba acostumbrada a que Germán entrara en seguida al trapo, de forma que se extrañó de que no reaccionara como ella había supuesto.

—¿Qué te ocurre? Tienes una cara muy extraña.

—He visto a Julia y a Juan Antonio.

—¿En la calle?

—En la agencia.

—¿Qué hacían en la agencia?

—¿Y yo qué sé? Estarán buscando piso.

—Bueno, mejor, ¿no crees?

—¿Qué?

—Que mejor.

—Ah, sí.

—¿Qué te ha dicho el señor Vega de lo nuestro?

—Parece que por fin nos ha encontrado un ático posible.

—¿Te ha dado la dirección?

—Claro.

—Podemos verlo mañana, ¿no?

—Sí.

Pero Germán estaba distraído pensando en otra cosa y la pregunta de Marisa le pilló *off-side.*

—Por cierto, yo no conozco al amante de tu mujer. ¿Cómo es?

* * *

Doña Eulalia se había empeñado en acompañar a su hija y al novio de esta a visitar el ático que el dueño de la agencia inmobiliaria de la calle Quintana, señor Vega, le había recomendado a Germán. Y allí estaba hurgándolo todo, fisgándolo todo y, posiblemente, estropeándolo todo.

—Lo malo de los áticos es que en verano hace mucho calor.

—Bueno, mamá, no pongas pegas: para eso está el aire acondicionado.

—Sí, para que me enfríe. El aire acondicionado es malísimo. Una amiga mía fue a cantar a Las Palmas, la metieron en un hotel con refrigeración y se pasó una semana en la cama haciendo vahos.

Germán, sin la menor intención, saltó como un tigre, pasara lo que pasara:

—Ya, pero usted no canta.

—No, ni voy a Las Palmas.

—O sea...

—No voy a Las Palmas para no hacer vahos; no sé si me explico.

—Está bien mamá, no ponemos aire acondicionado. Se abren las ventanas y vale.

—En invierno.

—No, en invierno, no: en verano.

—Pues algo habrá que hacer en invierno, porque los áticos son helados.

—Hay calefacción. Esta casa tiene calefacción, ¿verdad, usted?

La última frase era de Germán y la había dicho dirigiéndose al portero del inmueble, quien cumplía —con ostensible desgana— con su obligación de mostrar el ático a los posibles compradores.

—Sí, señor: central.

A lo que doña Eulalia apostilló clarividente, como esos periodistas tan bien informados que intervienen en algunas tertulias radiofónicas para regocijo de taxistas y otras personas de orden:

—Siempre dicen lo mismo. Mucha calefacción central y luego te pelas de frío.

Germán, que empezaba a impacientarse, interrogó a su novia:

—Pero, bueno, ¿tú no querías un ático?

Pero doña Eulalia no le dio la menor posibilidad de responder.

—A esta le gustan los áticos porque es azafata, pero luego la que se queda en casa soy yo.

—Y yo.

—No irás a comparar. Lo mío es distinto. Soy una persona delicada: tengo bronquitis.

—Y yo un principio de úlcera duodenal.

—Eso es de tanto andar por ahí... soltero. La gente casada como Dios manda no tiene úlcera duodenal.

El portero —a quien nadie le había dado vela en aquel entierro— se atrevió a terciar reconociendo los riesgos a los que se exponía:

—Bueno, yo llevo veinte años casado y me operaron en el Primero de Octubre.

—Algo habría usted hecho. A saber.

Germán le echó un cable al portero en previsión de que le sucediera una desgracia:

—Mire usted, doña Eulalia: su hija quería un ático con tres baños, piscina y terraza y este tiene dos baños y un polibán, una piscina con trampolín y una terraza con vistas al pirulí de la tele.

—¿Y para qué quiero yo ver el pirulí de la tele?

—Pero, mamá, la terraza...

—Tengo vértigo. ¿O es que no sabes que tengo vértigo?

—Está bien, está bien, de acuerdo, usted gana: no compramos el ático.

Doña Eulalia comprendió que había ido demasiado lejos y se batió en retirada de un modo realmente vergonzoso:

—¿Cómo qué no lo compramos? Un momento, que tampoco hay que exagerar. Yo no he dicho que no haya que comprarlo. Una cosa es que se estudie la situación y otra muy distinta que se tomen decisiones radicales. El piso es mono y las vistas... aparentes.

El portero se animó pensando en la propina:

—¿Se lo quedan?

A lo que doña Eulalia respondió con las mismas palabras que utilizó la reina Victoria de Inglaterra cuando compró el Castillo de Windsor:

—No está mal. Y en cuanto al pirulí, pues, bueno, distrae.

* * *

Una noche, Juan Antonio y Paula decidieron —¿fue una decisión o sólo una casualidad?— quedarse en casa viendo la tele. Era algo que no les sucedía desde hacía mucho tiempo. Los dos solos..., en casa..., juntos..., delante del televisor..., ¡qué raro! Bueno, no saquemos conclusiones precipitadas. Añadamos, únicamente, que acababan de pasar una película de Pilar Miró. ¿Podría ser *Gary Cooper que estás en los cielos?* Podría. En cualquier caso, Juan Antonio le preguntó a Paula por decir algo:

—¿Te ha gustado?

—A mí, sí. ¿Y a ti?

—Está bien; pero, no sé, estas películas tan feministas...

—Ah, ¿tú crees que es feminista?

—Sí, claro; todas las películas que hacen las mujeres son feministas. Y al fin y al cabo Pilar Miró es una mujer, aunque haya sido directora general.

Era una observación bastante boba y, desde luego, innecesaria, pero Paula no pareció advertirlo.

—A mí me ha parecido una historia muy bonita.

—Bueno, a ti te ha parecido bonita porque los hombres quedaban fatal.

—Es que los hombres no siempre quedan bien.

—Ni las mujeres.

—Desde luego.

—Debe de ser autobiográfica. Cuando una mujer dirige una película metiéndose con los hombres es que es autobiográfica.

Después de este comentario tan idiota como el anterior, Juan Antonio, según su costumbre, se empezó a preparar un martini para «entonarse». No tuvo suerte porque Paula parecía resuelta a lo que fuese.

—A propósito: ¿cuándo te vas de casa?

—¿Cómo?

—Que cuándo te vas de casa.

—No... ¿por qué has dicho «a propósito»?

—Ah, ¿he dicho «a propósito»?

—Sí, has dicho «a propósito».

—No me he fijado. ¿Cuándo te vas?

—¿Tienes prisa?

—Ninguna. Te lo pregunto porque... Bueno, si supiera la fecha aproximada aprovecharía para hacer algunas obras.

—¿Ah, sí?

—Siempre he querido tener un cuarto para mí.

—Si, ya sé... Me suena...: un «rincón».

—Si quieres llamarlo así...

Juan Antonio, sobreponiéndose al tono excesivamente formal del diálogo, había conseguido, sin embargo, servirse el martini. Este indudable éxito le permitió continuar:

—Pues... aún no lo he decidido. Estoy buscando un piso.

—¿Estás?

—Estamos. A través de una agencia inmobiliaria.

—¿Y esto va para mucho?

—Depende. Con las agencias..., depende.

En este momento, ciertamente inoportuno, sonó el teléfono y Paula lo tomó:

—Dígame... Sí, un momento.

Luego le alcanzó el auricular a su marido.

—Es Julia.

Juan Antonio no pudo evitar el gesto instintivo de levantarse para ir a hablar —el teléfono estaba comunicado— desde su despacho, pero Paula tuvo la envenenada gentileza de facilitarle las cosas:

—Te advierto que puedes hablar delante de mí... si no te importa, claro. Comprenderás que a estas alturas...

Tenía —o aparentaba tener— razón. Juan Antonio lo aceptó así y cogió el teléfono que su mujer le estaba ofreciendo.

—Hola. Dime. Sí..., sí... Ah, muy bien. ¿Cuándo te han avisado? Sí..., desde luego..., cuanto antes. Bueno..., bueno..., de acuerdo... Un beso.

Se le escapó. Lo del «beso» se le escapó. Estos lapsus ocurren. Yo tenía una amiga actriz que, cada vez que se despedía por teléfono del tapicero, le enviaba sin darse cuenta —supongo— un beso y no por este motivo acabó yéndose con él a la cama. Vamos, que yo sepa.

—Julia me ha dicho que parece que en la agencia inmobiliaria nos han encontrado un piso.

—Me alegro.

Después de una breve pausa, Juan Antonio dijo con una jovialidad improcedente:

—¿Tienes algo para cenar?

A Paula le costó creer lo que acababa de oír.

—¿Cenar? ¿Te quedas en casa a cenar?

—¿No me he quedado a ver la película?

—Sí..., es verdad. Pues..., no sé... Creí que cenabas fuera y como el niño se ha ido a pasar el fin de semana a Cercedilla...

—Mujer, algo habrá en la nevera. ¿Vamos a ver?

Camino de la cocina, Juan Antonio comentó:

—Por cierto, el título de la película está muy bien: *Gary Cooper que estás en los cielos*.

—Has dicho «por cierto».

—¿He dicho «por cierto»?: no me he fijado.

—Sí, está muy bien.

—¿Es verdad que todas las mujeres estabais enamoradas de Gary Cooper?

—¿De Gary Cooper? ¿Tú qué crees?

En la cocina —concretamente en la nevera— encontraron una lata de foie, otra de espárragos y varias cervezas. Se lo comieron y bebieron todo y —estoy convencido de que a ustedes no les sorprende— terminaron haciendo el amor casi sin darles tiempo de llegar hasta la cama. Juan Antonio no sintió ningún remordimiento y a Paula, en cambio —¡las mujeres, siempre las mujeres...!—, se le hizo un pequeño nudo en la boca del estómago.

* * *

La vida es una sucesión de hechos inexplicables que los seres humanos nos empeñamos en imaginar que deben de tener alguna explicación. De este deseo, sin duda atávico, subsisten los científicos, los profesionales de la religión y las echadoras de cartas. Es una necesidad que, aunque no me afecta, puedo comprender perfectamente. Es muy duro aceptar que las cosas ocurren porque sí y que el destino no logra vencer las caprichosas fronteras del azar. El mismo que quiso —¿lo ven?— que Julia y Juan Antonio fueran a visitar precisamente el ático que ya habían visto Germán, Marisa y doña Eulalia unos días antes. (Testigo de excepción que no me dejará mentir: el portero que conocimos entonces.)

—¿Qué te parece?

—Está bien.

—Tiene buena luz.

—¿No será muy caluroso en verano?

—¿Caluroso?

—Sí, los áticos tienen ese problema: calor en verano y frío en invierno.

—Habrá una buena calefacción..., supongo. ¿No?

Julia le planteó al portero la misma cuestión que anteriormente le había planteado Germán, y aquel la resolvió como entonces:

—Sí, señora: central; la calefacción es central.

La respuesta animó a Julia, quien, ya embalada por la pendiente de sus ardores matrimoniales, se dispuso a encontrar soluciones para todo. No contaba, sin embargo, con la actitud distante de Juan Antonio.

—Estupendo. Y en verano ponemos aire acondicionado.

—¿Con el ruido que hace?

—¿Qué pasa? ¿No te gustan los áticos?

—Sí, sí, me gustan. Sólo daba mi opinión.

Julia se asomó a la terraza que acababa de abrir el portero.
—La vista es fenomenal.
Como realmente la vista era formidable, el portero no tuvo problemas para precisar:
—Se ve el pirulí de la tele.
Los elogios de ambos al panorama no lograron estimular a Juan Antonio, quien se limitó a decir con cara de *croupier* dándole a la ruleta:
—Muy interesante.
Julia miró al portero, este le dio con un guiño la señal de salida y nuestra protagonista se lanzó a fondo:
—Oye, Juan Antonio, si quieres lo dejamos. No tenemos ningún compromiso.
—No, si el piso es agradable, pero los áticos...
—No tendrás vértigo, espero.
—No, ¿por qué iba a tener vértigo? Pero sé lo que pasa: se oye el ascensor a todas horas, el agua llega sin fuerza...
—Bueno, ¿y qué hacemos? Porque tampoco podemos seguir como estamos.
—Desde luego.
—Yo me lo quedaría.
—¿Lo meditamos un poco?
—Por la cara que pones, ¡qué remedio!
El portero —pensando como siempre en la propina, porque quería comprarse un televisor con mando a distancia— puso su granito de arena:
—No lo duden mucho porque el otro día vinieron a verlo unos señores que están interesadísimos.
—¿Ah, sí?
—Vaya.
A Juan Antonio le hubiese encantado estrangular al portero, pero como este delito acostumbra —no siempre— a castigarse, se prometió a sí mismo aprovechar otra ocasión más propicia. Mientras, dispuso del tiempo justo para prepararse mentalmente a soportar la ofensiva de Julia, que se desencadenó, como él había previsto, a la salida del inmueble.
—No podemos dejar que se nos escape.
—¿Estás decidida?

—De todo lo que he visto es lo mejor.

—En ese caso...

—¿Por qué no vas mañana a la agencia y lo resuelves?

—¿Mañana?

—Yo no puedo acompañarte porque he de ir a Barcelona, pero convendría que te acercaras un momento.

—Es que mañana tengo un día difícil.

—Ya has oído lo que ha dicho el portero. Nos lo van a quitar.

—No sé si voy a poder, de veras.

Julia sujetó a su amante de una manga en un bordillo de la acera enfrente del paso de peatones.

—¿Qué ocurre? No será que empiezas a sentirte a gusto en tu casa.

—¿Yo? Pero, ¿qué cosas dices?

Pasó un Volvo color gris plata, metió una de sus ruedas en un charquito putrefacto y salpicó a Juan Antonio manchándole los pantalones que Paula, su mujer, acababa de plancharle aquella mañana. La vida —como ya he explicado brillantemente en estas páginas— no hay quien la entienda.

* * *

A Juan Antonio, después de la escena que acaban ustedes de presenciar en el ático con vistas al pirulí de Torrespaña, no le quedó otro remedio que presentarse en la agencia inmobiliaria que dirigía el señor Vega en la calle Quintana de Madrid. La estiradísima conversación se desarrolló aproximadamente en estos términos:

—¿Ha terminado de leer el borrador del posible contrato de opción de compra? ¿Ha visto todas las estipulaciones: precio, plazos, otorgamiento de escritura, etcétera?

—Sí.

—Bueno, pues, así, en principio, estamos de acuerdo.

—De acuerdo.

—Sólo queda un pequeño inconveniente.

—Dígame.

—Tengo otro cliente que también está interesado en el ático. No hay nada firmado, desde luego, porque aún no ha pasado por aquí para formalizar los trámites, pero yo soy una persona seria y me parece elemental consultarle antes de cerrar el trato con usted. Al fin y al cabo, él tiene una cierta prioridad.

El señor Vega tenía una alarmante necesidad de declarar públicamente que él era «una persona seria». Resultaba difícil averiguar si esta contundente afirmación era consecuencia de su natural tendencia a desconfiar de la frágil seriedad del género humano o si nacía de su absoluta convicción de que nadie en este país, desde Felipe II, se había comportado tan seriamente como él. Por una o por otra causa, el señor Vega era más bien coñazo.

—Aunque no creo que haya ningún problema, porque está tardando en decidirse.

—No quisiera perjudicar a nadie.

—En absoluto, no se preocupe. De todas formas, si usted me lo permite, voy a llamar a ese cliente ahora mismo y así salimos de dudas. No es por nada, pero, bueno, yo soy una persona seria, ¿sabe?

—Por supuesto.

—Con su permiso.

El señor Vega descolgó el teléfono, marcó un número y esperó hasta que al otro lado del hilo telefónico respondió la voz —¡era inevitable!— de Germán desde su estudio de arquitecto.

—Sí... Ah, buenos días, señor Vega. Ya..., sí..., claro... Discúlpeme, no he podido pasar por ahí porque tengo mucho trabajo. Justamente pensaba hacerlo el lunes próximo.

La respuesta del señor Vega fue inmediata y, pensándolo bien, un tanto intimidatoria:

—Me temo que el lunes pueda ser demasiado tarde. Verá: tengo aquí, delante de mí, a un señor al que le gusta mucho el ático del que hemos hablado. Está dispuesto a comprarlo, pero, claro, a mí me ha parecido lógico consultar antes con usted.

Para que esta apasionante escena pueda comprenderse en su exacto sentido, hay que subrayar que Juan Antonio no sabía que la persona con la que el señor Vega estaba hablando por teléfono era precisamente Germán, el ex marido de Julia. De haberlo sabido, quizás le hubiese mosqueado oírle decir:

—Bueno, a mí el ático me interesa evidentemente aunque, en fin, comprendo que si alguien le ofrece unas condiciones más ventajosas...

El señor Vega echó mano de su estribillo habitual:

—No, no: las condiciones son las mismas. Ya sabe usted que yo soy una persona seria.

Juan Antonio, al que le pareció advertir algo extraño, se apresuró a precisar con una obsequiosidad excesiva:

—Dígale que en ningún caso quisiera perjudicarle.

Ante lo cual, el señor Vega le reconvino, profundamente tocado en su puntillo profesional:

—No, hombre, ¿cómo voy a decirle eso?

Y en seguida le aclaró a Germán —siempre en la otra punta telefónica—, dándole la vuelta al asunto:

—¿Qué? No, nada..., que la persona que está conmigo insiste en su interés por el ático.

A lo que Germán respondió sospechosamente:

—¿Ah, sí? De ninguna forma quisiera perderlo, pero, en fin, si esa persona lo necesita más que yo... ¿Cómo? Sí, sí, espero.

El señor Vega tapó con la mano el auricular del teléfono mientras —no era necesario— le guiñaba un ojo a Juan Antonio con indecente complicidad:

—Esto está hecho: dice que si usted lo necesita más...

—¿El ático? No, yo no lo necesito más. Bueno..., no lo sé. En cualquier caso no quiero quitarle nada a nadie. Ese cliente de usted debe de ser muy generoso, pero yo no quisiera tener cargos de conciencia.

—Ya.

¡Qué lío! El señor Vega —acostumbrado a vender pisos, chalés, duplex, adosados, parcelas y solares, además de pariente lejano de don Jesús Gil y Gil, presidente del Atlético y alcalde de Marbella— estaba empezando a ponerse de los nervios, sobre todo cuando pudo comprender lo que Germán le estaba diciendo al otro lado del teléfono:

—No, no, cargos de conciencia ninguno. Al fin y al cabo no es el único ático que hay en Madrid.

Señor Vega (a Juan Antonio):

—Dice que no es el único ático que hay en Madrid.

Juan Antonio (al señor Vega):
—Tiene razón. Y por eso, como él lo vio antes, si hay que sacrificarse, me sacrifico.
—Claro.
Señor Vega (a Germán):
—Dice...
Germán (al señor Vega):
—Lo he oído perfectamente y no estoy dispuesto a aceptar sacrificios. Dígale...
Señor Vega (a Germán):
—Escuche: yo soy una persona seria y no quiero dejar de ser una persona seria. Dígame: ¿usted quiere ese ático o no lo quiere?
Germán (al señor Vega):
—Claro que quiero ese ático. ¿Cómo puede usted pensar otra cosa?
Señor Vega (a Juan Antonio):
—Dice que quiere el ático. Y a usted, ¿le sigue interesando?
—¿He dado yo la impresión de que no me interesara?
—Muy bien.
Señor Vega (a los dos: a uno directamente y al otro por teléfono):
—Les espero el viernes a las seis de la tarde aquí en mi despacho y resolveremos este asunto entre todos. ¿Vale?
—Vale.
—Vale.
—Perfecto. Hasta el viernes.
El señor Vega colgó el teléfono, despidió a Juan Antonio y se fumó un purito considerando que, ya que él era una persona seria, se lo había merecido.

* * *

Mientras, como los personajes de estas escenas tienen la insensata costumbre de comer muchísimo —a mí me parece que demasiado— y como yo tengo que seguir escribiendo para ver si algún día llego al final de esta novela, no me queda otra solución que explicarles que el próximo diálogo lo mantuvieron Germán,

Marisa y su madre alrededor de la mesa en donde estaban cenando. También puedo añadir —conviene— que doña Eulalia había organizado dicho ágape con algún propósito inconfesable. Observen, si no, sus primeras palabras:

—Hija, me tienes en un ay. ¿Cuándo vas a dejar de ser azafata?

—Pero, mamá, los aviones son el medio de transporte más seguro que existe.

—Sí, eso decís todos, pero luego pasa lo que pasa. Tú lo que deberías hacer es casarte con «este», quedarte en casa y dejarte de tanto Bangkok.

—Sí, y morirme de asco.

—No sé por qué dices eso. ¿Me he muerto yo de asco?

Y como si una cosa fuera consecuencia de la otra —que no, que no lo era—, doña Eulalia se volvió hacia Germán con una sonrisa tan forzada que le debieron de doler las mandíbulas:

—Y ahora que caigo: ¿cómo va lo del ático? ¿Cuándo lo compras?

—Bueno, parece que hay algún problema.

—¿Qué tipo de problema?

—Pues otra persona está interesada en comprarlo.

—¿Y qué? No se te habrá adelantado.

—No, no exactamente.

—¿Qué quieres decir?

—Claro, como usted puso tantas pegas...

—¿Cómo? ¿Qué yo puse pegas?

—Que si el calor, que si el frío, que si el vértigo...

—¿Vértigo? ¿Qué vértigo?

Marisa —que estaba tan alarmada como doña Eulalia ante la posibilidad de que Germán se arrepintiera de comprar el ático— aprovechó la ocasión para acusar a su madre. (Los hijos no pierden comba, como ustedes probablemente habrán comprobado en sus propias carnes.)

—Sí, mamá, eso es verdad: dijiste que tenías vértigo.

—¿Yo vértigo? Ni que fuera *Pinito del Oro.*

Germán vislumbró —equivocadamente— un resquicio por donde escapar y quiso aprovecharlo.

—Entonces, bueno, perdí un poco de tiempo.

Pero Marisa no parecía dispuesta a tragarse ese tipo de excusas:

—Pues mañana vas y lo compras.

—He quedado el viernes.

—¿No puede ser antes?

—No: el viernes.

Doña Eulalia —vale más pájaro en mano, etcétera— quiso dar por zanjada la cuestión, entre otras razones porque se estaba perdiendo a Paco Lobatón y su *¿Quién sabe dónde?*

—Está bien, pero lo compras. Nos vamos todos al ático y luego a casarse, que ya va siendo hora. ¿O no?

Germán asintió vencido y desarmado:

—Sí.

Y doña Eulalia le clavó la lanza como san Jorge al dragón:

—¿Qué tal la gallina en pepitoria?

—Parece conejo.

—¿Cómo va a parecer conejo si es gallina? ¿Ves cómo no puedes seguir solo?

Doña Eulalia y Marisa se miraron enternecidas como Hitler y Francisco Franco en la estación de Hendaya. Vamos, más o menos.

* * *

Juan Antonio fue al aeropuerto a recoger a Julia que regresaba —había ido por motivos profesionales— de Barcelona. Se portó —¿por qué no?— como un caballero: le dio un beso en la mejilla, le llevó el equipaje —una bolsa de piel beige— y entabló con ella ese tipo de conversación insustancial que escriben los guionistas de cine y que tanto se utilizan en los planos generales con espalda de guardia municipal en primer término.

—¿Qué tal el viaje?

—Bien, muy bien. ¿Dónde tienes el coche?

—Ahí, a la derecha.

Cuando se dirigían hacia el aparcamiento, una furgoneta de Iberia se cruzó con ellos y la tripulación —comandante, pilotos, azafatas y lo que sea— descendió rápidamente camino de alguna salida. Ocurrió todo muy deprisa, como ya he dicho, de forma que Julia no dispuso casi de tiempo para avisar:

—Mira, esa es Marisa.
—¿Marisa?, ¿cuál?
—Aquella..., la rubia.
Juan Antonio volvió en seguida la cabeza —tenía mucha curiosidad por comprobar cómo era Marisa—, pero llegó tarde porque ya todos los tripulantes habían desaparecido dentro del aeropuerto.
—No la he visto. Como no la conozco...
—Yo te la presentaré. Otro día.
Llegaron al *parking*, Juan Antonio recogió su coche y, ya camino de Madrid, reanudaron la conversación. Julia, sobre todo, parecía ansiosa por tener noticias.
—¿Estuviste en la agencia inmobiliaria?
—Sí, sí, estuve.
—¿Qué te dijo el señor Vega?
—Bueno..., ha surgido una pequeña dificultad.
—¿Cuál?
—Hay otra persona que quiere comprar el ático.
—Sí, eso ya lo sabíamos. Nos lo dijo el portero.
—Es que... tiene ciertos derechos adquiridos.
—¿Ha adelantado algún dinero..., ha firmado algo?
—No; que yo sepa, no.
—Entonces...
—Él lo vio primero y claro... El señor Vega es una persona seria, él mismo lo dice.
—O sea que lo vamos a perder.
—No lo sé...; todavía no lo sé. Hemos quedado el viernes en la agencia ese señor que también quiere comprar el ático y yo a ver qué decidimos.
—El viernes es un día fatal para mí.
—No te preocupes, iré yo solo.
—Supongo que no te lo dejarás quitar.
—Bueno, yo haré lo que pueda... Figúrate.
Sin embargo, ¿va a hacer realmente Juan Antonio «todo lo que pueda» como acaba de declarar? ¿Ustedes qué opinan? La solución —permítanme— un poco más adelante.

* * *

Y, por fin, llegó el viernes. Es algo que acostumbra a suceder después de todos los jueves y que no tiene una especial significación excepto en algunos casos: este, como podrá comprobarse en seguida, fue uno de ellos.

—Hola.

—Hola.

—Qué casualidad.

—Sí.

Germán y Juan Antonio se quedaron atónitos. Pero no atónitos como cuando los españoles leyeron que Rocío Jurado y Ortega Cano se iban a casar «un día de estos», y encima se casaron, sino atónitos de verdad. O sea, petrificados. No tenían previsto coincidir de nuevo en la agencia inmobiliaria y se llevaron un susto considerable.

—¿Buscando piso?

—Aproximadamente. ¿Y tú?

—A ver.

Sin apenas tiempo para reponerse, el señor Vega —¿se acuerdan, aquella persona tan seria que..., bueno, pues ese— avanzó hacia ellos invitándoles a que le acompañaran a su despacho.

—¿El señor Hernando?, ¿el señor Molero? ¿Quieren pasar, por favor?

Al desconcierto inicial se añadió ahora la sorpresa de verse obligados a seguir al señor Vega para mantener juntos una entrevista. ¿Por qué el dueño de la agencia quería hablar con los dos? Pronto iban a enterarse.

—Siéntense, se lo ruego. Ustedes no se conocen: el señor Germán Hernando, el señor Juan Antonio Molero...

Ambos sonrieron con complicidad como ocurre —u ocurría— en las comedias del cine americano — la rubia platino le da una patada por debajo de la mesa al portavoz de la Casa Blanca con el que se acuesta las vísperas de festivos— y en los vodeviles franceses que nutren —o nutrían— las carteleras teatrales celtibéricas.

—Bien, vamos a intentar resolver este asunto de la mejor manera posible. Yo soy una persona seria y me gusta plantear las cosas seriamente. Resulta que están ustedes interesados en la compra del mismo ático, pero a la vez —y debo decirlo en su honor— ninguno quiere perjudicar al otro. Es una situación un tanto insólita desde luego, pero...

Lo que acababa de decir el señor Vega no era desde luego especialmente gracioso, pero a nuestros conocidos Germán y Juan Antonio les tiró de risa.

—¿Qué sucede? ¿He dicho algo divertido?

—No, nada, nada, en absoluto.

—Es que nosotros nos conocemos desde... Bueno, digamos que desde hace mucho tiempo.

El señor Vega, aunque algo mosca —no podía tolerar que se rieran de él, un hombre tan serio—, continuó, abordando el asunto primordial:

—Esto facilita la solución del problema. Veamos: ¿quién de ustedes está dispuesto a renunciar a sus derechos?

—Yo.

—Yo.

Habían respondido al unísono con una vehemencia y una generosidad inhabituales.

—No volvamos a empezar, por favor. Les ruego que contemplen este tema con toda seriedad: es norma de la casa.

Juan Antonio y Germán se miraron sin atreverse a decir lo que —parecía de cajón— estaban pensando. Al fin, uno de ellos tomó la iniciativa:

—¿Por qué no lo decidimos entre nosotros?

—Excelente idea. ¿Están ambos de acuerdo?

—Sí.

—Muy bien. Espero sus noticias. Y dense prisa. No lo olviden: cuanto antes. Yo soy una persona seria, compréndalo.

Los tres se levantaron, se dieron cortésmente la mano y, cuando Germán y Juan Antonio salieron del despacho, el señor Vega encendió ese purito con el que siempre se premiaba luego de un buen trabajo.

* * *

En la esquina de la calle Quintana con Martín de los Heros había un bar al que yo iba con frecuencia a tomarme unos pinchos y alguna caña durante una época en la que me enamoré de una chica estudiante de económicas que se llamaba Marta, que nunca me hizo mucho caso —algún que otro metejón, pero poco más— y que terminó casándose con un banquero de esos que, a fuerza de ingeniería bancaria, están ahora en la cárcel. Lo siento por ella, porque era mona, deslenguada y provocativa excepto cuando te metía una cita de Popper por los oídos.

Una vez señalado este paupérrimo dato autobiográfico —me apetecía—, ya puedo escribir que Germán y Juan Antonio se sentaron a una mesa de ese bar dispuestos a un careo sin testigos.

—De modo que eras tú.

—Y tú, también eras tú.

—Qué curioso.

—Vaya situación.

—Desde luego.

—Y ahora, ¿qué hacemos?

—Bueno, antes de nada debo decirte que de ningún modo quisiera crearte algún problema.

—Ni yo, ni yo, por supuesto. Yo tampoco quiero crearte problemas.

Estaban tan simpáticos, tan encantadores, tan amables y tan finos, que el camarero, así, a bote pronto, pensó que serían extranjeros. Por si acaso, deletreó penosa e incorrectamente:

—*What do you want to drink?*

Y nuestros protagonistas respondieron —¡estamos colonizados!— sin sorprenderse lo más mínimo:

—¿Tú *gin-tonic* con media tónica?

—¿Tú martini seco con una aceituna?

—No, aún no es mi hora.

—Ni la mía.

—Café.

—Yo también: solo.

Pero el camarero respondió erre con erre:

—*Thank you, very much.*

En cuanto se fue, Juan Antonio siguió dirigiéndose a Germán francamente cariñoso:

—Te decía que en ningún caso me gustaría perjudicarte.

—Estoy seguro, Juan Antonio, estoy seguro; no tienes que decírmelo.

—A mí me gusta mucho este ático, pero, en fin, si tú lo necesitas más que yo...

—No, por favor, por favor, ¿cómo voy a necesitarlo más que tú? Supongo que si quieres ese ático es porque Julia y tú habéis decidido vivir juntos.

—Sí, claro; pero Marisa y tú...

—Sí, también queremos vivir juntos; pero nosotros no tenemos prisa.

—Nosotros tampoco; ninguna, ninguna prisa. Además tú vives solo... Eso debe de ser muy desagradable.

—Bueno, ya estoy acostumbrado. Peor es lo tuyo: tener que vivir con tu mujer cuando estás deseando vivir con Julia.

—Ah, sí, claro, terrible, es terrible. Pero tú no puedes seguir así..., sin un sitio fijo..., una casa..., un hogar...

—Mira, Juan Antonio, yo te agradezco tus palabras, pero me imagino que el ático te hace ilusión.

—Muchísima, claro; muchísima.

—¿Lo ves? ¿Cómo voy a quitarte esta ilusión?

—Hombre, el sitio está bien.

—Se ve el pirulí de la tele.

—Sí, se ve el pirulí, pero, bueno, tampoco se va a pasar uno el día mirando el pirulí.

—Nada, nada, el ático es tuyo. No se hable más.

—Pero tú lo viste antes.

—Como si no lo hubiera visto. En realidad las que se fijaron fueron Marisa y su madre.

—Ah, y encima esto: ¿qué van a pensar Marisa y su madre?

—¿Qué quieres que piensen?: lo que yo diga, lo que yo diga. Siempre piensan lo que yo les digo que piensen.

—No sé, de veras, no sé. Tengo la impresión de que te sacrificas.

Germán —que había representado varias funciones de teatro en el colegio y que había salido de comparsa en un espectáculo dirigido por José Tamayo en el Teatro Español de Madrid— echó mano de su malograda vocación de actor:

—Claro que me sacrifico. ¿Y sabes por quién me sacrifico?: por Julia. Tenemos la obligación de sacrificarnos por ella, Juan Antonio. Tú la quieres y yo —aunque de otro modo, claro—

también la quiero. Julia desea ese ático y nosotros no podemos negárselo, ¿entiendes? Julia tiene que vivir en el ático... contigo, naturalmente.

—¿Te parece?

—No lo dudes, Juanito —y perdona que te llame así—; no lo dudes.

El camarero regresó con los cafés y dijo gritando como si los demás fueran sordos:

—*Two coffees!!!*

Germán y Juanito —¡jo!— sin ponerse de acuerdo torearon al alimón al camarero:

—¿Café? Yo había pedido un *gin-tonic.*

—Y yo un martini seco.

—*Right?*

—Desde luego.

—Por supuesto.

—*Sorry!*

—Eso.

—Vaya.

A consecuencia de lo cual, el camarero aquella noche tuvo pesadillas. (En inglés, naturalmente.)

* * *

Era una tienda horrible. Las ciudades acostumbran a estar llenas de cosas horribles y la vida no digamos. «No digamos, ¿qué?», preguntarán ustedes llenos de curiosidad y de sentido común. Bueno, pues no digamos el montón de cosas horribles de las que están llenas nuestras horribles vidas. O digámoslo y lamentémonos y blasfememos por esta comprobación tan desagradable. En cualquier caso, ni nuestros lamentos ni nuestras blasfemias podrán evitar que la tienda de muebles que visitaron Julia y Juan Antonio aquella mañana fuese también horrible.

—Tenemos que comprar un buen sofá: agradable, cómodo, simpático...

—¿Qué te parece ese de ahí?

Julia —ante el tono elogioso de la pregunta de su novio— puso la misma cara de asombro que finge Ana Belén en *La pasión turca* cuando es penetrada por un camino menos transitado de lo habitual. Luego, respondió:

—Un espanto: es un *chester.*

—¿Qué les pasa a los *chester?*

—¿Qué les va a pasar?: que no son agradables ni cómodos ni simpáticos.

—No veo por qué. Los *chester* se han llevado toda la vida.

—Por eso, precisamente por eso. Además tienen algo frío..., funcional..., como de consulta de médico.

—Es que yo soy médico.

—Sí, pero yo no soy tu paciente... por ahora. Anda, sigamos.

Siguieron deambulando por un revoltijo —«descuidadamente elegante» según el dueño de la tienda, que había pasado tres semanas y media en Nueva York conviviendo con un amigo suyo miope y pederasta. (Lo uno no tiene nada que ver con lo otro, desde luego)— de tresillos estampados, cómodas pintarrajeadas y lámparas indecorosas. Entre silla y candelabro, mesa y estantería, Julia continuaba hablando:

—Me gustaría encontrar algo divertido para mi cuarto.

—¿Tu cuarto?

—Sí, mi cuarto..., mi rincón..., ya sabes.

—Sí, ya sé. ¡Qué manía!

—Siempre te pareció bien que lo tuviera.

—Sí, claro, claro.

—¿Qué pasa? ¿Te ha molestado que no compráramos el *chester?*

—Un poco.

—Bueno, pues nada, compramos el *chester.* Por eso que no quede.

Y profundamente cabreada —hay otras expresiones más finas, pero menos gráficas— Julia se encaminó a un mostrador para encargarle a Juan Antonio el *chester* de las narices.

* * *

El cabreo —perdón, lo siento, pero una vez utilizado el término...— no empezó a pasársele a Julia hasta que hizo todo lo posible para contagiárselo a su amiga Rosa. Es un método que acostumbra a funcionar.

—Chica, ¡qué espanto! Se empeñó en lo del *chester* y hubo que comprarlo.

—Mi dentista tiene un *chester* y cada vez que voy a su consulta se me queda el culo tieso.

—Lógico. Como que los *chester* son para los ingleses, que siempre están de visita.

—Desde luego.

Estaban en su despacho de psicólogas y Julia acababa de hacer café. (¿Qué ocurriría en este país —y en otros— si la gente no hiciese café cuando está trabajando y no saliera a tomar café cuando interrumpe su actividad de trabajar y de hacer café?) Con las dos tazas en la mano, se sentó junto a Rosa.

—Ah, y no veas la cara que puso cuando le conté que quería tener un rincón para mí.

—¿Qué dijo?

—No dijo nada, pero le sentó como un tiro.

—¿Por qué?

—No lo sé. Antes siempre había opinado lo contrario. Estoy preocupada.

Generosamente, Julia le cedió a Rosa una de las tazas de café y esta, en agradecimiento, se sintió obligada a preguntar:

—¿Qué crees que le pasa?

—Lo noto diferente..., raro. Sobre todo desde que hemos decidido vivir juntos. Cuando le conocí era ingenioso, brillante, arrollador... Se reía..., cantaba zarzuelas, óperas...

—Vaya, de eso al menos te has librado.

Pero Julia no pareció —o no quiso— advertir la broma.

—¿Y si me he equivocado? ¿Y si resulta que Juan Antonio no es como yo imaginaba?

—Pero bueno, después de tantos años, ¿cómo no vas a conocerlo?

—No creas, los hombres cambian mucho. Además, no es lo mismo ser la amante de un señor que vivir con él. ¿Cómo iba yo a sospechar que Juan Antonio quisiera un *chester?*

Después de haber planteado tan acuciante cuestión, ambas amigas se bebieron el café, que le había salido a Julia francamente repugnante.

* * *

Casi a la misma hora, Germán —que había acudido a la reunión en la alta cumbre convocada por doña Eulalia con carácter de urgencia— se defendía de las graves acusaciones que Marisa y su madre le formulaban.

—De manera que te has dejado quitar el ático. Pero, ¿cómo es posible? Desde luego, los hay incautos.

—Las cosas no son tan fáciles. Surgen problemas.

—¿Y quién se lo ha quedado, si puede saberse?

—No lo sé... ¿Cómo voy a saber quién se lo ha quedado?

Doña Eulalia se sacó del pecho un relicario que albergaba la foto de su marido, lo besó, y le dijo a Germán en una actitud del todo apocalíptica:

—Bueno, pues hasta aquí llegó la riada. Tú a esta pobre infeliz no le sigues jeringando la existencia.

—¿Qué quiere usted decir?

Marisa se sumó a la ofensiva de su madre porque creyó —y no le faltaban motivos— que había llegado su momento:

—Compréndelo, Germán, ya está bien. No tiene gracia que sigas viviendo solo.

Doña Eulalia agradeció el apoyo militar de su hija y siguió destapando la caja de los truenos:

—Ninguna, ninguna gracia. Lo del ático era tu última oportunidad.

—¿Oportunidad?

—O consigues el ático como sea o te vienes a vivir con nosotras, ¿verdad mamá?

—Sí, hijito, este es un piso pequeño, pero ya nos apañaremos: te haremos un sitio en la terraza. Y en seguida, hala, a casaros, que en mi casa no quiero concubinatos.

—Pero señora...

—Sí, ya sé que no sé lo que es un concubinato, pero yo me entiendo.

Y como ella se entendía —no sé ustedes—, doña Eulalia volvió a guardarse en el pecho el relicario con la efigie de su marido prometiéndole varias velas al Cristo de Medinaceli si el estado civil de su hija acababa despachándose por el procedimiento de urgencia.

* * *

En el otro lado de Madrid —y, concretamente, en el domicilio de Juan Antonio— la situación había cambiado de una manera ostensible e incluso llamativa: nada de nervios, nada de tensiones, ni un mal gesto, ni una voz destemplada... Ah, ¿que no me creen? Permítanme un detalle: en la siguiente escena conyugal Paula acababa de prepararle un martini —seco, como a él le apetecen— a su marido.

—¿Está a tu gusto?

—Perfecto, está perfecto.

Debía de estarlo porque Juan Antonio paseó lentamente la bebida por todas las paredes —¿cuántas hay?— de su paladar.

—¿Tú no tomas nada?

—No me gusta el alcohol, ¿no te acuerdas?

—Perdona.

—No, si es natural que no te acuerdes.

Se callaron. Sobre todo Juan Antonio —si es posible que una persona se calle más que otra—, porque comprendió que había metido la pata.

—Estoy preocupada por Paquito.

—¿Por qué?

—El otro día estuve con el director del colegio. Me dijo que últimamente estudia menos, que está distraído.

—¿Ah, sí?

—El director cree que se ha enamorado.

—¿Cómo?

—Lo que oyes.

—Pero si es un crío.

—¿Y qué? Hay quien se enamora muy pronto y hay quien se enamora muy tarde.

A Juan Antonio se le derramó un poco del martini sobre la camisa blanca, pero no se atrevió a moverse. Con la más insípida de sus muecas —tenía un extenso surtido— murmuró opacamente:

—¿Y qué podemos hacer?

—Nada, ya se le pasará. Eso siempre se pasa, ¿no crees?

Gol. Paula estuvo perfecta. Un aplauso. Porque, además, demostró un enorme talento al añadir con elegancia, como quien compra un *foulard* en Chanel:

—Tendríamos que cambiar este sofá. Está un poco viejo. Bueno, disculpa, no sé por qué digo «tendríamos».

—¿Y qué deberíamos —o deberías— comprar?

—Pues otro *chester*... como este. Me encantan los *chester,* ¿a ti no?

—¿Cómo has dicho?

—Te estaba recordando que te encantan los *chester.* ¿O no es así?

—Sí, desde luego, me encantan, me encantan.

El sonido del teléfono contribuyó a enfriar la satisfacción de Juan Antonio. Con un poquito más de tiempo, Paula la habría metido en el congelador.

—¿Diga?

Con una cierta inquietud —no era el momento apropiado para este tipo de llamada— Juan Antonio quiso saber:

—¿Es Julia?

—No, no es Julia, tranquilízate. Es un tal Germán, su ex marido.

Tomó el auricular con una justificadísima aprensión.

—¿Sí? Sí, soy yo, dime. Bueno, estoy un poco sorprendido de que me llames a casa, pero en fin... Ya..., ya... Está bien..., pásate mañana alrededor de las diez. De acuerdo..., no te preocupes... Hasta mañana.

Colgó el teléfono y le comentó a su mujer, frotándose una pantorrilla con el pie de la otra pierna porque últimamente sufría una alergia que ni sus colegas le conseguían controlar:

—Quiere verme urgentemente. Hemos quedado mañana por la mañana en La Paz. Me parece que no se encuentra bien.

La observación de Paula valió su peso en oro:

—He observado que os tuteáis. Enhorabuena.

* * *

La clínica de La Paz es un sitio estupendo y utilísimo a condición de que se visite estando sano. De otro modo, las cosas se complican. No porque el edificio esté mal ni, menos aún, porque el personal sanitario sea ineficiente. Nada de eso. No. Lo que ocurre es que el punto de vista es distinto. Sucede en todos los hospitales. Existe una enorme diferencia entre montarse en un ascensor —aunque haya que esperarlo diez minutos—, cruzar los pasillos, llamar a una puerta, entrar en una habitación y decirle al pariente o amigo con una sonrisa hipócrita: «Anima esa cara, que tienes muy buen aspecto», que ser tú el que está tumbado en la cama con una cánula en la nariz, un suero en el brazo y una sonda en el uréter. La atmósfera que se respira en estos caritativos establecimientos es tan deprimente, que lo más meritorio es entrar en ellos con buena salud y no salir enfermo. Parece realmente difícil escapar a una escenografía tan penosa.

Quizás por este motivo —y por otros que ustedes y yo conocemos— Germán estaba verdaderamente inquieto cuando accedió a la consulta —la enfermera que le había recibido era una maciza de mucho cuidado— de Juan Antonio Molero, estomatólogo.

—Hola. Siéntate. ¿Cómo estás?

—Bien, estoy bien.

—¿Seguro? Tienes ojeras.

—¿Ojeras? No, no son ojeras. La edad... sólo la edad.

Germán había querido hacerse el gracioso, pero le salió una risa tan histérica que el estomatólogo estuvo tentado de avisar a un amigo suyo psiquiatra que estaba en el tercer piso.

—¿Y el estómago? ¿Cómo va ese estómago?

—Maravilloso, de veras, maravilloso: como lo que quiero, bebo lo que me da la gana... Piedras, digiero piedras.

—Si tú lo dices...

—¿Tengo mal aspecto?

—No muy bueno.

—Vaya.

El tono serio y dramático de Juan Antonio, quien pertenecía a esa clase de médicos que confunden a Hipócrates con Esquilo, le impresionó tan profundamente que acabó cantando de plano:

—Estoy fatal: acidez, ardores, un dolor que me llega hasta la espalda... No como, no duermo... La otra noche cené un huevo frito y creí que me moría.

—Hombre, claro, un huevo frito: ¿a quién se le ocurre?

—Es malo, ¿no?

—Malísimo.

Una vez conseguido el efecto deseado, Juan Antonio empezó a sentirse a gusto. Fue un placer sólo comparable al éxtasis que le produjo el espectáculo de Montserrat Caballé cantando la Salomé.

—Tienes que cuidarte.

—Sí, ¿verdad?

—No querrás acabar en mis manos.

—No, claro que no.

—Ahora mismo voy a pedir hora para que te hagan un examen radiológico.

Juan Antonio hizo un gesto para descolgar el teléfono interior, pero Germán tuvo la sabiduría de impedírselo. (Todos sabemos que de un buen examen radiológico a la tumba no hay más que un paso.)

—No, no, espera. En realidad no he venido a hablarte de mi estómago.

—¿Ah, no?

—No..., verás... Yo he venido a hablarte del ático.

—¿Del ático?

—Sí..., tengo un problema espantoso... Resulta que Marisa y su madre se han empeñado en que viva con ellas.

—Bueno, ¿y qué?

—Pues que vivir con ellas en casa de ellas puede ser tremebundo.

—Vete a vivir con ellas a otro sitio.

—No puede ser.

—¿Por qué?

—Porque se han encaprichado del ático. Dicen que o vivimos en el ático o en su casa.

—¡Qué estupidez!

—¿Verdad?

—Bueno, ¿y yo qué puedo hacer?

Germán tomó aire, se hinchó como un globo y al fin soltó amarras:

—¿Tú no me podrías ceder el ático?

—¿A estas alturas? Pero, ¿cómo se te ocurre?

—Sí, ya sé que es una pretensión excesiva, que llega un poco tarde, pero entre amigos...

—Lo siento, Germán, de veras, pero no. Además está ya todo preparado... Incluso hemos comprado un *chester.*

—¿Un qué?

—Un *chester:* un sofá.

—Me quedo, me quedo con el *chester,* me lo quedo.

—No, no, de ninguna manera, ni hablar.

La firmeza —aparente— de Juan Antonio se ablandó de pronto y el tono de su voz se hizo melódico y sibilino.

—Aparte de que..., bueno..., tendría que consultarlo con Julia.

—¿Por qué no lo haces?

—Ya sé lo que va a decirme, pero si te empeñas...

—Por favor, Juanito —ay, perdona— pero estoy desesperado.

—Está bien, está bien, hablaré con Julia, te lo prometo. Pero nada, nada, va a decir que no.

Juan Antonio se levantó de su asiento, se acercó a Germán para darle unas hipócritas palmaditas en la espalda y lo despachó con viento fresco. Era obvio que ya estaba planeando su próxima escena con Julia.

* * *

Julia se estaba terminando de arreglar en su dormitorio —iban a la ópera a ver si tenían la suerte de que les saludara algún ministro— y Juan Antonio asistía a este minucioso proceso sentado a los pies de la cama de matrimonio.

—De modo que ha tenido el tupé de pedirte el ático.

—Estaba angustiado. Tiene muy mala cara.

—Sí, bueno, pero no vamos nosotros a quedarnos sin el ático sólo porque Germán tiene muy mala cara.

—No, claro.

—Te habrá hecho una escena. Es muy aficionado.

—No sé..., parecía sincero.

—Está loco. ¿A quién se le ocurre salir ahora con la pretensión de que le devolvamos el ático?

—Sí, eso le dije.

—¿Y qué te contestó?

—Marisa y su madre le han hecho una especie de chantaje.

—No me extraña, de esas no me extraña. ¿Me ayudas?

Juan Antonio ayudó a Julia a subirse una cremallera que siempre se le enganchaba. (No pudo evitar acordarse, al hacerlo, de que en otras épocas el olor de la piel de su amante le excitaba, pero ahora...) Julia, felizmente, no tuvo la finura de descubrir ese macabro pensamiento y continuó preguntando como si nada:

—¿Qué tipo de chantaje?

—Pues que o consigue el ático o se tiene que ir a vivir con ellas... a su casa.

—¡Qué horror! Ahora comprendo que esté desesperado.

—Sí, me imagino.

—Pero nosotros no podemos ayudarle.

Después añadió —se estaba retocando otra vez los labios—, sin que, en principio, viniese a cuento:

—A mí en el fondo Germán me cae bien.

—Y a mí.

—Sólo que no vamos a sacrificarnos, ¿no te parece?

—No, claro.

—Además, que ya lo tenemos todo muy adelantado. ¿Le dijiste que hemos comprado un *chester?*

—Sí.

—¿Y...?

—Se lo queda, dijo que se lo queda.

—Bueno, pues ni aun así. ¿Me vuelves a ayudar? No sé qué le pasa a esta cremallera. Se ha soltado otra vez.

Juan Antonio ayudó de nuevo a Julia en el asunto de la cremallera y volvió a comprobar su exagerado sosiego frente a las posibles incitaciones eróticas de su pareja. Por un segundo le asaltó la idea —que fue rechazada por él mismo enérgicamente— de que quizás fuese un primer síntoma de su futura —y lejana— impotencia. Las palabras de Julia le regresaron a la realidad.

—Es un ático fenomenal. ¿Cómo vamos a perderlo?

—Ni hablar.

—Por cierto, habrá que ir pensando en comprar más muebles.

—Sí, naturalmente.

—Porque algún día nos trasladaremos, ¿no?

—Claro.

—No es que corra prisa, pero en fin...
—Por supuesto.
Se pasó la mano por el filo de las pestañas, se ahuecó graciosamente el peinado y añadió:
—Bueno, pues ya estoy. ¿Nos vamos?
—Sí.
Juan Antonio la detuvo cuando ya iban a salir del dormitorio.
—Ah, oye: entonces, ¿qué hago con Germán? ¿Hablo con él?
—No, deja, ya lo haré yo. ¿Sigue teniendo el mismo número de teléfono?
—Sí, creo que sí.
—Bueno, pues yo le llamo.
—¿No te resultará incómodo?
—Prefiero decírselo yo. Es mejor.
—Como quieras.
En el salón estaba *Brandy* refunfuñando con el hocico sobre la alfombra y un ojo abierto, por si acaso a alguien se le ocurría ofrecerle algo de comer. Pero no.

* * *

Siento una cierta fascinación por los espacios vacíos. Una crispante mezcla de atracción y rechazo por una geometría que me obliga a plantearme si debo cubrirla o respetarla en su desnudez. Es un sentimiento contradictorio que no consigo aclarar: por un lado, lleno mi casa de volúmenes agobiantes y entorpecedores y, por otro, me avergüenzo de haberlo hecho. Debo de tener madera de presunto arrepentido.
Tal vez por esta oscura razón decidí que la siguiente de estas escenas conyugales sucediera en el ático que Julia y Juan Antonio habían comprado y en el que —como un símbolo de no sé qué— había un único mueble: el *chester.*
—Hola.
—Hola. Pasa.
Germán cruzó el umbral de la puerta dispuesto a defenderse con los dientes. Julia debió de notarlo, porque...
—¿Sorprendido?
—No esperaba que me citaras aquí.

—Pues ya ves. Siéntate.

Se sentó, obviamente, en el único sitio posible. No pudo evitar —¿para qué?— la razonable pregunta:

—¿Esto es el *chester?*

—Sí.

—No me gusta.

—A mí tampoco.

—Es como de médico.

—Exacto.

Germán no estaba seguro de desear que Julia se sentase a su lado, pero le desasosegaba verla de pie con las manos metidas en su chaquetón de cuero.

—¿Tú no te sientas?

—No; de momento, no.

Encendió un cigarrillo. Comprendía que debía ser él quien iniciara el diálogo —o discusión—, pero le costaba elegir el modo más adecuado. Como acostumbra a ocurrir en estas situaciones, fue ella quien tomó la iniciativa.

—Bueno, tú dirás.

No le quedó otro remedio que arrancarse:

—¿Juan Antonio no te ha contado algo?

—Algo.

—O me cedes el ático o me tengo que ir a vivir a casa de Marisa.

—Con Marisa.

—Sí, claro, con Marisa.

—Y con su madre.

—Sí, también con su madre.

—¿Y por qué no te vas a vivir solo?

—No, no puedo. Eso sería perder a Marisa.

—Y tú no quieres perder a Marisa.

—No.

—Sería una lástima.

—Una lástima.

Julia se movió por el salón —ese que conectaba con la terraza desde la que se veía el pirulí, como ya he repetido varias veces— y habló muy despacio, como si estuviera declarando frente a Baltasar Garzón o alguien así.

—En cambio, vivir aquí con Marisa y con su madre supones que va a ser una delicia.

—Bueno, tanto como eso...

—Sí, sí, una delicia, confiésalo. Si no, no estarías tan empeñado en que te dejemos el piso.

—No... Lo que ocurre es que entre vivir en su casa o aquí, prefiero aquí.

—Claro, por supuesto; este ático con la madre de Marisa ganaría mucho.

—Con la madre de Marisa y con Marisa.

—Pero Marisa viaja continuamente..., es azafata. ¿O ya no es azafata?

—Sí, es azafata.

—Por eso digo. Todos los días aquí... con su madre...

A Germán se le planteó una dificultad imprevista: ¿qué hacer con el final del cigarrillo que estaba fumando?

—¿Dónde tiro la ceniza?

—Ah, perdona. Toma.

Julia —es una cosa muy rara que suelen hacer los fumadores— le acercó la funda de celofán de su propio paquete de tabaco. Un inexplicable resorte le obligó a levantarse en cuanto Julia llegó a su lado.

—Cuentas las cosas de una manera...

—¿De qué manera?

—Lo de la madre de Marisa.

—Ah, ¿no es verdad? ¿O tú crees que por vivir en este ático las cosas van a ser distintas?

—No; supongo que no.

—Entonces...

Julia hizo una pausa que Germán aprovechó para contraatacar.

—¿Y tú? ¿Tú crees que van a ser distintas?

—¿El qué?

—Las cosas..., las tuyas.

—¿A qué te refieres?

—¿Te imaginas todas las noches sentada en este sofá...? ¿Cómo se llama, que siempre se me olvida?

—*Chester.*

—Eso..., ¿en el *chester* viendo la televisión?

—No pienso pasarme todas las noches viendo la televisión.

—Te las pasarás. Unas veces sola y otras con Juan Antonio, pero te las pasarás; la convivencia es esto.

—¿Ver la televisión?

—Ver la televisión, compartir el baño, arreglar la cisterna, llamar al electricista, llenar la nevera, comprar el agua mineral...

—Bueno, al fin y al cabo eso es lo que hice contigo.

—Lo hiciste a medias.

—A medias, pero lo hice.

—Sí, y por eso salió mal.

¿Le hizo daño a Julia esta frase de Germán? ¿Le hubiese gustado a Germán hacerle daño? ¿Fingió Julia sentirse herida para lograr herir a Germán? No sé. Desde que la señora Francis cerró su consultorio, yo en estas cuestiones ando muy perdido.

Me gustaría escribir —si ustedes no se ruborizaran— que nuestros dos protagonistas me dieron en aquel momento un poco de pena. Estaban tan indefensos, tan desconcertados y tan solos sentados en ese sofá al que llegaba temeroso un rayo de sol al que le acabaría poniendo música, irremediablemente, José Luis Perales...

—¿Siempre sale mal?

—No; no siempre. Lo que ocurre es que tú y yo —seguramente sin querer— hemos elegido la soledad.

Las frases. Las malditas e innecesarias frases. Esa absurda tentación de quedar bien, de decir cosas aparentemente significativas, de escuchar cómo van cayendo las palabras en el parqué del suelo recién encerado... La incontinencia verbal que nos sirve de muralla, de trinchera, de refugio... El solemne ridículo de depositar la sintaxis sobre la conciencia de los demás como quien abandona en el tresillo el sombrero mojado por la lluvia. La inutilidad —sobre todo— de hablar por hablar..., de ganarle unos segundos a lo que, de cualquier forma, acaba sucediendo.

¿Por qué le había dicho Germán a Julia «hemos elegido la soledad»? ¿A qué soledad se refería? ¿A la de ver una película en versión original a las cuatro de la tarde rozando con el codo al desconocido compañero de la butaca de al lado? ¿Al breve paseo de todos los domingos para comprar el periódico y mordisquearlo después bajo el árbol impúdico de un invierno insoportable? ¿A la miserable necesidad de que alguien nos regale una mirada cómplice en el metro, en el autobús o en un paso de peatones con niñas, jubilados y caniches pornográficos? ¿Qué es la soledad más allá de un ataque —agudo— de cólico nefrítico? Todos nos quedamos solos ante nuestro certificado de defunción y frente a nuestro Impuesto sobre la Renta de las Personas Físicas.

¿Estaba Germán añorando aquel morbosísimo sentimiento de saberse solo acompañado por Julia..., aquella ácida emoción de reconocerse solitario entre las sábanas de la persona con quien compartió la mermelada, las aspirinas y el papel higiénico? O dicho de otra manera: ¿le estaba ofreciendo su soledad para desgajarla otra vez en aquel ático vacío con vistas al «Pirulí» de Televisión Española? ¿Le apetecía que Julia volviera a enamorarse de él? ¿O, simplemente, no quería que siguiese enamorada de Juan Antonio? Con mucho cuidado, adelantó su pregunta como quien desliza una carta por debajo de la puerta:

—¿De veras te sientes capaz de vivir con Juan Antonio?

Julia le observó detenidamente con esa mirada incrédula que les asoma a algunas mujeres cuando descubren que ya no queda perfume en el frasco que iban a utilizar. Después contestó entre dientes a la manera de algunos personajes de Dashiell Hammett.

—¿Y tú con Marisa?

Germán, por instinto, se llevó una mano al costado derecho y se dobló un poquito como si acabara de recibir un balazo.

—No lo sé.

En general no me gusta hacer el amor en los sofás. No por nada, pero digamos que no tienen las medidas deseables: siempre algo cortos, algo estrechos, algo insuficientes... Claro que cuando no queda otro remedio... uno se apaña con lo que sea, sin duda, pero, en fin, pudiendo elegir... Además, los *chester* —creo que ya lo he dicho, y si no, aprovecho la ocasión— no son eróticos. La ropa se pega al cuero y, al cabo de un tiempo, los calzoncillos —o las bragas— se incrustan en la entrepierna como si fuesen un tatuaje. Tal vez por este motivo —o por algún otro que ignoro, aunque podría llegar a sospecharlo— Julia se levantó haciendo una consideración en apariencia irrelevante:

—Quizás lo mejor sería que este ático se lo quedara Juan Antonio, ¿no crees?

Germán respondió casi sin respirar:

—¿Contigo?

Y Julia estuvo sublime como Mata Hari delante del pelotón de fusilamiento:

—No, conmigo no: solo.

No se lo esperaba. Eso, Germán no se lo esperaba. Lo que distingue fundamentalmente —y a su favor— a las mujeres de los hombres es su enorme capacidad para sorprendernos, su fantástico sentido de lo teatral. No hay actor que resista el empuje de una buena actriz. Aun así debo reconocer que Germán hizo lo que pudo: se alisó el cabello, puso la voz en el diafragma y comentó, sonriendo de costadillo:

—También cabría la posibilidad de que aquí se instalara Marisa... con su madre. ¿Qué te parece?

—Una excelente idea, desde luego.

—Aunque lo malo...

—Lo malo...

Y entonces Germán se acordó de un mayordomo de una obra de Oscar Wilde que había visto en Londres en una *matinée.*

—Lo malo... es que este ático lo has comprado tú... con Juan Antonio.

—Con Juan Antonio. Cierto.

—Y eso no tiene solución, ¿verdad?

Julia esperó a que alguien pulsara el timbre de la puerta, pero como nadie lo hizo, acabó diciendo:

—No, no la tiene.

Y miró a su ex marido descarnadamente, buscándole los ojos.

—¿Me das un cigarrillo?

—Claro.

Después fumaron juntos como si acabaran de conocerse y tuviesen toda la vida por delante.

* * *

En Madrid hay muchos coches. Demasiados. Y varios de esos coches —también demasiados— van o vienen del aeropuerto continuamente. Es un fenómeno normal en todas las grandes ciudades. A casi nadie le gusta subirse en un avión y volar por los aires —en su sentido literal, no metafórico— a merced de las posibles taquicardias de los pilotos, de los improbables cortes de digestión de los controladores aéreos y de los aleatorios descuidos de los técnicos encargados del mantenimiento de los aparatos. Una de las mayores estupideces de la civilización moderna —no pretendo decir algo nuevo, descuiden— es el culto a la velocidad. La gente tiene prisa para todo: para sacar dinero del banco, para que le corten el pelo en la peluquería, para discutir en la reunión del comité de empresa, para pelearse con el individuo que le acaba de quitar un hueco donde aparcar el automóvil, para insultar al viajero que le ha dado un codazo en el metro, para acostarse con el cónyuge las vísperas de festivos y para escuchar cómo en las tertulias de las radios se asegura, clamorosamente, que este país es un desastre porque la culpa es, una vez más, de Felipe González. Si algún día —no sucederá— este concepto apresurado de la existencia se modificara, todos viajaríamos a otro ritmo y volverían a ponerse de moda los atardeceres sonrosados y las madrugadas lechosas. Se produciría un nuevo descubrimiento de los árboles, de la playa, de los pájaros... Un mundo de poetas caminando hacia el mar sustituiría a una plaga de banqueros y políticos camino de presidio. Los aviones pasarían al almacén de trastos inservibles y la quiebra técnica de Iberia sería un hecho accidental totalmente al margen de la responsabilidad del Gobierno.

Mientras esta sociedad paradisíaca aparece —y que, como ya he dicho, no aparecerá—, Julia y Juan Antonio se dirigían en el coche de ella hacia Barajas y Germán y Marisa iban en el automóvil de él en la misma dirección. No creo que sea necesario especificar que era en el mismo día y a la misma hora. ¿Casualidad? ¿Coincidencia? ¿Qué más da? Todo vale para que los novelistas —incluso yo— puedan seguir escribiendo.

De modo que les aconsejo escuchar —leer— la pregunta que Julia le hizo a Juan Antonio en su coche:

—¿Cuándo vuelves?
—El sábado por la mañana.
—Si puedo te iré a buscar.
—Gracias.
Julia acompañaba a Juan Antonio, quien viajaba a París para intervenir en un congreso.

* * *

Mientras, Germán conducía por la autopista de Barajas con Marisa a su lado, a la vez que continuaba una insustancial conversación:
—¿Vas a estar muchos días fuera?
—Dos.
—Menos mal que te quedas en París.
—¿Y a mí qué me importa quedarme en París?
Germán llevaba a Marisa al aeropuerto porque ella tenía un vuelo a la capital francesa que a los dos días enlazaba con otro a Sudamérica.

* * *

Como los últimos rayos del atardecer le daban en la cara, Juan Antonio bajó el parasol de su lado fingiendo una curiosidad que no sentía:
—¿Qué quieres que te traiga de París? ¿No me oyes? He dicho que qué quieres que te traiga de París.
—Ah, pues nada... nada.
—¿Te pasa algo?
Ni Juan Antonio estaba interesado en traerle algo a Julia de París, ni Julia tenía el menor interés en que le trajeran cualquier chorrada de esa ciudad.

* * *

Germán levantó el pie del acelerador porque acababan de ponerle una multa por exceso de velocidad y estaba escarmentado. Luego dijo como si trabajase en una agencia de viajes:

—Pues París en esta época debe de estar estupendo.

—Te creerás gracioso, ¿no?

—¿Yo? ¿Por qué?

—No disimules, que siempre disimulas. A ver: ¿me quieres decir qué vamos a hacer ahora?

—¿De qué?

—¿Cómo que de qué? Se escapó el ático, de modo que... venga... ¿cuándo te trasladas a casa?

—¿A tu casa?

—Eso.

Marisa estaba de malhumor y resuelta —su madre le había dado instrucciones muy precisas— a poner los puntos sobre las íes. German volvió a pisar el acelerador pasara lo que pasase.

* * *

De pronto, Julia pareció decidirse y, mordiéndose a propósito el labio inferior, le confesó a su amante:

—Mira, Juan Antonio, he estado pensando y...

—¿Y qué?

—Que me parece que es un poco precipitado que nos vayamos a vivir juntos.

—¿Precipitado?

—Yo te quiero, te quiero mucho, ya lo sabes, pero me asusta la convivencia.

—¿Ahora... de repente?

—No sé... estoy acostumbrada a vivir sola...

—¿Sola?

—Sí, siempre he elegido la soledad. A lo mejor sin darme cuenta. No lo sé.

—Pero tú y yo...

—Nos llevamos bien, desde luego, y sin embargo...

—¿Qué?

—No estoy segura de que me apetezca compartir contigo el cuarto de baño, llamar al electricista, ir al supermercado, comprar el agua mineral...

—No te entiendo.

—No hay nada que entender, perdóname.

Juan Antonio no contestó. Cualquier sonido más o menos gutural hubiese podido delatarle.

* * *

Marisa pegó un grito terrorífico al escuchar lo que Germán —agarrado al volante como si le fuera en ello la vida— acababa de largarle:

—¿Qué quieres decir? Aclárate: ¡¿qué quieres decir?!

—Bueno, verás, yo podría dejar el hotel y alquilar un apartamento, tú seguirías por ahora con tu madre, nos veríamos en mi casa y luego...

—¿Me vas a poner a prueba? ¿Es eso? ¡Dilo, dilo! ¿Me vas a poner a prueba? ¿Es eso?

—No, mujer, ¿cómo se te ocurre?

Pero sí, se le había ocurrido. De forma que abrió más el cristal de la ventanilla para refrescarse.

* * *

En el coche de Julia se había producido un silencio espesísimo y poco acogedor. Al fin ella se atrevió a preguntar bajito:

—¿Qué opinas? Podríamos retrasarlo todo algunos meses, ¿no crees?

—Lo pensaré. A mi vuelta de París hablaremos.

—No es nada, no te preocupes. Trabajo demasiado.

—Sí, demasiado.

Julia comprendió que también Juan Antonio estaba ganando un tiempo que probablemente necesitaba.

* * *

Germán, a punto ya de detener el coche, tuvo el inmenso valor cívico de insistir:

—¿Qué te parece?

—Eres un guarro, ¿sabes?, ¡un guarro! Y me parece que te vas a meter el apartamento de El Escorial donde te quepa. ¿Me has entendido?

—Perfectamente.

—O sea, que *au revoir.*

—Pero, Marisa...

—¿Qué?

—Que yo te quiero.

—¿Que me quieres? Bueno, lo que faltaba.

Y Marisa sintió la tentación de arrojar a su amante por la ventanilla, pero, como buena azafata, se contuvo.

Finalmente los dos coches llegaron casi a la vez a la terminal de salidas y no chocaron de milagro.

* * *

Cuando Juan Antonio accedió al avión por el *finger* que le correspondía —viajaba en *Bussines Class,* naturalmente— una azafata le recibió sonriente: rubia, simpática, atractiva... Todo lo escandalosamente rubias, simpáticas y atractivas que se ponen las mujeres cuando los hombres —lo intuyen, lo intuyen— acaban de terminar una historia anterior. Es una señal parecida —y ustedes perdonen— a la de los taxis que cambian el rótulo de «ocupado» por el cartelito de «libre». Entonces las mujeres —no todas, claro— levantan delicadamente la mano y le susurran al taxista elegido: «¿No irá usted por casualidad en mi misma dirección?»

—¿Quiere un diario?

Juan Antonio levantó los ojos hasta descubrir a la dueña de la voz que acababa de ofrecerle los periódicos del día. Y allí estaba «ella». ¿Ella? Pero, ¿quién era «ella»? Los aviones están llenos de azafatas: morenas, castañas, pelirrojas... altas, bajas, gorditas, delgadas... inglesas, alemanas, nórdicas, japonesas, venezolanas... Sirven licores, coca colas, naranjadas, pollos con arroz, solomillos con patatas, canapés de salmón ahumado, frutas en conserva, cafés, tés y chocolates... Ayudan a subir las bolsas, a doblar las chaquetas, a extender las bandejas... Reparten auriculares, venden tabaco, perfumes, corbatas... Sonríen, se pasan el dedo humedecido por los labios y se desperezan por el pasillo del Boeing 707 como pájaros exóticos ahítos de tanta jaula y tanta nube. Y, sin embargo, entre todas —con una señal oculta en el pezón de la blusa recién abrochada— puede estar «ella», esa que nos esperaba adormecida en el hangar de lo deseable. O, al menos, algo de esto imaginó Juan Antonio.

—¿De verás no quiere un diario?

—¿Trae algo interesante?

—Depende de lo que usted busque, por supuesto.

Estaba rematadamente guapa con la coquetería asomándole por una punta del escote. Así que él le hizo esa pregunta estúpida de la que siempre se sabe la respuesta:

—Perdone, ¿no nos conocemos?

—No, no creo.

—¿Seguro?

—Segurísimo.

Pero como algo le quedaba por dentro —¡ay, esa intuición!— insistió una vez más:

—¿Cómo se llama usted..., por si necesito algo?

—Marisa.

—¿Marisa? ¡Qué curioso!

—¿Por qué?

—Por nada.

La azafata continuó repartiendo periódicos y Juan Antonio intuyó en aquel momento que cualquier similitud entre él y Jeremy Irons no era imposible. Como, por otra parte —pensó—, París está lleno de excelentes restaurantes...

* * *

Germán se había quedado sin gasolina y Julia también descubrió que necesitaba llenar el tanque de su coche. Gracias a estas dos simplísimas circunstancias, nada tiene de extraño que ambos coincidieran en la gasolinera instalada a la salida del aeropuerto. Como Julia había sido la primera en llegar, podemos admitir que fuese la primera en sorprenderse.

—Vaya, ¡qué casualidad! ¿Cómo tú por aquí?

—¿Y tú?

—Vengo de acompañar a una amiga.

—Acabo de acompañar a un amigo.

Mientras intentaban descifrar el odioso sistema de autoservicio que han impuesto las multinacionales para azote de los consumidores, aún les dio tiempo de cruzar unas palabras en apariencia insípidas. De modo que Germán le preguntó a Julia:

—¿Y el ático? ¿Ya has terminado de arreglarlo?

—No. Tengo la impresión de que al final lo vamos a vender.

—¿Venderlo? Después de todo lo que os costó conseguirlo... ¿Ocurre algo?

—No, nada. ¿He dicho yo que ocurriese algo?

—No.

—Por cierto, ¿lo quieres tú?

—¿Yo?

—¿No te apetecía vivir allí con Marisa y con su madre?

—Sí, me apetecía, me apetecía, pero... bueno... ya, no. De momento.

—¿Pasa algo?

—Nada, ¿qué va a pasar?

Pero Julia apretó hasta el final porque estas ocasiones sólo se presentan una vez en la vida:

—O sea, que ya no quieres el ático.

—No, ¡qué tontería! ¿Para qué voy a querer yo un ático?

Si estas escenas conyugales se convirtiesen algún día en una película de esas que hacen los británicos con humor y sin Resines, ahora habría un plano, montado sobre la grúa, de los dos protagonistas riéndose como locos hasta perderse de vista y descubrir, al fondo, un enorme panorama de Madrid cubierto por el hongo de la contaminación.

Como lo de la película no parece probable, sólo me queda avisarles de que en una calle bastante céntrica de la capital aún se mantiene un aviso que anuncia: «Se vende ático». En el caso de que alguno de ustedes esté interesado en su compra, no duden en llamarme. Será un placer para mí facilitarles la dirección. Entre otras razones porque por ahora —y mientras Julia y Germán no decidan lo contrario— soy yo el que vive allí. Con Marisa, a la que conocí en París el año pasado.

ADOLFO MARSILLACH.

TÍTULOS PUBLICADOS:

1. **De muerte natural**
   Antonio Mingote (Relatos)
2. **Crónicas del Guerra**
   Jaime Campmany (Páginas escogidas)
3. **Paisaje desde mi bañera**
   José Luis Alonso de Santos (Novela)
4. **Mi adorable mujercita**
   Louis Velle (Novela)
5. **Un millón de gracias**
   Antonio Burgos (Páginas escogidas)
6. **Los osos traviesos**
   Antonio Gómez Rufo (Novela)
7. **De carne y sexo**
   Ángel Palomino (Relatos)
8. **El ascensor de los borrachos**
   Fernando Fernán-Gómez (I Premio Espasa-Humor de novela)
9. **Si yo fuera rica**
   Lolo Rico (Finalista I Premio Espasa-Humor de novela)
10. **Maxín y Maxín**
    Marina Pino (Novela)
11. **Lío en KIO**
    Ángel Palomino y Arturo Robsy (Novela)
12. **Lavar y marcar**
    Sarah Gilbert (Novela)
13. **La pirámide invertida**
    Julio García Castillo (Novela)
14. **Amores en crisis**
    Maite Contreras J. (Relatos)
15. **¡Firmes!**
    José Luis Coll (II Premio Espasa-Humor de novela)
16. **Me las pagarás todas juntas**
    Eduardo Ladrón de Guevara (Finalista II Premio Espasa-Humor de novela)
17. **Yo amo la ciudad**
    Moncho Borrajo (Relatos)
18. **Consuelito de la Ascensión**
    Cristina Higueras (Novela)
19. **Del diario de Dios**
    Fernando Díaz-Plaja (Relatos)
20. **Se vende ático**
    Adolfo Marsillach (III Premio Espasa-Humor de novela)
21. **El regreso de Johnny Pickup**
    Jordi Sierra i Fabra (Finalista III Premio Espasa-Humor de novela)